행복한 노후를 사는
88가지 방법

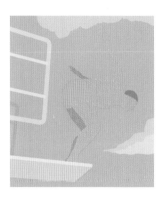

행복한 노후를 사는 88가지 방법

케니스 S. 슐츠 · 메건 케이 · 마이크 앤슬리 지음
장진영 옮김

시그마북스
Sigma Books

Penguin Random House

행복한 노후를 사는 88가지 방법

발행일 2016년 4월 5일 초판 1쇄 발행
지은이 케니스 S. 슐츠 · 메건 케이 · 마이크 앤슬리
옮긴이 장진영
발행인 강학경
발행처 시그마북스
마케팅 정제용
에디터 권경자, 장민정, 최윤정
디자인 한지혜, 최원영

등록번호 제10 - 965호
주소 서울특별시 영등포구 양평로 22길 21 선유도코오롱디지털타워 A401호
전자우편 sigma@spress.co.kr
홈페이지 http://www.sigmabooks.co.kr
전화 (02) 2062-5288~9
팩시밀리 (02) 323-4197
ISBN 978 89 8445 758 4 (03320)

First published in Great Britain in 2016
by Dorling Kindersley Limited
80 Strand, London WC2R 0RL
A Penguin Random House Company

Copyright © 2016 Dorling Kindersley Limited

2 4 6 8 10 9 7 5 3 1
001–280683–Jan/2016

A CIP catalogue record for this book is
available from the British Library
ISBN 978-0-2412-2954-5

Colour reproduction by Altaimage Ltd
Printed and bound in China

All images © Dorling Kindersley Limited
For further information see: www.dkimages.com

이 도서의 국립중앙도서관 출판예정도서목록(CIP)은 서지정보유통지원시스템 홈페이지
(http://seoji.nl.go.kr)와 국가자료공동목록시스템(http://www.nl.go.kr/kolisnet)에서 이용하실
수 있습니다.(CIP제어번호: CIP2015031933)

＊시그마북스는 ㈜시그마프레스의 자매회사로 일반 단행본 전문 출판사입니다.

지은이_케니스 S. 슐츠 박사(상담심리학자)

미국 캘리포니아주 샌버너디노에 있는 캘리포니아 주립대학교 심리학과 교수로 주요 관심 분야는 노화와 직장생활이 심리에 미치는 영향이다. 슐츠 박사는 대학교와 대학원에서 산업 심리학과 조직 심리학에 대하여 강의하고 있으며 캘리포니아 주립대학교의 노화센터의 임시 센터장을 맡고 있다. 캘리포니아 주립대학교의 노화센터는 노인들의 고민을 이해하고 그들의 웰빙을 높이는 데 목적을 두고 있다. 슐츠 박사는 자신의 전문분야와 관련하여 100건 이상의 프레젠테이션을 진행하고 다수의 책을 썼다. 슐츠 박사는 캘리포니아 주립대학교에서 가장 존경받는 교수상을 수상했다.

옮긴이_장진영

경북대학교 영어영문학과와 경영학을 복수전공하였으며, 서울외국어대학원대학교 통번역대학원 한영번역과를 졸업하였다. 홈페이지 영문화 번역 등 다년간 기업체 번역을 하였으며, 현재 번역에이전시 ㈜엔터스코리아에서 출판 기획 및 전문 번역가로 활동하고 있다. 주요 역서로는 『12주 실천 프로그램』, 『어떤 브랜드가 마음을 파고드는가』가 있다.

A WORLD OF IDEAS:
SEE ALL THERE IS TO KNOW
www.dk.com

차례

CHAPTER 2
은퇴 준비기 II
은퇴계획 세우기

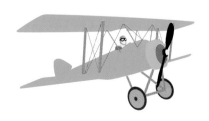

머리말

대략 25년 전, 55세이던 아버지는 명예퇴직을 당했다. 전화 회사를 다니고 계셨던 아버지는 강도 높은 업무에 시달리고 있었다. 아버지는 체력적 한계를 느끼며 퇴직할 날을 손꼽아 기다리고 계셨지만 마음으로는 퇴직할 준비가 전혀 되어 있지 않았다. 당시에 박사 과정을 막 시작했던 나는 퇴직이 사람들의 심리에 미치는 영향에 대하여 관심이 많았다. 나는 명예퇴직으로 괴로워하는 아버지를 보는 것이 괴로웠다. 1990년대 초반에 진행된 대부분의 퇴직에 대한 연구는 주로 건강과 부에 초점을 맞추고 있었다. 많은 경제학자들은 건강과 부가 퇴직을 결정하게 되는 주된 원인이라고 믿었다. 그로부터 25년이 지난 지금 퇴직 심리학이 대두되었고, 그에 대한 관심이 많아졌으며, 관련 서적, 논문, 연구가 쏟아졌다. 나는 21세기 퇴직에서 볼 수 있는 역동적인 특징들과 퇴직을 앞둔 사람들의 심리적 변화에 흥미가 생겼다.

요즘 퇴직 후 노년의 모습은 사람에 따라 다양하다. 퇴직 후 자원봉사활동을 하거나 재취업을 하기도 하고, 사랑하는 사람을 곁에서 간호한다. 퇴직 후에도 사람들은 개인적인 성취를 위해 도전하고 인생의 다음 단계로 넘어가는 인생의 과도기에 적응하며 의미를 찾아내기 위해 노력한다.

이 책은 퇴직을 눈앞에 둔 사람들을 위한 책이다. 이 책은 은퇴하는 심리에 대한 최신 과학적 연구의 결과를 바탕으로 하여 퇴직을 앞두고 행복한 노년을 준비하는 데 유용한 조언으로 가득하다. 또한 굉장히 알기 쉽게 썼고 누구나 이해할 수 있도록 그래프나 간단한 그림으로 과학적 연구를 설명하였다.

이 책은 단계별로 은퇴에 접근하고 있다. 제1장에서는 21세기 관점에서 일과 은퇴에 대하여 살펴볼 것이다. 제2장에서는 은퇴를 앞두고 미리 노후 준비를 하거나 계획을 세우는 것이 왜 중요한지에 대하여 설명할 것이다. 제3장에서는 은퇴를 앞두고 경험하게 되는 심리적 변화에 대하여 살펴볼 것이다. 제4장에서는 직장생활에서 은퇴생활로 넘어가는 과도기와 은퇴 후 첫 며칠, 몇 주, 몇 달간 경험하게 되는 육체적, 정신적 어려움에 대하여 살펴볼 것이다. 제5장에서는 은퇴 후 주어지는 새로운 역할에 적응하고 자신뿐만 아니라 가까운 사람들을 보살피는 것이 왜 중요한지에 대하여 이야기할 것이다. 그리고 마지막으로 제6장에서는 은퇴 후 새로운 나를 찾고 잠재력을 최대한 발휘하는 방법에 대하여 이야기할 것이다.

이 책은 수많은 베이비부머들이 은퇴를 앞두거나 은퇴를 하고 있는 이 시기에 과학 연구에 기반을 두고 은퇴의 심리학을 포괄적이고 이해하기 쉽게 설명하는 '은퇴 가이드북'이 될 것이다.

케니스 S. 슐츠 박사

Kenneth S. Shultz

CHAPTER 1

은퇴 준비기 I

은퇴를 앞두고…

은퇴, 인생의 끝인가 시작인가?

미래를 마주하라

혹자는 은퇴를 하늘이 주신 선물이라 여기고, 혹자는 자신에 대한 도전이라 여긴다. 선물이든 도전이든, 우리는 은퇴를 인생을 충만하게 만들 새로운 기회로 여겨야 한다. 은퇴를 낙관적으로 바라볼 때, 우리는 물러나는 '은퇴(隱退)'가 아닌 반짝반짝 빛나는 '은퇴(銀退)'를 맞이할 수 있다.

가슴 벌렁댔던 초등학교 입학식과 신상이 터질 것 같았던 아이와의 첫 만남을 기억하는가? 이런 순간들은 우리 삶에 하나의 이정표를 남긴다. 그리고 인생의 이정표가 되는 사건을 기점으로 사람들은 심리적으로 큰 변화를 겪는다. 은퇴도 마찬가지다. 은퇴는 '자유감'과 '상실감'을 낳는다. 우선 은퇴는 자기 자신에게 오롯이 집중할 수 있는 긴 시간을 선물한다. 여기서 사람들은 자유로움을 느낀다. 그러나 은퇴는 다니던 직장과 그동안 누리던 지위, 명예에서 물러나는 것이기도 하다. 이것은 깊은 상실감을 낳는다. 행복한 은퇴생활을 위해서 우리는 이 두 감정을 현명하게 다스려야 한다.

만감이 교차하는 순간

내일은 당신이 은퇴하는 날이다. 자, 어떤 기분이 드는가? 당신의 어깨를 무겁게 짓누르던 업무에서 해방된다는 생각에 행복한가? 무슨 일이든지 할 수 있을 것 같은 자신감이 생기는가? 아니면 당신의 전부였던 직장이 내 인생에서 사라진다는 생각에 불안한가? 몇 가지 선택지가 있으나, 무엇을 선택하든지 리스크와 불확실성은 존재할 수밖에 없다. 반면 흥분된다고 답하는 사람들도 꽤 있다. 새로운 인생이 당신에게 어서 오라고 손짓하고 일에 치여 엉망이었던 삶이 제대로 균형을 잡는다. 10년 묵은 체증이 싹 내려가는 것처럼 온갖 책무에서 해방된다. 이처럼 사람들은 은퇴로 인해 복잡한 감정에 휩싸이게 되는데 어쨌든 누구나 약

은퇴를 대하는 자세

은퇴를 바라보는 시각은 개인마다 다르다. 다시 말해 주어진 여건, 인생의 우선순위, 성격 등에 따라 은퇴를 바라보는 시각이 달라진다. 심리학자들은 사람들이 은퇴에 접근하는 방식을 크게 세 가지 유형으로 분류한다.

비현실적 긍정형
여가를 즐기고 도전을 통해 성취감을 느낄 수 있는 만족스러운 삶이 은퇴하자마자 바로 펼쳐질 것이라고 생각한다.

그런데 사실 은퇴만 하면 그동안의 고난과 역경이 모두 해소되고 '그 후로 오래오래 행복하게 살 것'이라는 생각은 큰 착각이다.

현실적 긍정형
일에서 얻는 성취감과는 또 다른 성취감, 직장생활과는 또 다른 새로운 사회생활이 기다릴 것이라고 생각한다. 이 유형의 사람들에게는 은퇴 후, 노후생활을 즐기는 데 필요한 경제력과 자신과 함께할 사람들이 있다.

극단적 부정형
지루하고 무의미한 미래가 곧 닥칠 것이고 직장에서 업무를 처리하면서 느꼈던 목적의식과 자부심이 사라질 것이라고 생각한다.

간의 불안감을 느낀다.

그런데 이 불안감은 직장을 떠나서라기보다 나이가 들어간다는 사실에서 기인한다. 그리고 앞으로 펼쳐질 지금과는 완전히 다른 새로운 삶을 충실하게 살아가기 위해서 감내해야 할 수많은 변화들이 은퇴를 준비하는 사람들을 불안하게 만들기도 한다.

인생의 황금기?

개인 여건은 은퇴생활에 영향을 준다. 예를 들면 아직 해결하지 못한 인생의 문제가 은퇴 후에도 여전히 풀기 어려운 숙제로 남아 있을 수 있고, 인생의 문제에 집중하지 못하게 방해하던 직장에서의 업무가 사라지면서 인생의 문제가 은퇴 전보다 더 크고 깊게 다가올 수도 있다. 그리고 개인의 가치관, 특히 열정과 에너지, 재원이 은퇴생활의 정신적 수준과 물질적 수준을 결정짓기도 한다.

은퇴 후에 우리는 스스로 그린 인생의 설계도면에 따라 인생을 다시 설계하거나 부족한 부분을 보완할 수 있다. 이런 의미에서 은퇴는 제2의 인생의 시작을 알리는 '새벽'이다. 이와 같은 은퇴에 대한 최고의 준비는 이 '결전의 날'이 오기 전에 자신을 이해하고 이를 바탕으로 장기적인 우선순위와 목표를 설정하는 것이다.

 무슨 일이 일어날까?

아래에 언급한 불확실한 상황들 때문에 은퇴를 앞두고 사람들의 생각은 복잡해진다.

직장생활
직장생활이 주는 다음과 같은 즐거움들이 은퇴 후에 얼마나 그리워질까?

· 목적의식과 자부심
· 동료와 소속감
· 근로소득

은퇴생활
은퇴 후, 180도 바뀐 생활에 얼마나 잘 적응할 수 있을까?

· 개인 시간의 증가
· 배우자와 보내는 시간의 증가
· 집에서 보내는 시간의 증가

기타
은퇴할 시기가 다가오면, 사람들은 기타 여러 가지 부분에서 불안감과 불확실성을 느낀다.

· 고령에 따른 건강 문제(자신, 배우자, 가족 구성원)
· 재정적 안정
· 사회적 또는 정치적 변화에 적응하는 부담감

 극복인가, 굴복인가?

사람들은 은퇴생활의 불확실성에 대하여 다양한 반응을 보인다. 그러나 심리학자들은 은퇴 후 불확실한 미래에 대한 사람들의 반응을 '심사숙고형', '포기형', '수수방관형', '안전제일형'으로 정리하였다. 당신은 어떤 유형인가?

1 심사숙고형
정서적 안정감과 자아상에 대한 위협 요인 등 리스크와 위험 요인을 꼼꼼히 살핀다.

2 포기형
은퇴 후 미래에 대하여 확신할 수 있는 것은 하나도 없기 때문에 애초에 은퇴계획을 세우는 것은 불가능하다고 생각한다.

3 수수방관형
은퇴와 관련된 모든 결정을 '나중'으로 미루기 때문에, 은퇴 후 미래에 대한 불확실성이 사라지지 않고 계속된다.

4 안전제일형
새로운 것보다 익숙하고 안전한 것을 우선적으로 선택한다.

은퇴로 인해 일어나는 모든 불확실한 상황을 해결할 수 있는 '묘책'은 없다. 그러나 은퇴 후 일어날 수 있는 상황에 최대한 대비한다면 불확실성이 주는 불안감을 줄일 수는 있다.

 활기찬 은퇴생활을 위한 조언

퇴직자들이 은퇴 후 많아진 자유시간을 제대로 활용하고 새로운 인생의 목표를 찾으며 체계적인 생활을 하는 데 도움이 되는 몇 가지 방법을 소개한다.

자기계발
· 개인 프로젝트를 진행한다.
· 창업을 하거나 고문을 맡는 등 어떤 식으로든 사회생활을 한다.
· 자원봉사를 한다.
· 새로운 분야나 기술을 배운다.

친구와 가족
· 배우자와 은퇴생활을 즐긴다.
· 새로운 친구를 사귄다.
· 나이 든 친척이나 손자손녀를 돌본다.

여가생활과 건강관리
· 친구들과 휴일을 즐긴다.
· 집에서 가까운 레저 시설을 활용하며 시간을 보낸다.
· 산책이나 운동을 통해 건강을 관리한다.
· 취미생활을 한다.

은퇴, 지나온 삶을 되돌아보는 시기

나는 지금까지 어떤 삶을 살았을까?

지나온 삶을 되돌아보면, 우리가 인생을 살면서 수많은 경험을 하며 살아왔다는 사실을 깨닫게 된다. 이런 경험들은 추억이 되어 영원히 우리에게 기억된다. 어떤 기억은 마치 어제 일처럼 또렷하게 생각이 나고 어떤 기억은 흐릿해 전혀 생각이 안 나기도 한다. 그런데 생각이 나든 안 나든, 이런 기억들은 은퇴 후 삶에도 많은 영향을 미친다. 그렇다면 이 기억들은 은퇴를 앞두고 우리가 하는 선택에 어떤 영향을 미칠까?

사람은 누구나 자신만의 '인생의 궤적'을 그린다. 인생의 궤적은 유아기, 유년기, 청소년기, 청년기, 중장년기, 노년기로 구분된다. 그런데 기대수명이 증가하면서 중장년기에서 노년기로 넘어가는 시점이 늦춰지고 있다. "스스로 나이 들었다고 생각하면 노인이고, 스스로 젊다고 생각하면 청년이다"라는 말이 있다. 이것은 상당히 의미심장한 말이다. 생물학적 나이가 아무리 많아도 스스로 젊다고 생각하면 잠재력을 실현할 기회가 아직 남아 있다는 메시지를 사람들에게 전달하기 때문이다.

과거, 현재, 미래가 모여 인생이 된다

한 사람의 인생을 제대로 이해하기 위해서는 그 사람의 과거, 현재, 미래를 동시에 살펴봐야 한다. 그러면 은퇴 후 어떤 선택을 해야 할지 대략적으로 알 수 있다.

· 만약 사람이 태어나서 죽을 때까지 성장한다면, 은퇴도 성장의 연장선상에 놓여 있는 하나의 이정표로 보는 것이 마땅하다. 은퇴는 내가 새롭게 태어나는 계기가

☀ 추억

사람들은 한 살이라도 젊었을 때 왕성하게 활동하고 은퇴할 나이가 되면 모든 일을 그만두고 편안히 쉬어야 한다고 생각한다. 65세 또는 70세쯤 되면, 우리에게는 많은 기억과 추억이 생겨난다. 이 추억을 꺼내보면서 우리는 자신이 어떤 사람이었고 어떻게 살았는지 확인한다. 물론 은퇴는 현역에서 물러나 추억을 꺼내보며 편안히 쉬는 기간이다. 그러나 가장 행복한 사람은 은퇴 후에도 왕성하게 활동하면서 새로운 추억을 계속해서 만들어가는 사람들인 경우가 많다.

> 기억은 우리의 인생에
> 일관성과 논리를 부여하고
> 감정을 입히고
> 심지어 행동을 결정한다.
> – 루이스 부뉴엘(영화감독)

될 수도 있고, 지금까지의 성장을 완성시킬 수 있는 기회가 될 수도 있다.

· 세대적 요소를 고려해야 한다. 대가족이라면 은퇴 후 여행이 중요한 일과가 될 수도 있다. 그동안 찾아뵙지 못한 친척 어른들을 만나는 일이 잦아질 수 있다.
· 경제적인 요소도 고려해야 한다. 과거, 현재, 미래의 경제적 여력을 고려하여 은퇴 후에도 현재의 라이프스타일을 계속 유지할 수 있을지 아니면 소비 규모 등을 줄여야 할지 선택해야 한다.

사회적 환경

사회적 환경은 한 사람의 가치관을 형성하는 데 상당히 큰 영향력을 발휘한다. 일반적으로 우리는 인생을 즐기면서 살아가는 주변 사람들을 보며 나름의 가치관을 형성한다. 그래서 그 사람의 가치관을 살펴보면 그 사람이 어떤 환경에서 살고 있는지 알 수 있다. 인간에게는 모방 심리가 있다.

그래서 우리는 왕성하게 사회생활을 하는 시기에 다른 사람들을 보면서 돈을 얼마나 벌고 어떤 생활을 하고 무엇을 획득할지 등의 인생 목표를 설정한다. 인간은 사회적 환경에서 완전히 자유로울 수 없다. 그렇기 때문에 우리는 소위 '이렇게 살아야 제대로 사는 것'이라는 사회적인 기준이나 관념을 의식하고 그에 맞게 살아가려고 애쓴

다. 자신만의 길을 가겠다고 외치는 사람들조차도 이런 사회적인 기준이나 관념을 완전히 무시한 채 살아가는 것은 굉장히 힘든 일이다.

인생 각본 다시 짜기

인지 심리학에 따르면 모든 인간은 '인생 각본'을 가지고 있다. 그리고 우리는 의식적으로 또는 무의식적으로 이 각본대로 살아간다. 사실 인생 각본의 큰 줄기는 반복적이지만 소박한 우리의 일상이다.

간혹 실망스러운 경험에 대한 책임을 회피하기 위해서 우리는 인생 각본을 일반화하기도 한다. 예를 들어 '사람들은 항상 나를 떠난다'는 생각은 우리에게 방어 태세를 취하게 만든다. 누군가에게 버려지는 아픔을 다시 경험하고 싶지 않아서 의도적으로 이성과 로맨틱한 관계를 형성하지 않으려고 행동할 수도 있다. 은퇴할 시기가 다가

올 때, 자신의 인생 각본을 자세히 살펴보고 만족스러운 노후생활을 방해하는 요소가 있는지 확인할 필요가 있다. 자, 당신은 지금까지의 인생을 어떻게 요약할 것인가? 다음의 문장 중 하나로 인생이 요약되는가? 그렇다면 은퇴 전에 당신의 인생 각본을 다시 분석하고 수정해야 한다.

· 혼자서 무언가를 해본 적이 없어.
· 난 이런 행운을 가질 자격이 없어.
· 난 재주가 없어.
· 단 한 번도 '나 자신'인 적이 없었어. 항상 다른 누군가인 척했지.

무엇보다 은퇴 이후는 가능성으로 이뤄진 시간이다. 그러니 우리는 가능성을 제한하는 인생 각본을 찢어버리고 순간에 충실한 삶을 살 수 있도록 인생 각본을 수정해야 한다.

당신의 인생을 어떻게 평가할 것인가?

사람들은 자신의 인생을 평가하고 자신들이 성공적인 인생을 살았는지 확인하고 싶어 한다. 그러나 이것은 참가자들이 자신들의 기량을 겨루는 스포츠나 예술가의 작품 활동에나 해당되는 것인지도 모른다. 예를 들어 예술가는 전시회를 몇 번 열었느냐를 기준으로 자신이 성공한 예술가인지 아닌지 확인할 수 있다. 그런데 안타깝게도 많은 사람들이 인터넷 조회 수를 기준으로 자신의 인기도 또는 자신들이 운영하는 웹사이트나 블로그의 인기도를 확인하고 싶어 안달이다.

풍요롭고 만족스러운 인생은 굳이 이런 수치를 통해 확인하지 않아도 좋은 느낌을 준다. 수치를 통해 자신의 인생이 성공적이었는지를 확인하려는 사람들은 불안감 때문에 이런 행동을 한다. 우리의 인생에서 계량화가 가능한 것과 불가능한 것을 살펴보자.

계량적 요소	비계량적 요소
· 학업 성취도 · 수상경력 · 재산 · 주택의 현금가치 · 관계가 지속된 기간 · 친구 수	· 평생 학습을 통한 지식 습득 · 재능과 기술 · 풍부한 인생 경험 · 집의 정서적 가치 · 사랑의 깊이와 중요도 · 우정의 질적 가치

50대와 60대, 다시 행복감을 느끼는 나이

중년 그리고 그 이후

중장년기(50~60대)는 인생의 성숙기다. 이쯤 되면, '내가 나이를 먹고 있구나'를 피부로 느끼기 시작한다. 그러나 꾸준히 건강관리를 하고 건강한 생활을 해왔다면, 인생의 목표를 달성하고 풍요로운 여생을 즐길 기회가 아직 충분하다.

보스턴 대학교 사회학 교수 데이비드 카프는 50대를 '오춘기'라 불렀다. 나이의 앞자리가 숫자 '5'로 바뀌는 순간, 사람들은 처음 '자신의 늙어감'을 피부로 느낀다. '젊음'에 아주 높은 가치를 부여하는 현대사회를 살아가고 있는 사람들에게 50대에 들어서는 것은 대단히 혼란스러운 경험이다. 사람들은 신체 이미지와 신체 능력의 변화에서 나이를 실감한다. 하지만 50대가 되었어도 여전히 새로운 아이디어와 기술을 받아들일 준비가 되어 있어야 하고 물 흐르듯 유연하게 사고해야 한다.

행복감의 U곡선

연구결과에 따르면 인간의 행복감은 일생에 걸쳐 U곡선을 그린다고 한다. 50대와 60대가 30대와 40대보다 행복삼이 높다. 행복감은 10대를 정점으로 내려가기 시작해서 30대와 40대에 바닥을 기다가 일반적으로 46세를 기점으로 다시 올라간다. 여기에는 그럴만한 이유가 있다. 우선 30대와 40대가 인생에 있어서 가장 치열한 시기이기 때문이다. 이 시기에 사람들은 가장 왕성하게 사회생활을 하고 가정을 꾸리기 시작한다. 직장에서 많은 스트레스를 받고 집에서 자신을 기다리는 어린 자녀를 생각하면 무거운 책임감을 느낀다. 그러나 50대로 넘어가면 직장에서 어느 정도 지위에 올라 인정을 받고 자녀 부양의 책임에서 자유로워진다. 또 다른 이유는 수많은 '인생 경험'을 쌓았기 때문이다.

노화와 뇌 기능

60대가 되면 건강이 최대의 관심사가 된다. 사람들은 노화로 인해 지적능력과 인지능력이 떨어지는 것을 당연하게 여긴다. 그러나 캘리포니아 대학교의 로버트 레빈슨 박사가 진행한 연구에 따르면, 지적능력과 인지능력은 개인의 노력에 따라 좋아질 수 있는 것으로 나타났다. 나이가 많든 적든 머리가 좋은 사람이 직장생활도 잘하고 인간관계도 원만하다. 사람은 사랑하는 사람들과의 관계에서 가장 큰 행복감을 느낀다. 은퇴 후에도 열심히 노력해서 지적능력과 인지능력을 높이는 것이 어떨까?

왜 사람들은 60대가 되면 더 큰 행복감을 느낄까?

행복감의 U곡선에 따르면, 인간의 행복감은 50대와 60대에 올라간다. 아마도 가장 큰 이유는 직장생활, 인간관계, 가정생활에서 오는 불안감과 스트레스가 50대가 되면서 해소되기 때문일 것이다. 그밖에 다른 이유도 한번 알아보자.

· 예상치 못한 상황에 슬기롭게 대처할 수 있는 혜안이 생긴다.
· 사회적 지위, 성공, 부를 얻고자 하는 욕구가 줄어든다.
· 성취감을 느낀다.
· 삶이 주는 소소한 즐거움에서 감사함을 느낀다.
· 미래에 대한 불안감이 줄어들고 현재를 즐길 수 있는 마음의 여유가 생긴다.
· 분노, 초조, 질투와 같은 감정을 노련하고 슬기롭게 조절할 수 있게 된다.
· 다른 사람들의 기대에 부응해야 한다는 압박감에서 자유로워진다.

무엇을 망설이나?

50대가 되면, 젊은 시절을 함께 보낸 친구들의 장례식에 참석하는 일이 잦아진다. 점점 우리는 죽음을 '나의 일'로 받아들이기 시작한다. 더 이상 죽음은 남의 일이 아니다. 영원히 지속될 것만 같았던 미래가 언젠가 끝이 난다. 정신이 번쩍 든다! 우리는 뭉그적대며 장난스럽게 여겼던 프로젝트를 지금 당장 시작하기로 결심한다. 이렇듯, 은퇴는 집중해서 자신만의 프로젝트를 시작할 수 있는 기회를 준다.

40대에 바라본 인생

시간은 수많은 가능성을 안고 끊임없이 앞을 향해 나아가게 한다. 이 가능성을 잡는 데 방해가 되는 것은 오직 개인의 능력과 책임감, 리스크를 선호하거나 회피하는 개인적인 성향 뿐이다.

60대에 바라본 인생

개인적인 성장을 위해 무언가 새로운 것을 시작해서 마무리할 수 있는 시간은 이제 길어야 20년 정도다. 주저할 시간이 없다. 지금 당장 무엇이든 시작해야 한다.

50대 초반 인생의 전성기?

전 연령대로 이뤄진 대학 동창회 700여 개를 대상으로 자신의 인생에 등급을 매겨보도록 하는 표본 조사를 실시했다. 그 결과, 자신의 인생에 '1등급'을 매기는 비율이 가장 높은 연령대는 50대 초반의 중년 여성들이었다. 이 연령대의 여성들은 자신감이 높고 사회생활에도 적극 참여했으며 생활에 대하여 안정감을 느끼고 가장 너그러웠다.

결정적 지능

아트 크래머 박사는 미국 벡크먼 연구소에서 인간의 노화와 관련하여 여러 가지 연구를 진행하고 있다. 크래머 박사는 50대가 되면, 인간의 '결정적 지능'이 높아짐을 발견했다. 여기서 결정적 지능은 수년간의 경험을 통해 얻는 지식을 말한다.

미시간 대학교의 인지 심리학과 교수인 리처드 니스벳은 타고난 능력보다 다양한 경험을 통해 체득하는 지식의 집합인 결정적 지능의 중요성을 역설했다. 심리학자 이고르 그로스만과 함께 니스벳 교수는 나이가 들면서 새롭고 추상적인 문제를 해결하는 타고난 능력인 '유동적 지능'은 감퇴하지만, 인간관계나 윤리적 문제, 정치적 이슈와 관련한 복잡한 논리적 사고능력 또는 결정적 지능은 증가한다는 사실을 밝혀냈다.

70대가 되다

70대는 인생의 황금기인가?

70대가 되면 행복의 U곡선은 계속 상승한다(16페이지 참조). 건강하게, 시련을 딛고 오뚝이처럼 일어선 사람에게 인생의 70대는 가장 행복하고 만족스러운 시기일지도 모른다.

이세 막 70대가 되었는가? UN 정의에 따르면, 당신은 노인 인구에 속한다. UN은 65세 이상을 노인 인구로 규정하고 있다.

그런데 당신은 자신이 전혀 노인이라고 느껴지지 않는다. 당신은 몇 살부터 노년이 시작된다고 생각하는가? 당신이 지금 몇 살이냐에 따라 대답은 달라진다. 미국인 3,000명을 대상으로 실시한 조사에 따르면 18~30세의 사람들은 60세부터 노년이 시작된다고 생각한 반면, 65세 이상은 74세라고 답했다. 영국에서 진행된 유사한 조사에 따르면 사람들은 60대 후반에 노년이 시작된다고 생각하고 있었다. 평균적으로 유럽인들은 62세를 노년이 시작되는 시점이라고 여겼다.

우리의 삶은 어떻게 전개될까?

그러나 '몇 살부터 노년이다'라는 식의 사고방식은 마치 경계를 뛰어넘는 듯이 한 단계에서 다음 단계로 점프하는 것을 인생이라고 생각하게 한다. 그러나 인생은 시간이란 강을 오랜 세월에 걸쳐 도도히 흐르는 강물과도 같은 것이다.

한평생 살면서 기억에 또렷이 각인되는 순간이 얼마나 많이 있겠는가? 우리의 삶은 무수히 많은 특별할 것 없는 순간들로 이뤄져 있다. 70대에 들어서면 인간은 계속되는 소소한 순간과 경험에서 달콤한 행복감을 맛본다. 아마도 마음이 느긋해지면서 온갖 근심걱정이 점점 사라지는 시기가 70대이기 때문일 것이다. 하루하루 늘어가는 주름살을 바라보며 늙어간다고 전전긍긍하는 사람은 절대 행복한 노년을 보낼 수 없다. 주로 소소한 일상에 감사하고 행복해하는 사람들이 자신의 삶에 가장 큰 만족감을 느낀다.

나이가 들었다고 목표의식이 사라지는 것은 아니다. 손자손녀 돌보기, 지역 병원에서 자원봉사하기 등 새로운 목표가 생겨난다. 그리고 나이를 먹어가면서 인간관계도 점점 의미를 더해간다. 새로운 목표의식과

> 은퇴가 가까워졌다고
> 노인네처럼 행동하지 마라.
> 마음속에 항상 있는
> 젊은이처럼 행동해라.
>
> – J. A. 웨스트(작가)

🔍 성가신 일이 없는 삶?

미국 오리건 주립대학교의 노인학과 교수 캐럴린 올드윈은 보통 나이가 많은 사람이 나이가 적은 사람보다 번거로운 일이 적고, 귀찮거나 번거로운 일을 더 잘 처리한다고 주장한다. 그리고 적어도 70대 중반까지는 인간의 행복감이 증가한다고 덧붙였다. 70세가 넘어서면, 인간의 행복감은 상황에 어떻게 대응하느냐에 따라 달라진다고 올드윈 교수가 말했다. 그리고 상황 대응 방식은 자산이나 처한 환경의 영향을 받는다. 물론 삶에 대하여 어떤 태도를 지니고 있는가도 상황 대응 방식에 영향을 준다. 인생을 밝고 긍정적으로 보면, 주변 사람들에게 긍정적인 반응을 유도하게 되고 인간관계가 더욱 풍요로워진다.

함께 깊어진 인간관계는 우리의 70대를 가장 행복한 시기로 만든다.

마침내 자유로워지다

70대가 되어서 행복감을 느끼는 순간을 찬찬히 살펴보면, 70대에 느끼는 '해방감'이 주는 행복감이 굉장히 크다는 사실을 알 수 있다. 70대가 되면 남의 눈치 보느라 스트레스 받을 필요가 거의 없어진다. 70대는 하고 싶은 대로 행동하고, 하고 싶은 말을 할 수 있는 자유를 누릴 자격이 있다. 그렇다고 결과는 생각하지 않고 이기적으로 자기 좋을 대로 행동하라는 의미는 아니다.

70대가 되면 솔직하게 때로는 뻔뻔하게 사실을 있는 그대로 이야기할 수 있게 된다. 뿐만 아니라 많은 경험을 한 덕분에 이해심도 깊어진다. 그리고 규범이나 관습에 위배되는 순간이라 할지라도 필요하다면 기꺼이 삶의 지혜를 재치 있게 제공할 수 있게 된다. 이 모든 것이 우리의 70대를 만족스럽고 행복하게 만든다.

🔍 70대, 함께하는 인생

하버드 대학교는 장장 75년 동안 결혼생활을 유지하고 있는 부부들을 대상으로 연구를 진행했다. 이 연구에 따르면, 70대의 부부가 특히 행복한 시간을 보내고 있었다. 70대가 되면 부부가 서로 다툴 일이 줄어들고 조화롭게 살 확률이 높았는데, 본 연구는 크게 네 가지 요인을 그 이유로 뽑았다.

· 자녀들이 장성해 부모의 품을 떠난다(70대 부부는 이것을 긍정적으로 평가했다).
· 호르몬이 변하면서 남성과 여성이 정서적으로, 기질적으로 비슷해진다.
· 서로에게 의지하며 살아가는 것을 마이너스 요인이 아닌 플러스 요인으로 본다.
· 별난 자녀를 양육하고 노부모를 모시는 일이 모두 지나갔다.

노부부가 더 행복하다

서로에게 불만이 있는 부부는 이혼할 가능성이 크다. 이런 맥락에서 본다면 다음 연구결과가 그리 놀랍지는 않다. 20~70세 부부 중, 오직

18%

만이 최소 20년 동안 결혼생활이 행복하다고 응답했다. 85세 이상 부부 중에서는 무려

76%

가 자신들의 결혼생활이 행복하다고 답했다.

행복 계곡: 세 가지 연구

다수의 노화 연구는 신체능력, 정신능력, 지적능력의 '감퇴'에 초점을 맞춘다(아마도 신체능력 감퇴가 직관력 강화보다 측정하기가 훨씬 쉽기 때문이리라). 그러나 앞으로 소개할 세 가지 연구들은 행복감과 70대에 관하여 눈에 보이지 않는 무언가를 밝혀냈다.

소소한 일상의 즐거움

「의사협회지」에 실린 연구에 따르면 항상 긍정적인 태도로 소소한 것에서 즐거움을 찾는 사람들이 대체로 건강한 노년을 보냈다.

생기를 불어넣는 우정

연구 통계청에 따르면, 친구들과 많은 시간을 보내는 사람들이 그렇지 않은 사람들보다 대체로 수명이 길었다.

평범한 일상이 주는 행복감

「소비자연구저널」은 특이한 인생 경험과 일상적인 경험이 인간의 행복감에 어떤 영향을 미치는지를 살펴본 연구를 소개했다. 연구에 따르면 젊은 사람들은 보통 특이한 인생 경험에서 행복감을 찾았으나, 상대적으로 나이가 많은 사람들은 평범한 일상에서 행복감을 찾는 경우가 많았다.

80대가 되다

새로운 70대

미국인들에게 80대 대통령을 어떻게 생각하느냐고 물었다. 대부분의 미국인들이 80대가 대통령이 되는 것에 반대했다. 그 이유는 오직 주어진 임기를 제대로 끝마치지 못할 가능성이 높다는 것 때문이었다. 나이가 많은 국가원수에게서 우리는 나이 지긋한 사람이 가지는 권위를 기대한다. 사교 능력 또는 외교술은 오랜 시간에 걸쳐 다양한 상황을 겪으면서 증가한다. 이렇듯, 80년을 살면서 쌓은 수많은 경험과 기억은 상당한 직업적 가치를 지니고 있다.

연륜

한 분야에서 수십 년간 종사하며 쌓은 연륜은 누군가를 가르칠 때 큰 도움이 된다. 은퇴한 80대 노인들 중에서 강단에 서서 정식으로 학생을 가르치는 사람은 몇 안 된다. 소수만이 오랜 경험의 가치를 인정받아 강단에서 어린 학생들을 가르친다. 연륜을 가치 있게 평가하는 곳이 학교만 있는 것은 아니다. 가정 내 또는 지역 공동체에서도 노인의 오랜 경험과 지혜는 귀중하다. 이런

80세가 되었는가? 축하한다. 아직도 당신에게는 알차게 살아갈 날이 10년 이상은 더 남아 있고, 80년 동안 살아오면서 쌓은 삶의 지혜 덕분에 당신은 사람들에게 존경을 받을 것이다.

10년

수명 증가

미국에서 진행된 연구에 따르면 자녀 세대의 기대 수명이 부모 세대보다 평균적으로 10년 증가했고, 더 오랜 시간을 더 건강하게 살 가능성이 높았다.

개방적인 태도를 지녀라

80대가 되기 전에 고령에 대한 자신의 마음가짐이나 태도를 점검할 필요가 있다. 알고 지내는 어르신들과 시간을 보내고 허심탄회하게 대화를 하며 그들이 하는 말에 귀 기울여라. 그렇지 않으면 고령에 대하여 부정적인 사고방식을 가질 가능성이 크다. 고령에 대하여 선입견이 있는 사람들은 자신이 노인이 되었을 때, 그 선입견으로 인해 고통 받을 가능성이 있다.

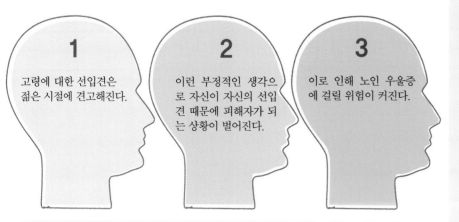

1 고령에 대한 선입견은 젊은 시절에 견고해진다.

2 이런 부정적인 생각으로 자신이 자신의 선입견 때문에 피해자가 되는 상황이 벌어진다.

3 이로 인해 노인 우울증에 걸릴 위험이 커진다.

특징은 부족 사회와 비(非)서구사회에서 두드러지게 나타난다.

모든 것은 마음먹기에 달려 있다

건강해야 나이가 들어도 잘 먹고 잘살 수 있다. 그래서 80대의 행복감은 헬스케어서비스나 의료서비스를 받을 수 있느냐에 달려 있다. 이것과 관련된 안정감은 주거환경과 재정능력에 따라 달라질 수 있다.

안타깝게도 나이가 들면 인지력이 떨어진다. 하지만 건강한 사람의 지적능력과 기억력은 80대가 되어도 젊었을 때와 거의 동일한 수준으로 유지될 수 있다. 그리고 정신적인 측면에서 문제가 없고 어느 정도 독립적인 생활이 가능하다면, 80세라 하더라도 외부에서 행복을 찾아야 한다는 압박에서 자유로워질 수 있다. 운이 좋고 삶의 태도가 바르다면, 내면에서 충분히 행복을 찾을 수 있다. 80세가 되면 당신은 더 이상 외모와 미래 목표 달성에 신경 쓰지 않게 될 것이다. 대신 현재를 즐길 수 있는 여유를 배우게 될 것이다.

그저 살아 있다는 사실이 주는 행복감만으로 남은 인생을 살기에는 무언가 부족할지 모르겠다. 그러나 이 행복감과 더불어 사회적으로 자극을 받고 주변 사람들과 친밀한 관계를 맺는다면, 당신은 80년이 넘는 오랜 세월을 살고 있다는 사실에 감사할 것이다. 더 이상 스스로 증명할 것이 없거나, 있더라 하더라도 이미 그 기한을 넘겨버린 시점이라면 기력이 떨어졌다는 사실이 그렇게 중요한 문제가 되지는 않을 것이다.

70세에서 90세까지

건강관리만 잘하면 가능한 일

보스턴에 소재한 브리검 여성병원의 로럴 예이츠 박사는 1980년대부터 2006년까지 한 연구를 진행했다. 이 연구를 통해 예이츠 박사는 70세 남성이 담배를 피우지 않으며 당뇨병이 없고, 정상 체중과 혈압을 유지하고, 정기적으로 운동을 한다면 90세까지 살 확률이 54%라고 주장했다. 운동을 안 할 경우, 90세까지 살 확률은 44%로 낮아졌다. 고혈압이고 비만인데다 흡연할 경우의 확률은 각각 36%, 26%, 22%까지 떨어졌다.

모두에게 직업은 중요하다

노동의 의미

업무 프로세스에 기여하고 어려운 업무를 수행하거나 목표가 뚜렷한 활동에 참여하면서 사람들은 일의 의미를 느낀다. 자신과 직업의 관계를 이해하면 은퇴에 더욱 잘 대처할 수 있다.

노동윤리는 노동자에게 요구되는 행동규범을 의미한다. 예를 들면 각자 자기가 맡은 일에 투철한 사명감과 책임감을 가지고 도덕적으로 업무를 수행하는 것이다. 반면 노동욕구라는 것이 있다. 인간에게는 '심리적 욕구'와 '실질적 욕구'가 있다. 실질적 욕구는 돈을 벌어 가족을 부양하는 것이다. '노동욕구'는 노동을 통해 이런 실질적 욕구와는 완전히 다른 심리적 욕구를 충족시키려고 하는 것을 의미한다. 노동욕구는 사람에 따라 다양하다. 다양한 노동욕구가 어떻게 결합되는지, 어떤 노동욕구가 강한지가 적어도 초기 은퇴생활의 질을 어느 정도 결정한다고 할 수 있다.

인생에서 가장 중요한 것은 무엇인가?

사람들은 노동을 통해 자부심을 느낀다. 그래서 노동은 자아 정체성을 강화하는 '강장제'의 역할을 하기도 한다. 의미 있는 노동을 통해 우리는 정체성을 확인하고 자긍심과 자존감을 느낀다. 특히 까다로운 업무가 주어지고 그 업무를 만족스럽게 처리했을 때, 우리는 잠재력이 최대한 발현되고 노동자로서뿐만 아니라 한 사람의 인간으로서 성장하고 있다고 느낀다. 이런 목적의식과 소속감은 너무나 강력하다. 그래서 직장생

80,000 시간의 노동

미국의 평균 주당 근무시간은 35~40시간이다. 평생 노동시간으로 환산하면 80,000시간에 맞먹는다. 게다가 이것은 미국 사람들이 자녀들과 보내는 시간보다 더 많은 시간을 일하는 데 쓴다는 것을 의미한다.

활 이외의 생활은 그저 부차적인 것으로 느껴지기도 한다.

일이 인생의 전부인가?

일이 삶에서 이토록 심리적으로 중요하게 여겨질 경우, 일을 하고 있다는 사실을 의식하지 못할 수 있다. 당신에게는 가족이 먼저인가? 아니면 일이 먼저인가? 아마 가족이 먼저라고 답할지도 모른다. 그러나 곧 그것이 당신의 착각일 뿐임을 증명하는 일이 일어난다. 일과 가족 중 하나를 선택해야만 하는 순간이 닥치면 당신이 정말 가족을 일보다 우선적으로 생각하는지 알 수 있다. 이런 양자택일의 순간에 매번 일을 선택하는 사람은 배우자나 친구들과 서서히 멀어지고 있는 자신을 바라보며 안타까워할지도 모른다.

균형 잡기

사람들은 종종 가정생활, 인간관계, 여가생활을 포기하고 일을 선택한다. 이런 상황에 익숙해지면, 우리는 일에 대하여 의존성 비슷한 것이 생긴다. 이런 현상은 심지어 굳이 일을 하지 않는 순간에도 일어난다. 이것은 사람들이 직무보다 직장에서 의미를 찾는 한

🔍 일과 권력

담당 업무는 영향력과 통제력을 행사할 수 있는 영역이다. 그래서 사람들은 담당 업무를 처리하면서 자신에게 힘이 있음을 느낀다. 가장 대표적인 사례가 조직의 우두머리인 CEO다. 그러나 굳이 임원급이 아니더라도 업무를 진행하면서 이런 느낌을 충분히 받을 수 있다. 예를 들면, 장거리 트럭 운전수는 운전석에서 해방감과 통제력을 느낄 것이다. 트럭 운전수에게 운전은 아주 익숙한 일이다. 게다가 자신이 원하면 언제든지 차를 세우고 쉴 수 있다. 이것은 사람들이 자기 사업을 하고 싶어 하는 이유 중 하나다. 집안일이 마음대로 되지 않아서 스트레스를 받는 사람들은 직장에서 일을 하면서 또는 직장 동료들과 대화를 하면서 집에서 받은 스트레스를 풀기도 한다.

왜 직장이 중요한가?

직장생활을 하면서 우리는 크게 두 요소 때문에 정체성을 확인하고 자존감을 느낀다. 하나는 직업 자체와 직업과의 관계(직무)이고, 다른 하나는 다른 사람들과 함께 일하는 경험(근무환경)이다. 이상적인 세계에서 살고 있다면, 우리는 생산적인 직장생활을 하고 직장생활에서 목적의식을 갖고 공통 목표를 달성하기 위해서 동료와 협업하면서 소속감을 느끼게 될 것이다.

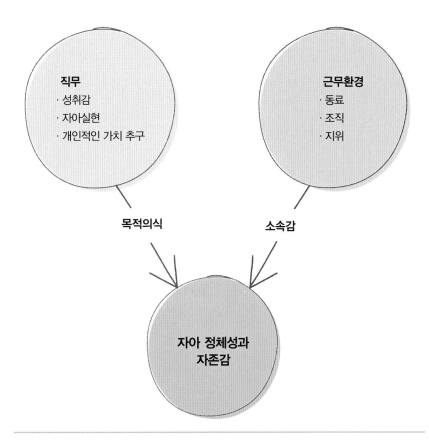

가지 사례다. 마이클 프랫과 블레이크 애쉬포스는 '직무에서 의미를 찾는 사람'과 '직장에서 의미를 찾는 사람'을 명확하게 구분했다. 직무에서 의미를 찾는 사람은 현재 맡은 업무가 중요한지, 업무가 다른 사람들의 삶에 긍정적인 영향을 주는지, 가치와 신념에 부합하는 업무를 맡고 있는지를 중요하게 생각한다. 반면 직장에서 의미를 찾는 사람은 직장 동료와 상사에게서 느끼는 동료애, 일상적인 직장생활, 근무환경의 변화 등을 중요하게 여긴다. 그래서 삶의 큰 부분을 차지하는 직장생활을 어느 날 갑자기 그만두는 데는 힘든 적응 기간이 필요하다.

냉철하게 판단하라

원하는 대로 업무시간과 업무량을 조절할 수 있는 권한이 주어지면 우리는 마냥 행복할까? 이런 권한에서 행복감을 찾는 것은 어리석은 짓이다. 자신에게 깊은 불만이 있는 사람은 마음대로 업무시간과 업무량을 조절할 수 있다 하더라도 직장에서 행복감을 느끼지 못한다. 자기 자신을 깊이 제대로 이해할 때, 행복한 직장생활과 행복한 은퇴생활을 할 수 있다.

어떤 사람들은 직장생활을 하면서 수많은 사람들을 만나 친구가 된다. 반면에 직장을 정말 얽히기 싫은데 어쩔 수 없이 1년에 적어도 한 번은 얼굴을 봐야 하는 친척이라고 생각하는 사람들도 있다. 직장생활을 무턱대고 싫어하는 것도 문제가 있지만, 직장생활에 대한 지나친 기대는 직장생활에 대한 불만족으로 이어질 수 있다. 부푼 기대를 안고 직장생활을 시작했지만, 자신의 잠재력을 최대한 발휘할 수 있는 기회가 주어지지 않거나 매번 성과가 나쁘면 깊은 좌절감에 빠질 수 있기 때문이다. 그리고 잠재력을 제대로 발휘하지 못할 것이란 좌절감은 은퇴 후에도 오랜 시간 지속될 가능성이 크다. 이제 직장생활을 솔직하고 냉정하게 평가해야 한다. 그래야 은퇴 후 마주하게 될 난관에 잘 대비할 수 있다.

공동체 의식

직장은 공동체다

직장은 사회공동체이자 문화공동체다. 다시 말해 같은 직장을 다니는 사람들은 자신들만의 전통과 사회적 의식을 공유한다. 우리는 직장 동료의 생일을 축하하고 새로운 정보를 공유하며 의견을 교환하고 누군가가 아플 때 진심으로 걱정한다.

그리고 직업은 집단의 노력에 참여해 공동의 목표를 실현할 수 있는 기회를 제공한다. 물론 한 팀에서 뛰고 있는 운동선수들은 '우승'이라는 공동의 목표를 향해 땀을 흘린다. 그러나 이것은 같은 직장을 다니는 사람들이 목표를 공유하는 것과는 조금 차원이 다르다. 가정에서 자녀를 돌보거나 가사를 처리하는 것이 직장생활과 비슷한 면이 있지만, 동료와의 관계는 가족과의 관계보다 덜 감정적이고 동료와 함께 노력하여 일어낸 싱파는 상내직 ㅇㅜ 짧은 시간에 쉽게 평가된다. 이런 이유로 우리는 직장생활이 공정하고 협조적이라 생각하고 이런 문

직장생활을 하다보면 마음이 잘 맞는 동료가 있고 사사건건 부딪치는 동료도 있다. 어쨌든 우리는 직장생활을 하면서 보람과 소속감을 느낀다. 직장을 떠나면 가장 그리워지는 것이 바로 이 소속감일 것이다.

☀ 행복한 직장?

복합적으로 아래 열거한 요소들은 근무환경을 평화롭고 보람되게 만들 수 있다.

· 존경심을 갖고 예의 바르게 행동한다.
· 회사에 중요한 기여를 한 공로를 인정한다.
· 반사회적인 사고방식은 용납되지 않는다. 합리적인 사고방식에 가치를 둔다.
· 신념이나 정치 성향 등 개인의 차이를 인정하고 받아들인다.
· 탄력적인 시스템은 구성원의 개인적인 욕구를 수용한다.
· 현실적인 기대를 한다.

화를 지닌 직장에서 일하면서 보람과 소속감을 느낀다.

친구인가? 직장 동료인가?

공고해진 동료애와 유대감은 쉽게 우정으로 발전할 수 있다. 우리는 직장에서 동료들과 대화하고 업무를 진행하면서 하루 종일 함께 보낸다. 이러면서 자연스럽게 직장 동료들은 서로에 대해서 잘 알게 된다. 인원감축과 같은 어려운 시기는 동료애와 유대감을 더욱 더 끈끈하게 만든다.

프리랜서나 자영업자처럼 혼자서 일하는 사람들도 동료의식을 가지고 있다. 물론 이들은 직장이라는 정해진 물리적 공간 속에서 24시간 함께 일하지는 않지만, 같은 일을 하고 있다는 사실만으로 동지애를 느낀다. 한 골목에서 장사를 하던 사람이 가게를 정리하고 떠난다는 소리를 들으면 자영업자들도 섭섭해한다.

직장을 떠나서 기쁜 것일까? 슬픈 것일까?

직장에서의 공동체 생활은 많은 이점이 있지만, 우리는 직장생활을 하면서 스트레스를 받기도 한다. 다음의 요소 때문에 당신은 아마도 은퇴를 손꼽아 기다리고 있을지도 모른다. 그러나 일단 직장을 떠나고 나면 당신은 직장생활과 동료들을 그리워할 것이라는 사실은 변함없다.

· 사람들은 일과 관련된 일에 대하여 공공연히 감정을 드러낸다. 예를 들면, 직장에 필요한 변화에 노골적으로 저항하기두 한다.
· 직장 내 정치가 난무한다.
· 고용주와 소통이 제대로 되지 않는다.
· 동료들의 태도가 개인적인 가치에 반한다.
· 고용주가 직원을 공정하게 대하지 않는다.

직원 사기를 높이는 일곱 가지 요인

심리학자들은 조화로운 문화를 지닌 직장은 직원의 사기를 북돋아주는 일곱 가지 특징을 가지고 있음을 발견했다.

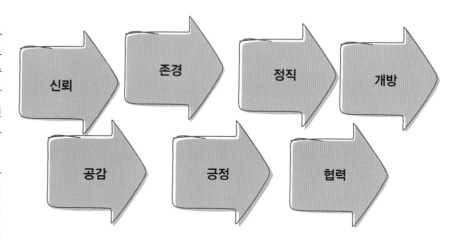

어떤 직장은 오히려 직원들의 사기를 꺾는 요소를 가지고 있다.

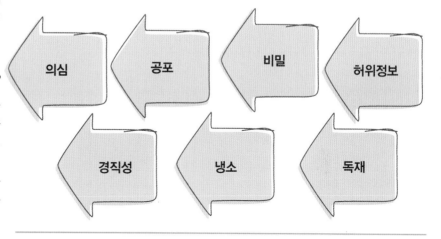

나이가 많은 사람들은 직장생활을 하면서 다시 젊어지는 기분을 느끼기도 한다. 젊은 사람들과 함께 어울려 생활하기 때문이다. 반면 직장 동료의 절대 다수가 젊디면, 직장생활을 하면서 자신이 시대에 뒤처졌다는 기분을 받을 수도 있다. 특히 나이 때문에 차별을 받는다고 느껴지면 스스로 한물간 퇴물로 느껴진다. 동년배의 비슷한 사고방식을 지닌 직장 동료가 한 명이라도 있다면, 직장생활은 훨씬 즐거워지고 편안해진다. 그래서 그 동료가 당신보다 먼저 은퇴를 한다면, 당신의 은퇴가 계획보다 앞당겨질 수도 있다.

나는 누구인가?

정체성 혼란을 겪다

미국의 시인 월트 휘트먼은 "내 속에는 수많은 군중이 살고 있다"라고 썼다. 아마도 휘트먼은 상황에 따라 자신을 바라보는 시각이 달라져야 한다고 말하고 싶었던 것 같다. 자신에게 없어서는 안 될 중요한 무언가가 충족되지 못하면서 우리는 자신에게 질문을 던진다. "도대체 나는 누구지?" 이것은 매우 중요한 질문이지만 우리를 불안하게 만든다.

가치 충돌

직업을 선택하거나 인간관계를 맺거나 정치 선거에 투표를 하는 것처럼 살면서 중요한 선택을 하는 순간에 기준으로 삼는 가치들이 있다. 선택의 기준이 되는 가치가 무엇인지 살펴보면, 자신이 누구인지 확실히 알 수 있다. 그러나 정체성은 전적으로 선택의 문제가 아니다. 우리는 사회적 요구 때문에, 때로는 부모의 강요에 못 이겨 새로운 가치를 받아들이고 흡수한다. 그런데 문제는 이렇게 외부에서 받아들인 가치들이 '자신을 가장 자신답게 만들어주는' 가치와 충돌을 일으킬 수 있다는 것이다.

수많은 이름표

살면서 자신이 어떤 역할을 수행해왔는지 살펴보면 '나는 ○○○을 하는 사람이다'라고 자신에 대한 정의를 의외로 쉽게 내릴 수 있다. 일반적으로 '나는 누구인가?'보다 '나는 무엇을 하는가?'에 답하는 것이 상대적으로 쉽기 때문이다. 그런데 흥미롭게도 이 두 질문에 대한 답은 결국 하나로 합쳐진다. '그녀는 선생님이야', '그는 요리사야', '그 사람은 매니저야' 등 우리는 직업을 기준으로 타인을 정의하고 인식한다. 그러나 직업이 그 사람의 모든 것을 정의할 수 없다. 왜냐하면 정체성은 아주 복잡한 개

우리는 스스로 생각하는 나의 모습과 타인이 생각하는 나의 모습을 제대로 이해해야 한다. 그래야 인생을 살아가면서 자신에게 가장 좋은 길을 선택할 수 있고 은퇴를 '제대로' 맞이할 수 있다.

념이기 때문이다. 우리는 누군가의 부모이 자, 누군가의 딸이기도 하고, 환경 운동가이 기도 하다. 인생에서 일이 차지하는 비중이 클수록 우리는 직업을 기준으로 자신을 정 의하게 된다. 이렇게 되면 다른 관점에서 자 신을 바라볼 기회가 없어진다.

원래 인생은 엉망인 법이다

많은 심리학자들이 정체성 형성은 자신의 재능과 잠재력을 사회에서 주어진 역할과 일치시켜 '자기 자신을 찾는 것'이라고 정 의한다. 하지만 이게 말처럼 쉬운 일은 아 니다. 자신의 재능과 잠재력에 부합하는 역 할이 주어지지 않아 절망감을 느끼는 사람 들은 삶의 의미를 찾기 위해서 술이나 도박 등에 손을 대기도 한다.

정체성은 정해진 것이 아니다. 우리가 인 생을 살면서 자연스럽게 정체성도 변한다. '자아'가 확고한 핵심을 지닌 단 하나의 독 립체가 아닐 수도 있다는 이론이 최근에 제 기되었다. 그렇다면 확고한 자아를 찾으려 고 노력하는 것이 좋은 것만은 아닐 수 있 다. 인간에게는 수많은 자아가 동시에 존재 한다. 단 하나의 자아만을 찾으려고 애쓰지 말고 자신에게 수많은 자아가 동시에 존재 한다는 사실을 받아들일 필요가 있다.

진실 혹은 거짓

특정 시기에 많은 사람들은 다른 사람들의 기대에 부응하기 위해서 가면을 쓴다. 기금 마련을 위해 성대한 만찬을 열었다고 치자. 사교성 있게 웃으면서 사람들을 맞이하지 만, 당신은 속으로는 불안감과 초조함을 느 끼고 있을지도 모른다. 진짜 모습이 아닌 거 짓 모습을 사람들에게 보여주면 굉장한 스 트레스를 받고 피곤해진다. 자기 자신에 대 한 의문과 부정적인 생각으로 마음이 어지 럽다. 결국에는 완전한 자신의 삶이라고 할

자기 결정

일부 심리학자들은 자기 결정권 또는 자유 의지가 인간에게 중요하다고 생각한다. 자아를 인식하 고 이 자아가 자신의 선택에 어떻게 영향을 미치는지 이해하고 있다면, 우리는 스스로 중요한 결정 을 내릴 수 있다. 자기 결정권은 기량을 최대한으로 발휘하고 성장할 수 있는 기회를 제공한다. 자 기 결정권은 세 가지 요소로 구성된다.

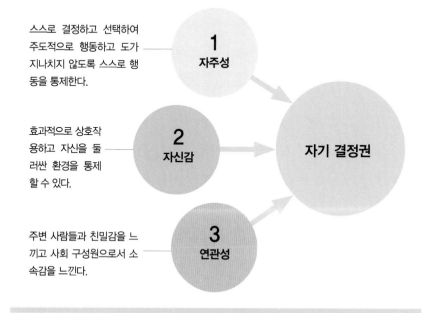

스스로 결정하고 선택하여 주도적으로 행동하고 도가 지나치지 않도록 스스로 행 동을 통제한다.

1 자주성

효과적으로 상호작 용하고 자신을 둘 러싼 환경을 통제 할 수 있다.

2 자신감

주변 사람들과 친밀감을 느 끼고 사회 구성원으로서 소 속감을 느낀다.

3 연관성

자기 결정권

수 없는 '거짓된 삶'에 갇혀 평생 괴롭게 지 내게 된다.

은퇴 전과 후에 다음의 자아가 불쑥 튀어 나올지도 모른다. 삶의 변화에 이미 적응했 다 할지라도 여기서 하나의 자아를 받아들 이는 데 압박감을 느낄 수 있다.

· 도망자 – 노동의 부담에서 벗어나 기쁘다.
· 헌신적인 조부모 – 할아버지와 할머니 역 할을 충실히 수행한다.
· 현명한 노인 – 인생 경험이 풍부해서 변화 에 노련하게 대응한다.
· 프리랜서 – 연금으로 부족한 수입을 보충 하기 위해 일을 한다.
· 모험을 즐기는 여행가 – 세계를 구경하기 위해 여행을 떠난다.

진정한 자아 찾기

진정한 자아란 당신이 마음속으로 진짜 모습 이라고 생각하는 것이다. 이런 진정한 자아를 부정하거나 억압하면 행복해질 수 있는 가능 성이 낮아진다. 다음은 진정한 자아를 받아들 이고 진짜 자신의 모습으로 살아가기 위해 해 야 할 일이다.

· 자신이 가장 잘할 수 있는 일이 무엇인지 찾아야 한다. 자신을 이해하고 여러 경험 을 하며 다른 사람들의 피드백을 들으면 자 신의 잠재력을 파악하는 데 도움이 된다.
· 현실적이고 달성 가능한 인생의 목표를 설 정해야 한다.
· 잠재력을 발휘하고 스스로 정한 인생의 목 표를 성취할 수 있는 기회를 찾아야 한다

인생의 의미

인생의 목표에서 인생의 의미가 나온다

목표를 좇고 있을 때, 우리는 스스로 인생을 의미 있게 산다고 느낀다. 목표는 앞으로 나아갈 방향을 제시하고 살아야 하는 동기를 부여한다. 목표를 추구하면서 우리는 만족감과 보람을 느낀다. 그렇다면 우리가 만족스럽고 보람된 인생을 살기 위해 추구해야 할 목표에는 무엇이 있을까?

비가 내려야 무지개가 뜨듯이 목표가 있어야 인생에 의미가 생긴다. 이것이 일반적인 인생의 목표와 인생의 의미의 관계다. 그런데 인생의 목표와 인생의 의미는 원래 조금 더 복잡하다. 가령 당신이 무언가를 만들어내는 발명가라고 치자. 무언가를 발명하는 것이 당신의 목표이고 발명활동은 당신에게 의미가 있다. 당신의 발명활동이 끝났다 하더라도 의미는 발명품과 발명활동을 하면서 겪은 많은 시행착오 속에 계속 남아 있다.

모든 인간은 인생의 목표와 의미에 대하여 심리적인 욕구가 있다. 다시 말해 우리는 인생의 목표와 의미를 통해 자신의 삶이 수많은 인생 경험의 단순한 합보다 위대한 것임을 확인한다. 이로써 우리는 삶에서 더 큰 행복감을 느끼게 된다. 이것은 인간의 기대수명에도 영향을 미친다는 놀라운 연구 결과가 있다. 2014년 학술지 「심리과학」에 소개된 연구에 따르면, 인생의 방향을 찾고 인생의 목표를 설정하는 행위는 기대수명을 연장하는 효과가 있었다.

지금 어떤 목표를 가지고 있는가?

어떻게, 어디서 인생의 목표와 의미를 찾는지에 대하여 진지하게 생각해보자. 이것은 은퇴를 얼마 앞두지 않은 시기에 우리의 행복 수준을 유지하거나 높이는 데 도움이 된다. 지금까지 자신이 살아온 인생을 평가하고 인생의 방향을 수정할 수 있느냐 없느냐는 마음 건강에 큰 영향을 준다.

먼저 자신이 어떤 활동을 할 때, 또는 어떤 목표를 추구할 때 보람과 만족감을 느끼는지 파악하고 목록을 작성하는 것이 좋다. 어떤 이는 가족이나 친구들과 시간을 보낼 때 가장 큰 행복감을 느낄 것이다. 그림을 그리거나 스포츠 활동에 참여하는 것으로부터 행복감을 느끼는 사람도 있을 것이다. 또 어떤 사람은 맡은 업무를 마무리하거나 새로운 기술을 배우거나 책을 읽을 때 행복하다고 느낀다. 자신이 어디에서 행복을 느끼는지 정확하게 이해하면 행복을 느끼는 활동에 많은 시간을 투자하여 은퇴 후 일어나는 일련의 변화에 더 잘 대처하거나 적응할 수 있다.

의미 찾기

우리는 목적이 있는 활동과 가치 있는 경험에서 인생의 의미를 찾는다. 목적 있는 활동에서 인생의 의미를 찾으려는 사람들은 미래 지향적이고 목적의식을 가질 수 있는 목표를 설정한다. 그래서 그들에게 직업적 성장은 수년간 중요한 인생의 목표가 된다.

☀ 목표의 토대

· **건강** - 몸과 마음이 건강하면 질병에 걸릴 가능성이 줄어들고 중요한 목표와 경험에 집중할 수 있다.

· **자립심** - 스스로 인생의 목표와 목적을 결정하기 위해서 반드시 자신의 인생을 어느 정도 통제할 수 있어야 한다.

· **상호의존성** - 혼자 힘으로 인생의 목표를 추구하는 것은 불가능에 가까운 일이다. 주변 사람들과 친밀한 관계를 유지하고 유대감을 형성할 때, 인생의 목표를 달성할 가능성이 높아진다.

의미 있는 삶이란 무엇인가?

긍정 심리학의 창시자로 불리는 미국의 마틴 셀리그먼은 의미 있는 삶이란 자신의 강점을 알고 '자신의 이익보다 더 크고 중요한 것을 위해 강점을 사용하는 삶'이라고 정의하였다. '의미 있는 삶'은 '좋은 삶'과 '즐거운 삶'과 함께 '행복한 삶'을 구성한다.

의미 있는 삶

자신만의 강점을 찾고 개인의 이익보다 더 크고 위대한 목표를 달성하기 위해 사용하는 삶이다.

좋은 삶

자신이 잘하는 것을 찾고 이 기술과 능력을 가치 있는 목표를 추구하는 데 사용하는 삶이다.

행복한 삶

즐거운 삶

동지애, 자연, 친밀감 등 기본적인 기쁨을 누리는 삶이다.

반면 가치가 있는 활동에서 인생의 의미를 찾는 이들은 경험을 중요하게 여긴다. 우정, 인간관계, 가족관계가 가치 있는 활동에 들어간다. 그래서 이 부류의 사람들은 오감을 자극하는 활동을 하면서 기쁨을 느낀다.

목표 바꾸기

직업에 대한 소명의식이 상대적으로 덜한 사람들은 일 이외의 것에서 인생의 목표를 찾으려고 한다. 직업에 대하여 소명의식이 애매한 상태의 사람들은 자신의 직업에서 뚜렷한 목표의식을 느끼려고 노력하지만 거의 실패한다. 안타깝게도 대부분의 사람들이 이 마지막 부류에 속한다.

자신의 목표의식이 직업과 얼마나 연관되어 있는지 정확하게 파악하는 것은 매우 중요하다. 직업 이외에 다른 데서 인생의 의미를 찾는 사람들은 은퇴를 긍정적으로 받아들이기 쉽다. 그들에게는 직업이 그렇게 큰 의미를 지니지 않는다. 이 부류의 사람들은 직장생활을 하면서 자신이 좋아하는 일에 많은 시간을 투자했을 것이고, 은퇴로 인해 늘어난 자유시간을 이런 일에 더 많이 투자할 것이다. 반면 직업에 헌신적인 사람들은 은퇴생활에 적응하는 데 상대적으로 많은 시간이 필요할지도 모른다. 당신이 어느

부류에 속하든지 간에 은퇴 전에 미리 일과 관계없는 의미 있는 활동들의 우선순위를 매겨보는 것이 좋다. 은퇴를 앞두고 이런 활동에 쓰는 시간을 점점 늘려갈 필요가 있다. 이것은 은퇴라는 인생의 과도기를 수월하게 통과하는 데 큰 도움이 될 것이다. 이것은 일종의 '은퇴 연습'이다. 은퇴 연습을 통해 우리는 은퇴생활에서 행복감을 느낄 수 있도록 몸과 마음을 준비시킬 수 있다.

우리는 우리가 받는 것으로
생계를 꾸려가지만,
우리는 우리가 남에게
나누어줄 때 비로소
생명 있는 삶을 살게 된다.

윈스턴 처칠(영국총리, 연설가 겸 작가)

돈, 그것이 문제로다

당신에게 돈이란?

돈 때문에 문제가 생기는 경우가 종종 있다. 돈은 적어도 문제고 많아도 문제다. 일단 가진 돈이 적으면 의식주를 해결하는 데 문제가 생긴다. 반대로 가진 돈이 지나치게 많으면 '부자병(affluenza)'에 걸릴 수도 있다. 부자병이란 지나치게 풍요로운 삶으로 인해 오히려 정신적으로 피폐해져 자기 통제력을 잃어버리는 것을 뜻한다.

벌거벗은 욕망

돈은 사람을 타락시킨다. 막대한 재력으로 자선활동을 펼치는 사람들도 많다고 반박할 수도 있겠지만, 돈 앞에 장사 없다고 했다. 어떤 사람들은 부모에게 상당한 재산을 물려받았지만 이에 만족하지 못 하고 더 많은 재산을 모으기 위해 맹목적으로 돈을 좇는다.

막대한 수익을 올리기 위해 수단 방법을 가리지 않는 냉혹하고 무자비한 사업가를

우리는 더 잘 먹고 더 잘살기 위해서 돈을 번다. 하지만 돈을 대할 때는 조심해야 한다. 돈에 대하여 어떤 가치관을 가지고 있느냐에 따라 당신의 이미지가 결정될 수도 있다. 당신의 인생에서 돈은 얼마나 중요한가? 이 질문에 확실히 답할 수 있다면 은퇴로 인해 줄어든 수입으로 생활하는 것이 한결 수월해질 것이다.

25%

돈이 중요한가?

2013 라이프트위스트(LifeTwist) 연구에 따르면, 겨우 25%의 미국인들만 돈이 성공의 지표라고 생각했다.

'부자병'의 저주?

어떤 사람들은 생활비의 대부분을 빚으로 충당한다. 이런 사람일수록 금리인상과 같은 경제 요인의 변화에 취약하다. 소득으로 감당하기 힘든 생활을 하기 위해 빚을 얻으면 얻을수록, 당신은 다음의 요인에 취약해진다.

빚이 있으면 항상 다음 요소들을 신경 쓰며 살게 된다.	다음 요인 때문에 생활비가 많이 든다.
· 고용과 임금인상률 · 신용등급 · 부채 상환이 힘들지 않는 수준의 금리	· 사교육비 · 개인건강보험 · 집 개보수 · 여가활동 · 호화로운 휴가

부와 공감능력

「심리과학」에 소개된 연구에 따르면, 저소득자가 고소득자에 비해 사람의 표정을 잘 읽는 것으로 나타났다. 아마도 그들에게는 '눈치만이 살 길'이기 때문이리라. 본 연구의 공동저자 마이클 크라우스는 사회적으로 지위가 낮고 소득수준이 낮은 사람일수록 사회적 위협에 노출될 가능성이 높기 때문에 사람의 표정을 읽는 능력이 중요하다고 말했다. 그들은 위험 요인을 사전에 정확하게 파악하기 위해서 공감능력을 강화시켜야 하고, 자신들의 커뮤니티를 지키기 위해서 서로 협력해야 하기 때문이다.

떠올려보라. 그러나 이제 냉혹함과 무자비함으로 돈을 버는 것이 힘든 세상이 되었다. 현재 우리는 경영자 또는 기업의 도덕성이 면밀히 평가받는 세상에서 살고 있기 때문이다.

돈 중독?

물욕에 휩싸이지 않은 사람들도 돈을 손에 넣기 위해서 충동적으로 행동할 때가 있다. 심리학자인 티안 데이톤 박사는 게임중독, 섹스중독, 식탐과 함께 돈을 버는 행위도 일종의 중독임을 밝혀냈다. 돈이 생기면 뇌의 쾌락 중추에서 화학반응이 일어나는 것으로 확인되었다.

돈으로 행복을 살 수 없다

물론 충분한 수입이 보장되지 않으면, 우리는 살면서 많은 것을 포기해야 한다. 그러나 돈은 평범한 인간다운 삶을 영위할 수 있을 정도만 있으면 된다. 왜냐하면 이 수준 이상의 재력은 개인의 행복감이나 만족감에 그다지 영향을 미치지 않기 때문이다. 문제는 돈이 아니다. 더 큰 재력을 가지길 원하는 인간의 욕망이 문제다. 이 욕망은 마음의 평화를 깨뜨리고 인간관계마저 훼손할지도 모른다. 다행히도 우리가 물질적인 영역 이외의 무언가에서 행복감을 얻으려고 한다면, '돈이 많으면 성공한 삶이다'라는 명제가 더 이상 참이 아닌 것이 된다.

부자가 되는 방법

다음은 부자가 되는 방법이다.

· 자신에게 꼭 맞는 직업을 선택한다.
· 검소하게 생활한다.
· 우선순위를 정하고 돈을 벌 가능성이 높은 활동에 많은 시간을 투자한다.
· 사회적인 지위보다 재정적인 독립을 추구한다.

부와 도덕성

돈이 많을수록 도덕적 판단력이 흐려질 가능성이 높다. 캘리포니아 대학교 연구진은 흥미로운 연구결과를 발표했다. 샌프란시스코에서 차들은 교차로에서 보행자가 차도를 건너갈 수 있도록 일단 정지를 해야 한다. 그런데 이 교통법규를 어길 확률은 고급차를 타는 사람들이 그렇지 않은 사람들보다 4배 높았다.

하버드 대학교와 유타 대학교에서 실시된 다른 연구에 따르면 단순히 돈과 관련된 단어를 생각하는 것만으로도 실험 참가자들은 거짓말을 하거나 부도덕하게 행동할 가능성이 증가했다.

은퇴와 사회적 지위

지위란 무엇인가?

오랜 직장생활은 우리에게 지위를 가져다준다. 직장에서 당신의 지위는 어느 정도나 되는가? 어디에서 당신은 자신에게도 지위가 있다고 느끼는가? 이것은 행복한 은퇴생활을 보낼 수 있느냐를 결정하는 중요한 질문이니 곰곰이 생각해보라.

직장 내 지위의 의미를 정확하게 파악하는 것은 쉽지 않다. 왜냐하면 상황에 따라 다양한 의미를 지니기 때문이다. 고용률이 낮은 사회에서는 직업이 있다는 사실이 자긍심의 원천이 된다. 직종이 지위에 영향을 미칠 수도 있다. 사회적으로 존경받는 직업이거나 훌륭한 문화가 있는 회사에서 일한다면 어느 정도 사회적인 지위가 있는 사람으로 간주되기도 한다. 직책은 직장에서 내가 어떤 단계 또는 지위에 있는지 정확하게 보여준다. 선임연구원이나 과장처럼 '선임-'이나 '-장(長)'이란 단어는 단순히 조직에서 맡고 있는 역할을 암시하기보다 일종의 '계급장'이라 할 수 있다. 보통 사람들은 자신의 지위가 내포하고 있는 특권과 권위만을 즐기려고 한다. 그러나 지위가 생기면 그 지위에 맞는 책무가 따라온다. 우리는 자신의 지위에 맞는 책무가 무엇인지 항상 고민해야 한다. 그리고 자아상을 형성하는 데 지위가 중요한 역할을 하므로 지위를 제대로 이해해야 한다.

무경계 경력

어떤 사람들은 한 조직에서 상위 직급으로 승진하는 것보다 회사를 자유롭게 옮겨 다니며 새로운 경험과 기술을 쌓는다. 이렇게 유연하게 경력을 쌓는 사람이라면 직장 내 지위가 그렇게 중요하지 않을 수 있다. 1990년대 후반 마이클 아서 교수는 '무경계 경력(boundaryless career)'이란 개념을 소개했다. 무경계 경력은 경력을 한 조직에 제한하지 않고 여러 조직으로 이동하며 쌓아갈 수 있다는 데에서 착안한 개념이다. 무경계 경력을 쌓는 사람들은 자기만의 기준으로 지위를 정의한다. 그들에게 지위는 고용주가 생각하는 고용인의 가치라기보다 개인적으로 얼마나 성장했는지를 보여주는 일종의 지표다.

직업 정체성

스스로 만족스럽고 동료들이 인정하는 업무 성과를 내면, 자아 정체성과 자존감을 높일 수 있다. 그리고 이것은 은퇴를 긍정적

지위에 영향을 미치는 세 가지 요소

수입, 몰입, 교육은 당신의 사회적 지위 또는 사회경제적 지위에 영향을 미친다. 그리고 자의식을 형성하는 데도 이 세 가지 요소는 중요한 역할을 한다.

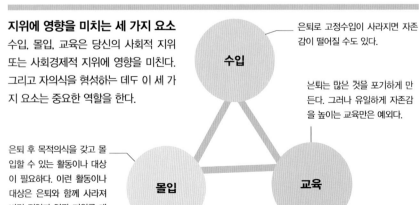

은퇴 후 목적의식을 갖고 몰입할 수 있는 활동이나 대상이 필요하다. 이런 활동이나 대상은 은퇴와 함께 사라져버린 직업과 연관 지위를 대체할 수 있다.

몰입

수입

은퇴로 고정수입이 사라지면 자존감이 떨어질 수도 있다.

은퇴는 많은 것을 포기하게 만든다. 그러나 유일하게 자존감을 높이는 교육만은 예외다.

교육

? 직장에서 내 지위는 무엇일까?

다음 질문에 답해보면 직장에서 어느 정도의 지위를 차지하고 있는지 파악할 수 있을 것이다.

· 책임 범위와 재량 범위는 어느 정도인가?
· 직책이 무엇인가?
· 이사회나 경영진 소속인가?
· 당신에게 업무를 보고하는 사람은 몇 명인가?
· 회사나 조직을 대변할 때 당신의 역할은 무엇인가?
· 책상이나 사무실은 얼마나 큰가? 전용 주차 구역이 있는가?
· 연봉과 복지 수준은 어느 정도인가?

으로 받아들일 수 있는 마음가짐을 갖는 데 도움이 될지도 모른다. 그런데 여기에 문제가 있다. 당신의 직업과 자존감이 긴밀하게 연결되어 있을수록 은퇴가 오히려 큰 도전으로 다가올 가능성이 높다. 왜냐하면 은퇴와 동시에 자존감을 느끼게 하던 직업이 사라지기 때문이다.

남 일 같지 않아서 걱정스러운가? 그렇다면 은퇴 후에도 자존감을 높이던 직업 정체성을 잊지 않고 은퇴계획을 세우면 된다. 단계적으로 은퇴에 접근하는 것이 인생의 과도기라 할 수 있는 은퇴시기를 통과하는 데 도움이 될 것이다(82~83페이지 참조). 아니면 은퇴 전에 하던 일과 관련하여 조언을 해주는 전문 컨설턴트가 되는 것도 좋다(84~85페이지 참조). 이렇게 하면 과거의 성공 경험을 바탕으로 인생계획을 세우면서 새로운 자아상을 가질 수 있다.

직업 만족

미국의 심리학자 폴 스펙터는 1990년대 직업 만족도에 대하여 연구 진행했다. 스펙터는 연구결과를 바탕으로 열네 가지 항목으로 직업 만족도를 분류하였다. 다음의 열네 가지 항목에 해당하는 내용은 아마도 당신이 은퇴생활을 하면서 그리워질지도 모르는 것들이다.

항목	내용
1 감사	상사와 동료들은 당신이 업무에 한 기여에 감사를 표했다.
2 인정	직장에서 당신에게는 확실한 역할이 있었고 중요한 존재로 인정받았다.
3 근로 조건	근무환경, 기반시설, 위치, 책상 등이 그리워진다.
4 급여	상당한 액수의 연금이 나오지만 매달 통장에 들어오는 월급이 그립다.
5 조직	기능을 중심으로 체계적으로 짜인 조직에서 일하던 시절이 그립다.
6 승진	업무 성과를 인정받아 다음 직급으로 승진하면서 느꼈던 성취감을 다시 느끼고 싶다.
7 감독	업무에 대한 상사의 감독과 평가가 그립다(은퇴와 동시에 상사의 관리감독에서 자유로워져서 좋다고 느낄 수도 있다).
8 부가급여	관용차, 헬스클럽 자유 회원권 등이 그립다.
9 성과급	좋은 성과를 내면 나오던 보너스나 보너스에 상응하는 보상을 받을 때의 뿌듯함을 다시 느끼고 싶다.
10 운영 규칙	모든 것이 원활하게 돌아가는 조직에서 일하는 기쁨을 다시 맛보고 싶다.
11 안정	소속감, 내가 무언가에 장기적으로 기여를 하고 있다는 느낌, 예측하지 못한 변화로부터 보호받고 있다는 느낌을 다시 받고 싶다.
12 동료	동지애, 존중받는 느낌, 동료들 사이에서 내가 가졌던 지위가 그립다.
13 노동의 본질	일을 하면서 기술이나 능력을 개발하고 목적의식을 갖고 사회에 기여하고 있다는 기분을 다시 느끼고 싶다.
14 소통	협력하고 팀워크를 통해 과제를 추진하고 동료와 허심탄회하게 의견을 나누던 시절이 그립다.

당신은 워커홀릭인가?

일이 인생의 전부가 될 때

자기가 하는 일을 좋아하는 사람이 있고 심지어 사랑하는 사람도 있다. 한술 더 떠서 일 없이 어떻게 살아갈지 모르겠다고 말하는 사람도 있다. 당신은 어떤가? 지금까지 일이 당신의 전부였는가? 그러면 은퇴하고 나서는 어떻게 할 것인가?

일이 전부인 당신을 '워커홀릭'이라고 부르는 것이 최선일까? 분명 일에는 중독성이 없는데도 말이다. 그런데 일에도 중독성이 있고 사람은 일에 중독될 수 있다는 연구결과가 나왔다.

투자인가, 중독인가?

워커홀릭이라고 심리적으로 문제가 있는 것은 아니다. 2012년에 「인적 자원 관리 리뷰(Human Resource Management Review)」에 소개된 논문은 워커홀릭을 '많은 노동력을 투자하는 사람(HWI: Heavy Work Investors)'으로 정의하고 두 가지 유형으로 구분했다. 어떤 사람들은 상황 때문에 어쩔 수 없이 일을 많이 할 수밖에 없다(상황형 HWI). 또 어떤 사람들은 일이 인생의 전부는 아니지만 가치관이나 성격 때문에 일에 많은 에너지와 시간을 투자하게 된다(성격형 HWI). 당신은 어느 유형에 속하는가? 상황형 HWI보다 성격형 HWI가 은퇴와 관련하여 더 많은 지원이 필요하다.

중독의 원인

작가 요한 하리는 저서 『체이싱 더 스크림(Chasing the Scream)』에서 무언가에 어떻게 중독되는지 생각해볼 필요가 있다고 주장했다. 1970년대, 캐나다의 심리학자 브루스 알렉산더는 실험실에서 쥐를 이용한 약물 중독 실험에 의문을 제기했다. 더럽고 비좁은 우리에 갇혀 있는 쥐들이 맹물보다 약물이 첨가된 물을 선택하는 것은 지극히 당연한 현상인지도 모른다. 이렇게 열악한 환경에 노출되어 있다면, 그 누구라도 현실을 잊기 위해서 가능한 흥분 상태로 지내고 싶을 것이다. 알렉산더는 충분히 돌아다닐 만한 널찍한 공간을 공원처럼 꾸며 쥐를 집어넣고 약물 중독 실험을 진행했다. 쥐들은 가끔 모르

당신은 일에 중독되었나?

바쁘게 일하는 사람들은 모두 일에 중독된 것일까? 이 질문을 이스라엘의 연구원 라파엘 스널과 이차크 하파즈에게 한다면, 두 사람의 대답은 '아니오'다. 스널과 하파즈는 워커홀릭이라고 다 같은 일 중독자가 아니라고 주장한다. 다시 말해, 개인이 처한 상황과 성격에 따라 그 사람이 진정 일에 중독되었는지, 중독되었다면 얼마나 심한지 등의 차이가 나타난다는 것이다. 다음을 보고 자신이 일에 얼마나 중독되어 있는지 생각해보라.

상황형 HWI	성격형 HWI
· **유형 1 – 가장형**: 먹여 살릴 대가족이 있거나 갚아야 할 빚이 있어서 어쩔 수 없이 일을 열심히 해야 한다. · **유형 2 – 일각천금형(一刻千金)*** : 병원처럼 1분 1초가 일의 결과를 좌지우지하는 근무환경에서 일하고 있기 때문에 잠시도 쉴 수가 없다.	· **유형 1 – 워커홀릭형**: 정말로 일에 중독되었다. · **유형 2 – 헌신형**: 몸과 마음을 다해 열정적으로 일한다. · **유형 3 – 친밀감 회피형**: 동료와 인간적인 친밀한 관계를 맺는 것이 부담스러워 일만 열심히 한다. · **유형 4 – 취미형**: 아무것도 안 하면 따분해서 살 수가 없으니 일에 열중한다.

* 극히 짧은 시간도 천금에 해당할 만큼 큰 가치가 있다는 뜻

핀 물을 마시기는 했지만 맹물을 더 좋아했다. 다른 곳에서 위안을 찾을 수 있게 된 쥐들에게서는 중독 현상이 일어나지 않았다.

중독인가 유대감인가?

심리학 교수 피터 코헨은 사람이 무언가에 빠져드는 것을 '중독'이라고 부르는 것은 틀렸다고 주장한다. 코헨 교수는 이런 현상을 더 정확하게 표현하려면 '유대'라는 용어를 사용해야 한다고 말한다. 건전한 삶에서 우리는 주변 사람들과 유대감을 쌓고 인연을 맺는다. 여기서 우리는 심리적인 보상을 얻는다. 그러나 만약 인간관계에서 심리적인 보상을 얻지 못하면 우리는 약물, 도박, 일 등 다른 것들에서 유대감을 느끼려고 한다.

만약 당신은 자신이 강박적인 성향이 있는 사람이라 여긴다면 은퇴는 당신에게 인생의 도전으로 다가올 수 있기 때문에 먼저 도움을 구해야 한다.

중독의 악순환

심리학자 브루스 알렉산더는 무언가에 강박증을 느끼게 만드는 것은 우리 몸속에서 일어나는 화학작용 때문이 아니라 우리가 현실감 없는 세상에서 살기 때문이라고 말한다. 알렉산더는 이것은 불행의 악순환이라고 부른다.

서로를 지지하기보다 분열된 사회에서 산다.

사람들은 의미 있는 관계에서 멀어진다.

마약중독, 물질중독, 도박, 일중독 등 중독의 홍수 속에서 살아간다.

온갖 중독의 결과로 사회는 점점 냉소적이고 불안정해진다.

가치관
어떤 가치가 당신에게 소중한가?

모든 사람은 자기만의 가치관이 있다. 가치관은 의사결정의 기준이 되고 일상에 영향을 준다. 자신이 어떤 가치관을 지니고 있는지 아는 것은 의미 있는 은퇴생활을 계획하는 데 도움이 될 것이다.

가치관은 사람의 태도와 행동에 영향을 준다. 가치관은 인생의 나침반이다. 우리는 자신의 가치관을 기준으로 옳고 그름을 판단하고 나아갈 길을 찾는다. 이렇게 가치관은 의사결정, 행동과 관점에 영향을 미치고 우선순위를 결정짓는다.

가치는 어디에서 올까?
가치는 직관적으로 또는 논리적으로 받아들여진다. 우리는 평생 동안 가치를 받아들이면서 가치관을 형성하는데, 이 작업은 어린 시절부터 시작된다. 예술가를 부모로 둔 사람에게는 창의력이 중요할 수 있고, 산업도시에서 성장한 사람에게 노동력이나 기업가 정신이 중요한 가치일 수 있다. 직관적으로 받아들였거나 '윗세대에서 물려받은' 가치들은 평생 변하지 않는다. 우리는 논리적인 사고를 통해 의식적으로 특정 가치들을 선택하고, 이런 가치들을 개인적인 경험이나 고민을 바탕으로 적절하게 변형시킨다.

이해의 충돌
때때로 소중하게 생각하는 가치들에 반하는 인생을 살게 되는 경우가 있다. 이런 경우는 긴장감과 스트레스로 이어진다. 만약 지금 다니는 회사가 이윤창출에만 혈안이 되어 있거나 동의할 수 없는 상술로 소비자를 우롱한다면? 당신에게는 가정생활이 중요한데, 야근을 밥 먹듯이 해야 한다면? 이렇게 자신의 가치관에 반하는 상황에 처하게 되면, 우리는 어느 정도의 자기희생이 따르더라도 가치관에 맞게 살려고 노력한다. 그러나 안타깝게도 이러한 노력이 항상 기대하던 결과를 낳는 것은 아니다.

시간과 가치
자신이 어떤 가치들을 중요하게 여기는지 진지하게 생각해볼 필요가 있다. 왜냐하면 이런 노력은 인생에 있어서 중요한 의사결정을 내리는 데 큰 도움이 되기 때문이다. 시간을 어떻게 활용하고 있는지 살펴보면 자신이 어디에 가치를 두는지 금방 파악할 수 있다. 예를 들어 당신의 일과 삶은 조화롭게 균형을 유지하고 있는가? 자신의 가치 체계를 이해하면 현재 소중하게 생각하는 가치에 맞게 생활하고 있는지 평가할 수 있고 어떤 부분에 더 많은 시간을 들여야 가치에 어울리는 은퇴생활을 할 수 있는지 알 수 있다.

 실전연습

은퇴가 얼마 남지 않았다면 지금 당신이 소중하게 생각하는 가치가 무엇인지 진지하게 고민해 볼 때다. 다음 질문을 고민하다 보면 가치관과 인생의 우선순위를 알 수 있을 것이다.

· 손주나 증손주들과 더 많은 시간을 보낼까?
· 연세가 지긋하신 부모님을 모실까?
· 자원봉사활동을 할까?
· 내가 살고 있는 지역의 문제에 관심을 기울이고 참여할까?
· 작은 사업을 시작할까?
· 가사를 도울까?

가치 찾기

결론적으로 가치는 중요하다. 만약 모두가 똑같은 가치들을 추구한다면 정쟁, 논쟁 또는 전쟁은 없을 것이다. 자신에게 중요한 것을 찾고 대략적으로 자신의 가치 체계를 그려보는 것이 좋다(가치 체계는 아래의 다이어그램과 비슷한 형태가 될 것이다). 자신만의 항목을 만들어도 좋고 아래 예로 든 항목을 그대로 사용해도 좋다. 가치를 어느 정도 부여하느냐에 따라 외부 영역의 크기는 달라질 것이다.

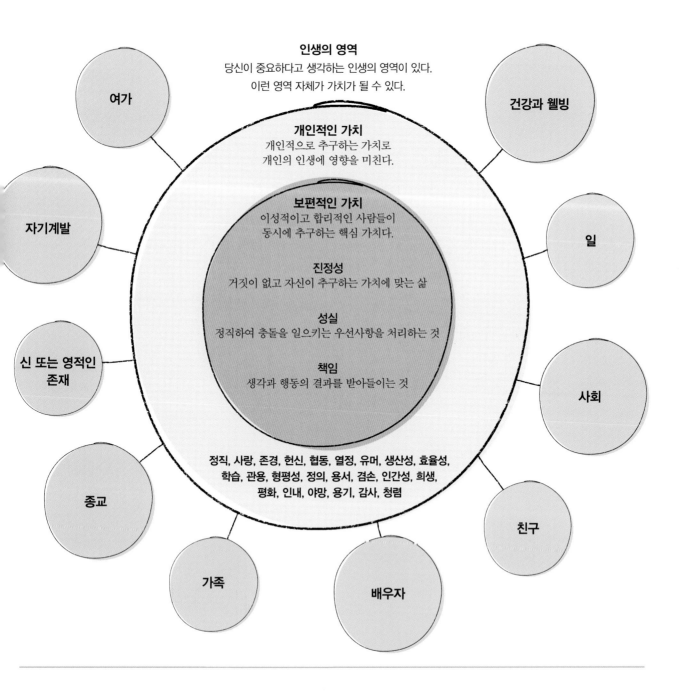

인생의 영역
당신이 중요하다고 생각하는 인생의 영역이 있다.
이런 영역 자체가 가치가 될 수 있다.

개인적인 가치
개인적으로 추구하는 가치로
개인의 인생에 영향을 미친다.

보편적인 가치
이성적이고 합리적인 사람들이
동시에 추구하는 핵심 가치다.

진정성
거짓이 없고 자신이 추구하는 가치에 맞는 삶

성실
정직하여 충돌을 일으키는 우선사항을 처리하는 것

책임
생각과 행동의 결과를 받아들이는 것

정직, 사랑, 존경, 헌신, 협동, 열정, 유머, 생산성, 효율성,
학습, 관용, 형평성, 정의, 용서, 겸손, 인간성, 희생,
평화, 인내, 야망, 용기, 감사, 청렴

여가

건강과 웰빙

자기계발

일

신 또는 영적인
존재

사회

종교

친구

가족

배우자

내 인생의 종착역은 어디일까?

인생 목표를 세워라

성공적으로 경력을 쌓고 싶은가? 그러면 목표설정에 심혈을 기울여라. 그런데 행복하고 안녕(安寧)한 인생을 사는 데도 목표설정이 중요할까? 목표설정은 은퇴계획을 세우는 데 얼마나 도움이 될까?

몇 기업은 정확한 목표를 설정하는 것을 경계한다. 자칫 정확한 경영목표가 시장 변화에 대응하는 데 방해가 될 수 있기 때문이다. 실제로 목표를 설정할 때 가장 어려운 점은 상황이 걷잡을 수 없을 정도로 급변해서 세운 목표가 쓸모없게 될 수도 있다는 것이다. 그러니 구체적이지는 않더라도 유연하게 목표를 설정하는 것이 좋다. 왜냐하면 목표는 인생의 방향을 제시하기 때문이다. 목표를 설정하면 목표의식이 생기고, 이 목표의식은 시간을 어떻게 관리할지, 우선순위를 어떻게 세울지, 미래 비전을 어떻게 수립할지에 대한 지침을 준다.

목표인가? 한계인가?

목표를 세우는 것은 한계를 분명히 밝히는 것이다. 목표가 세워지면 이 목표를 달성하기 위해서 많은 다른 기회들을 지나치기 때문이다. '일단, 이것부터 하고 나서…'라는 말을 입에 달고 살게 될지도 모른다. 목표를 달성하면, 달성한 목표임을 표시하기 위해 박스에 체크표시를 한다고 치자. 이 체크표시를 보면서 그동안 어떤 목표들을 달성했는지는 알 수 있지만, 목록에 없는 더 가치 있는 목표들에 대해서는 알 길이 없다. 목표 목록을 작성하지 않았다면 성취했을지도 모를 목표들 말이다. 그러니 목표를 설정할 때는 결과보다는 과정에 더 많은 관심을 갖고 정기적으로 목표를 검토해야 한다. 혹시 놓치고 있는 더 중요한 목표가 있을지도 모르니 말이다.

다양한 목표를 추구하라

인생의 모든 영역에 걸쳐 다양한 목표를 유연하게 설정해야 한다. 이것은 우리의 인생을 풍요롭게 만들 것이다. 건강과 웰빙, 인간관계, 가정생활, 우정, 경제력, 여가활동, 개인생활 중에서 당신이 더 중요하게 생각하는 영역이 있고 덜 중요하게 생각하는 영역이 있을 것이다. 중요도에 따라 에너지를 균형 있게 투자하면 설사 덜 중요하게 생각하는 영역의 목표를 달성하는 데 실패해도 더 중요하게 생각하는 영역의 목표를 달성함으로써 실망감이 줄어들 수 있다. 그리고 이렇게 모든 인생의 영역에서 다양한 목표를 설정하고 추구하면 주변 사람들과 소통할 기회가 많아지고 자신이 원만하고 다재다능한 사람으로 생각된다.

목적 있는 은퇴생활

은퇴를 하기 전에 이렇게 목표를 여러 영역에 걸쳐 균형 있게 설정하고 에너지를 분산하는 것이 좋다. 이렇게 하면 은퇴를 하고 갑자기 직업적 목표가 사라질 때 충격을 덜

100%

성장의 산술식

만약 매일 부족한 부분의 1%씩 보완해 나간다면, 68일 이후에는 어제의 나보다 훌륭한, 부족한 부분 100%가 개선된 나를 발견하게 될 것이다.

받게 될 것이다. 왜냐하면 이미 당신에게는 직업적 목표 말고도 달성해야 할 목표들이 가득하기 때문이다. 은퇴는 새로운 목표를 설정하기에 굉장히 좋은 기회가 된다. 그런데 일부 사람들은 현대사회의 행복한 은퇴생활을 하는 퇴직자로 보이기 위한 목표를 설정하기도 한다. 다시 말해, 정말 원하고 열정이 있는 목표가 아니라 '남이 장에 간다고 하니 거름지고 나서는 것'처럼 동료들을 따라서 목표를 세운다. 아무 준비 없이 목표를 세우려고 시도하는 것은 불행한 은퇴생활로 가는 지름길이다. 목표를 세울 때는 관심 분야에서 시작해야 한다. 관심 분야를 잘 배양해서 최소한 '배아 단계'의 목표를 만들려고 시도해보라. 첫 시도에 실패했다고 좌절할 수 있다. 하지만 은퇴한 당신에게 남는 게 시간이다. 시간을 충분히 갖고 자신에게 가장 적합한 목표를 찾아라.

☀ '카이젠'의 미학

점진적으로 목표를 세우는 것이 가장 좋다. 가령 은퇴한 당신은 새로운 언어를 배우기로 했다. 목표는 해당 외국어로 여행지에서 자유로운 의사소통이 가능한 수준이다. 이 목표가 압박감으로 이어져 새로운 언어를 배우는 데 흥미를 잃어버릴 수 있다. 대신 점진적으로 외국어 실력을 향상하겠다는 목표를 세우는 것이 더 좋다(점진적인 개선 또는 향상은 일본어로 '카이젠'이라고 한다). 이렇게 하면 여행을 가서 유창하게 외국어를 못 한다고 해서 낙담하지 않을 것이다.

꿈을 목표로

일단 목표를 세우면 이것이 달성할 가능성이 있는 목표인지 검토하고 목표를 달성하기 위한 행동계획을 수립해야 한다. 그렇지 않으면 목표는 '자면서 꾸는 꿈'일 뿐이다. 다음의 분석 도표는 손에 잡히지 않는 꿈을 분명한 목표로 만드는 데 도움이 될 것이다.

손에 잡히지 않는 꿈

목표를 분명히 표현해라
· 무슨 목표를 세웠나? 정확한 제목을 붙여라.
· 제목을 보고 무슨 목표를 세웠는지 알 수 있나?
· 그 목표가 당신의 책무나 가치와 충돌을 일으키지는 않는가?

시간 계획을 세워라
· 대략적으로 언제까지 목표를 달성하겠다는 시간계획이 있나?
· 목표를 달성하기 위해서 얼마의 시간이 언제 필요한가?
· 이 시간을 확보하기 위해서 무엇을 해야 하는가?

의지가 확고한가?
· 설정한 목표는 당신에게 얼마나 중요한가?
· 목표를 달성하기 위해서 무언가를 희생해야 하는가?
· 목표에 전념하기 전에 점검이나 조사할 기간이 필요한가?

무엇이 필요한가?
· 목표를 달성하기 위해서 필요한 개인 자원은 무엇인가?
· 활용 가능한 자원인가?
· 목표를 실현하기 위해서 무엇을 해야 하는가?

유연한 태도를 유지해라
· 설정한 목표에서 변하지 않는 부분과 유연하게 바꿀 수 있는 부분은 무엇인가?
· 목표를 달성하는 과정에서 생겨날 모든 변화를 예상할 수 있는가?
· 목표를 수정해야 할지도 모를 상황의 변화를 예측할 수 있는가?

목표 설정

은퇴와 인정

누구에게나 인정받고 싶은 욕구가 있다

업무성과는 보통 객관적인 평가를 받는다. 공식적으로나 비공식적으로 업무성과 평가서가 나올 것이다. 대부분의 업무성과는 대체로 아웃풋, 예산, 매출 또는 신규 고객 수 등으로 정량적 평가를 받는다. 반면 서비스 등에 대한 만족도는 고객 설문조사를 통해 평가되고 있다. 어쨌든지 이 모든 항목에서 결과가 긍정적이라면 성취감, 업무에 대한 자긍심 등이 생길 것이다.

소속감

직장에서 가치 있는 존재로 여겨지는지 알고 싶다면, 동료들에게 인정과 존경을 받고 있는지 살펴보면 된다. 직위, 직책, 동료들이 당신에게 보이는 신뢰도는 당신이 직장 내에서 얼마나 인정받고 존경을 받고 있는지를 보여준다. 고된 프로젝트를 성공적으로 마무리하거나 골치 아픈 문제를 해결하고 나면, 동료들은 당신에게 수고했다고 감사의 말을 전한다. 그들이 전하는 감사의 말에는 당신의 노고에 대한 인정과 존경이 깔려 있다. 그리고 더 많은 인정과 존경을 받겠다는 목표의식이 생기기 마련이다(28~29 페이지 참조). 이 목표를 달성하기 위해 노력하다 보면 직장에서 유능한 직원으로 인정을 받고 점점 많은 동료들이 도움을 받기 위해 당신을 찾아올 것이다. 그리고 자신이 원활하게 돌아가는 회사라는 거대한 톱니바퀴의 톱니로서 행복하게 일하고 있다는 생각에 뿌듯함마저 느낄지도 모르겠다.

누군가에게 고맙다는 말을 들으면 기분이 좋아진다. 그리고 자신이 꽤 괜찮은 사람처럼 느껴진다. 은퇴를 하면 직장 동료들이 당신의 업무 기여도에 보내던 존중과 감사가 그리워질 것이다. 그러나 감사와 인정의 말을 들을 곳은 직장 말고도 많이 있으니 낙담하지 마라.

인정

직장 내 역할과 자신을 동일시하는 경우, 직장 동료의 감사 인사를 들을 때 자아 정체성이 강화될 수 있다. 은퇴하는 날, 사람들은 떠나는 동료에게 따뜻한 말로 그동안의 노고에 대한 감사와 존경의 마음을 전할 것

존경의 종류
직장생활을 하면서 우리는 부하직원, 동료, 상사에게 존경을 받는다.
은퇴를 하면 다른 종류의 존경으로 대체된다.

동료의 인정과 수용
직장에서는 동지애, 결속력 혹은 우정을 통해 동료들에게 인정받고 받아들여지고 있다는 느낌을 받는다.

은퇴 후에는 친구들과의 우정이나 가족 간의 사랑을 통해 자신이 누군가에게 인정받고 받아들여지고 있다는 느낌을 받을 수 있다.

윗사람의 인정
직장에서는 특혜, 승진, 보너스, 연봉 인상 등을 통해 상사들이 자신을 인정하고 있다는 느낌을 받는다.

은퇴 후에는 노인대학을 다니면서 선생님에게 칭찬을 받으면 자신이 인정받고 있다는 느낌을 받을 수 있다.

아랫사람이 보내는 존경
직장에서는 후배나 부하직원이 당신이 해준 조언에 대해 고마운 마음을 전달하고 업무를 능숙하게 처리하는 모습을 보고 감탄한다. 여기서 아랫사람에게 존경을 받고 있다고 느낀다.

은퇴 후에는 전문지식과 경험을 활용해 젊은이들이 올바른 선택을 할 수 있도록 도울 때 아랫사람에게 존경을 받고 있다고 느낄 수 있다.

이다. 은퇴 후 첫 한 달은 퇴직자의 친구와 가족에게 정신적으로 힘든 시기가 될 수도 있다. 그들은 일이 인생의 전부였던 당신에게 직장 동료들이 보냈던 감사와 존경을 어떻게 전달해야 할지 갈피를 잡지 못해 전전긍긍하게 된다. 이런 상황은 직장생활을 미치도록 그립게 만든다. 이를 극복하려면 우선 일을 손에 놓으면서 생긴 상실감에 적응할 시간을 갖고 일보다 더 큰 대의에 헌신할 수 있게 되었다는 사실을 기쁜 마음으로 받아들여야 한다.

안도감
중요한 사람이 자신의 일을 저평가한다는 기분이 들면 많은 사람들은 불안감을 느낀다. 이런 경우, 오히려 은퇴가 얼마 남지 않았다는 생각에 안도감을 느낄 수 있다. 그러나 자신을 증명할 기회가 다시는 없을 것이

란 생각 때문에 오랜 시간 마음이 괴롭고 심지어 전반적인 생활수준이 떨어질 수도 있다. 자영업자의 경우 고객, 소비자, 기타 외부인사에게 평가받는다. 그래서 그들은 직장을 다니는 사람들보다 은퇴로 인한 문화충격을 덜 받는다.

성공적으로 은퇴를 준비하려면 미리 은퇴계획을 세우는 것이 좋다. 목적의식을 느낄 수 있는 다양한 활동에 참여하여 자신의 세계가 은퇴 전보다 좁아진 것이 아니라 더 넓어졌다는 사실을 확인해야 한다. 은퇴를 하면 더 이상 직장생활을 걱정할 필요가 없다. 은퇴는 개인생활과 가정생활에 더 관심을 쏟고 매력적으로 다가오는 일에 도전하기 가장 좋은 시기다.

왜 목표가 필요할까?

목표를 추구하면 삶이 덜 지루해지고 불안감이 줄어들고 우울증에 걸릴 가능성이 낮아진다. 그 이유는 다음과 같다.

· 우리는 다른 사람들의 관심을 원하여 외적인 요소에 집중한다. 이 때문에 마음을 괴롭히는 부정적인 생각이나 감정에 신경 쓸 여유가 없다.
· 목표를 추구하면 '나무'가 아닌 '숲'이 눈에 보이기 시작한다. 한 발자국 떨어져서 자신의 문제를 바라볼 여유가 생긴다.
· 목표를 추구하다 보면 '무아지경'을 경험하게 된다. 즉, 목표에 완전히 몰입하는 것이다. 목표에 몰입하면 할수록 생활의 만족감과 행복감이 커진다.
· 목표를 추구하면 자신감이 생긴다. 이것은 자존감을 키우고 우리에게 역경을 극복할 희망을 준다.

무지개 끝에는 뭐가 있을까?

꿈같은 은퇴생활

상상하던 미래가 그대로 현실이 되는 경우는 극히 드물다. 은퇴생활도 마찬가지다. 특히 은퇴를 열심히 일한 것에 대한 보상이라고 생각한다면 아마 크게 실망할 것이다. 그러니 은퇴를 분주하게 새로운 인생을 살 수 있는 기회로 생각해보는 것은 어떨까?

은퇴는 '무언가에서 물러남'을 뜻하는 단어로 '포기'라는 의미가 내포되어 있다. 그러나 인생의 한 단계로서 은퇴는 새로운 출발을 의미한다. 더구나 기대수명이 높아지고 건강상태가 좋아지면서 이런 의미가 더욱 힘을 얻게 되었다. 이제 우리는 은퇴 후 양질의 삶을 15~20년 동안 더 살게 될 것이다.

하얀 도화지

행복추구가 인생의 목표인 사람에게 은퇴생활은 자신만의 명작을 남길 수 있는 새하얀 도화지다. 이 마지막 그림은 그동안의 모든 노고를 보상할 만큼 위대할 것이다. 은퇴는 당신을 일에서 해방시키고 인생의 황금기를 원하는 대로 설계할 수 있는 기회를 제공할 것이다. 새로운 목적을 달성하기 위해 새로운 목표들을 추구하고 제대로 활용하지 못한 잠재력을 탐구하고 오랜 시간을 간직해온 야망을 좇거나 이 '꿈같은 시간'만을 위한 목표를 세울 수도 있다.

꿈, 비전, 계획

꿈을 가지라고 귀에 딱지가 앉도록 들었을 것이다. 그러나 '꿈'은 지극히 추상적인 목적이다. 꿈을 잡기 위해서 필사적으로 손을 뻗지만 꿈은 교묘하게 당신의 손을 요리조리 피한다. 그러니 꿈보다는 '비전'이라는 단어를 사용하자. 비전은 '소망'이 아닌 '계획'을 암시한다. 다시 말해, 제대로 계획을 세워 최선을 다하면 비전을 실현할 수 있다. 그러나 모든 사람에게 비전을 가지라고 말하기에 비전은 너무 거창하고 이상적인 목적이다. 그러니 우리는 계획을 가져야 한다. 유연하고 많은 대안을 지닌 계획을 세우는 일이 그리 흥분되고 흥미롭지는 않을지 모르지만, 미래를 더욱 현실적으로 생각하고 실망스러운 결과를 미연에 방지할 수 있는 최선의 방법일 것이다.

꿈에 열정을 쏟자

은퇴생활에 대하여 꿈을 갖든, 비전을 갖든, 계획을 갖든 간에 우리는 은퇴생활을 상상한다. 건강하고 계획을 실천할 능력이 있는 한, 행복한 은퇴생활을 보낼 수 있을 것이라 믿는다. 그러나 현실은 매우 다를 수 있다. 왜냐하면 우리의 미래 예측은 항상 빗나가기 마련이고 새로운 인생을 위해 넘어야 할 산이 너무 높고 험할 수 있기 때문이다. 그럼에도 불구하고 최고의 은퇴생활을 상상하는 것은 노년을 열심히 살아갈 동기를 부여한다. 경험상, 꿈을 현실로 바꾸기 위해서는 '열정'이라는 연료가 필요하다. 열정이 없는 꿈은 절대 현실로 실현되지 않는다.

65세 이상
난 행복하다

2014년 갤럽-헬스웨이즈는 85,145명의 미국 성인을 대상으로 인생의 다섯 가지 영역에서 행복감과 만족감을 묻는 조사를 실시했다. 조사결과, 모든 영역에서 65세 이상의 성인이 젊은 세대보다 더 안정적이고 행복한 생활을 하고 있는 것으로 조사되었다.

은퇴에 대한 관점 바꾸기

어떻게 은퇴를 긍정적으로 받아들일 수 있을까? 그 비결은 바로 은퇴로 인해 생겨나는 새로운 기회를 최대한 활용하는 것이다. 의미 없이 여가생활을 하면서 시간을 허비하는 대신, 열과 성을 다해 이 기회들을 잡아야 한다.

긍정적인 관점
· 은퇴는 인생의 새로운 단계를 시작하는 흥미로운 경험이다.
· 직장 내 골치 아픈 정치에서 벗어나 친구들과 더 많은 시간을 보낼 수 있다.
· 모든 책임과 의무에서 해방되는 순간이다.
· 다시 가정으로 돌아가 집안 문제를 해결할 수 있는 기회가 된다.
· 소비를 줄일 수 있다.

부정적인 관점
· 은퇴생활에 적응하기 어렵다.
· 직장과 동료가 그리워질 것이다.
· 일이 사라지면 목적의식도 사라진다.
· 정해진 일과가 사라지면서 불안해진다.
· 집안문제에서 도망칠 곳이 사라진다.
· 소득이 줄어든다.

은퇴의 위험 요인 피하기

다음은 은퇴의 심리적 위험 요인과 실질적 위험 요인이다. 미리 은퇴계획을 세우면 실질적 위험 요인을 피할 수 있고, 단순히 심리적 위험 요인을 인식하고 있는 것만으로도 은퇴생활에 적응하는 데 큰 도움이 된다.

심리적 위험 요인
· 은퇴 후 몇 달 동안 해방감과 행복감을 느끼게 될 것이라 상상한다.
· 정적인 생활이 여유롭고 나름 보람될 것이라 믿는다.
· 은퇴를 해도 직장 동료와 계속 연락하며 지낼 것이라 생각한다.
· 새롭게 시작한 일이 시작부터 보람되고 보상이 따를 것이라 믿는다.

실질적 위험 요인
· 관심 분야가 너무 많아서 시도하는 데 비용이 많이 든다.
· 은퇴 후 지출을 확실하게 예측할 수 없다.
· 건강을 유지하는 데 드는 비용을 마련해 놓지 않았다.
· 일 때문에 잃어버린 시간을 만회할 수 있을 것이라 생각한다.

바쁘다 바빠

만족스러운 은퇴생활의 비결

유대감은 행복의 중요한 요소다. 기존의 인간관계를 최대한 활용하고 새로운 인간관계를 형성할 때, 은퇴생활은 만족스러워진다. 여러 사람들을 만나면서 바쁘게 지내면 새로운 목적이 생기고 은퇴생활이 지루할 틈이 없다.

건강하다면 당신은 아마도 활동적인 은퇴생활을 보내고 싶을지도 모른다. 나이가 많고 적고를 떠나서 사람은 신체활동을 통해 성취감을 느낀다. 물론 일생을 다른 사람들을 위해 열심히 일했다면, 편안하게 쉬면서 은퇴생활을 보낼 자격이 충분히 있다. 그러나 자신이 선택한 방식대로 활동적으로 은퇴생활을 보낼 것을 추천한다. 평소 알고 지내던 사람이든 지역사회든 다른 누군가를 위해 봉사하는 것은 균형 잡힌 은퇴생활을 하는 데 중요한 부분이고 동시에 목적의식을 제공한다.

가는 정과 오는 정

성인기에 왕성하게 사회활동을 하면서 쌓게 될 다양한 인생 경험은 사회 발전에 기여하는 훌륭한 밑거름이 된다. 예를 들어 멘토가 되어 인생 경험을 바탕으로 경험이 없는 사람, 특히 젊은 세대에게 조언과 도움을 줄 수 있다. 그리고 전문 기술이나 지식을 가르치는 정식 강연을 개최하거나 자신의 전문 분야와 관련된 어떤 기업의 고문으로 활동할 수도 있다. 그리고 노인은 젊은이에게 정원 가꾸기나 육아 등 인생 경험을 들려주고, 그 대가로 그들에게 컴퓨터 사용법을 배울 수도 있다. 이것은 전통적인 노인의 역할이 변했음을 보여준다. 과거에는 노인의 입장에서 '가는 정'만 있었다면 이제는 '오는 정'도 기대하는 시대가 되었다. 쉽게 말하면 어려운 일이 생기면 마을의 젊은 사람들은 지혜를 얻기 위해서 마을의 제일 큰 어른을 찾아갔지만, 반대의 경우는 거의 없었다. 그러나 이제 노인도 젊은이들에게 배우는 입장에 서기도 한다.

몸 튼튼! 마음 튼튼!

활동적인 은퇴생활을 하려면 무엇보다도

노년 활동의 영역

은퇴 시기 동안 할 수 있는 활동은 다양하다. 다양한 활동을 통해 활기차게 생활한다면 행복하고 만족스러운 은퇴생활을 보낼 수 있을 것이다. 다음은 카테고리별로 노년활동을 구분한 것이다. 하나의 활동이 두 가지 이상의 카테고리에 들어가는 경우도 있을 수 있다. 예를 들면, 독서 클럽은 '인간관계'와 '학습활동'에 동시에 속한다.

보살핌
· 나이 든 부모님이나 다른 어르신들을 보살핀다.
· 손자손녀를 돌본다.

학습활동
· 실질적인 기술을 배운다.
· 새로운 지식을 습득한다.

인간관계
· 새로운 친구를 사귀거나 기존의 친구와 많은 시간을 보낸다.
· 배우자와 시간을 보낸다.

고용
· 새로운 직장에 소속된 임금근로자가 된다.
· 자원봉사활동을 한다.

신체활동
· 운동을 해서 건강을 유지한다.
· 팀 스포츠에 참여한다.

멘토링
· 전문적인 지식이나 기술을 젊은이들에게 가르친다.
· 인생 경험을 들려준다.

수리/수선
· 집을 고치거나 정원을 가꾼다.
· 기타 망가지거나 낡은 곳을 손본다.

여행
· 국내 여행을 떠난다.
· 해외 여행을 떠난다.

정식적으로나 신체적으로 건강해야 한다. 그러므로 운동 등 다양한 신체활동을 통해 신체건강을 유지하고 매일 스도쿠(sudoku, 숫자 퍼즐), 체스 등 두뇌 게임을 하거나 토론회, 강연회 등에 참석하거나 철학이나 과학 관련 서적을 읽거나 해서 정신적 건강을 유지해야 한다. 연구에 따르면 머리를 많이 쓸수록 뇌신경세포와 뇌의 신경을 연결해 주는 시냅스가 늘어난다고 한다. 우정은 우리의 감정적 욕구를 충족시켜줄 뿐만 아니라 정신적으로나 심지어 지적으로 큰 자극제가 된다. 그래서 친구들과 정치나 사회 이슈에 대하여 토론을 벌이는 것보다 훌륭한 정신 운동은 없다.

매사에 호기심을 가져라

매사 호기심을 갖고 탐구하다 보면 어느새 멋진 일을 하고 있는 자신을 발견할지도 모른다. 호기심은 은퇴생활을 흥미롭고 활동적으로 만들 수도 있다. 호기심이 자신을 어디로 데리고 갈지 알지도 못한 채, 회사를 다닐 때는 일하느라 바빠 호기심을 죽인 채 살았을 것이다. 그러나 은퇴를 하면 남는 게 시간이니, 은퇴 시기는 호기심을 탐구하기에 좋은 기회가 될 것이다.

☀ 인간관계를 유지하라

인생에 있어서 다른 사람들과 인간관계를 맺고 유지하는 것은 정신적으로 매우 중요한 활동이다. 은퇴를 하고 나면 업무를 진행하면서 직장 동료들과 맺었던 복잡한 상호작용들이 그리워질지도 모른다. 그러나 은퇴생활에서 가장 중요한 인간관계는 가족이나 친구들과의 관계다. 이들과의 관계를 이렇게 활용하느냐에 따라 은퇴생활의 만족도와 행복도가 결정된다. 인간관계는 개인의 자아 정체성과 자존감을 강화시킬 뿐만 아니라, 새로운 관심 분야를 찾는 데 큰 도움이 되기도 한다. 다시 말해, 관심 분야를 좇다 보면 새로운 사람을 만나게 되고 반대로 새로운 사람을 만나다 보면 새로운 관심 분야가 생기거나 기존의 관심 분야에 대하여 관점이 새로워진다.

나이를 먹는다는 건?

노화에 대한 진실과 거짓

노화라고 하고 흔히 떠올리는 이미지가 있다. 신체적으로나 정신적으로 쇠약해지고 삶은 필연적으로 덜 보람되고 덜 생산적이고 지루해질 것이다. 깜빡 깜빡하는 일이 잦아지고 인지력이 흐려지고 기력도 없어질 것이다. 이런 생각을 하면 우울해지는 것이 당연하고 노년과 은퇴를 부정적으로 바라볼 수밖에 없다. 그러나 천만다행으로 현실은 우리가 상상하는 것과 완전히 다르다.

당신의 나이를 체감하는가?

미국 버지니아 대학교의 심리학 교수인 티모시 솔트하우스 박사는 '나이가 들면 삶에 대한 만족도가 급격히 떨어질 것이라고 흔히 생각하지만, 연구결과 이것이 사실이 아님이 밝혀졌다'고 주장한다. 삶에 대한 전반적인 만족도와 행복도가 나이가 들면서 높아짐을 보여주는 연구결과가 나왔다.

나이가 듦에 따라 지적능력이 감퇴한다는 정설에 대해서 전문가들은 지식과 특정한 지적능력은 계속 발달하여 노화로 인한 새로운 정보를 처리하고 논리적으로 사고하는 능력의 감퇴를 상쇄한다는 사실을 밝혀냈다. 나이가 들면서 특정 분야에 대한 전문성이 높아지면서 생산성과 창의성을 강화할 수도 있다. 그리고 분명히 현명한 노인의 경험과 지혜는 많은 문제를 해결하는 데 큰 도움이 된다. 무엇보다도 단순히 알고 있는 지식이나 기술을 반복적으로 활용하는 것보다 목공예, 최신 가전기기 사용법 등 새로운 기술을 배우는 것은 나이가 들어도 총명함을 유지하는 데 큰 도움이 된다.

노화와 관련된 부정적인 가설들이 난무한다. 그러나 최근에 이런 가설들이 틀렸음을 입증하는 심리 연구결과가 속속 발표되면서 사람들의 은퇴에 대한 시각이 이전보다 훨씬 낙관적으로 변하고 있다.

나이 드는 게 무조건 나쁜 것은 아니다

그렇다고 노화로 인한 인지능력 감퇴의 가능성과 그로 인한 생활의 어려움을 과소평가해서는 안 된다. 앞에서 언급한 내용은 건

오해의 소지가 있는 연구

나이가 들수록 우리의 뇌는 정보를 불러내거나 처리하는 데 많은 시간이 필요하다. 그러나 노인성 치매 증상이 없는 노인의 경우, 대체로 과학 인지 시험의 결과보다 실제 인지적 사고 수준이 우수했다. 이것은 과학자들이 과거의 경험이 별 의미가 없는 인지 시험을 연구에 활용하기 때문이다. 우리가 살아가는 현실 세계에서는 오랜 시간에 걸쳐 습득한 지식과 경험이 인지적 사고에 큰 영향을 미친다. 특히 젊은 세대를 대표하기 위해 어린 대학생들이 인지 실험에 참여할 경우, 노인들이 실험실에서 있는 것을 전혀 편안하게 느끼지 않기 때문에 이런 결과가 나오는 것일 수도 있다.

사실을 방증하고 있다.

이런 놀라운 결과가 나오는 까닭은 나이가 많을수록 인생의 부정적인 면보다 긍정적인 면을 보려고 노력하기 때문이다. 그래서 노인들은 다소 암울한 상황이라도 긍정적인 부분을 찾아내고 심지어 새로운 환경에 대해서도 매우 잘 적응할 수 있다.

강한 생활습관을 통해 최대한 건강한 상태를 유지한 운이 굉장히 좋은 몇몇 사람들에게만 해당된다. 나이가 들면 당뇨, 고혈압, 치매 등 만성질환을 앓을 확률이 높고 이런 만성질환은 삶의 질을 크게 저하시킨다. 비록 그렇다 할지라도 우리는 노년과 노화에 대한 부정적인 시나리오를 당연하게 받아들여서는 절대 안 된다.

대부분의 사람들은 많은 노년 세대들이 배우자와의 사별하고 외롭게 살다가 자칫 우울증까지 앓게 된다고 생각한다. 그래서 우울증을 앓는 비율이 노년 인구가 더 높을 것이라고 생각한다. 하지만 실제로는 그렇지 않다(박스 글 참조). 인간은 굉장히 강한 정서적 회복탄력성을 가지고 있어서 사별, 나쁜 건강, 기타 나이와 관련한 부정적 변화를 놀라운 정신력으로 극복할 수 있다. 실제로 100세를 훌쩍 넘긴 고령자들 대부분이 긍정적인 삶의 태도를 지니고 있다는 것이 이

5.5%

행복하게 나이 먹기

노인들이 젊은이들보다 생활에 대한 만족감이 높다. 국립정신건강연구소의 2012년 여론 조사에 따르면, 50세 이상의 미국 성인 중 5.5%가 우울하다고 답한 반면, 26~46세의 7.6%, 그리고 18~25세의 8.9%가 우울하다고 답했다.

나이가 들수록 현명할까?

심리학자 로버트 스턴버그는 현명하다고 생각하는 인물을 추천해 달라고 사람들에게 요청했다. 그 결과 후보군에 오른 사람들의 나이는 평균 55~60세였다. 여기서 우리는 현명함과 나이 사이에 상관관계가 있음을 알 수 있다. 1950년에 심리학자 에릭 에릭슨은 최초로 현명함과 나이의 상관관계를 제시했다. 그는 인간 생애 주기 이론을 통해 사람들은 노년에 체력과 정신력 쇠퇴에도 불구하고 완전한 상태를 유지하기 위해 투쟁한다고 주장했다. 이 투쟁에서 승리하면 노인은 지혜를 얻게 되는 것이다.

현명하고 지혜로운 사람은 시시각각 변하는 복잡한 상황 속에서 정확하고 건전한 판단을 내릴 수 있는 사람이라고 생각할 수도 있다. 그러나 진정 현명한 사람이 되기 위해서는 이기심을 극복하고 안정적이고 세상만사를 꿰뚫어볼 지혜를 가지고 있어야 한다. 그리고 현명한 사람은 스스로를 완전히 인식하고 자신의 한계를 분명히 알고 더 넓은 공동체에게 가장 이익이 되는 것이 무엇인지를 인지하고 있다.

자유시간에 무엇을 할까?

여가란 무엇인가?

은퇴를 하더라도 다양한 활동을 하면서 직장을 다닐 때처럼 바쁘게 보낼 수 있다. 주중에 다양한 취미활동을 함으로써 은퇴생활의 행복감을 높이고 건강을 증진할 수 있다.

사람들은 은퇴 후 여가활동을 하면서 여유롭게 시간을 보내기를 꿈꾼다. '미국인의 시간사용조사'에 따르면, 전체 성인 인구가 하루 평균 5시간 정도를 여가활동에 쓰는 것과 비교하여 65~77세 미국 성인은 하루 평균 7시간을 여가활동에 쓰고 있었다.

여가활동은 무엇인가?

'여가활동'은 한마디로 정의하기에 경계가 불분명한 단어다. '전형적인' 여가활동에는 스포츠, 여행, 사교활동, 야외활동 등이 있다. 그러나 우리가 여가활동이라 생각하는 것들 중에는 기분전환을 위해서라기보다 의무적으로 하는 것들도 있다. 예를 들면, 건강을 유지하기 위해서 헬스클럽에서 가벼운 운동을 하거나 아픈 친척의 문병을 가는 것 등이다. 반면 전통적인 여가활동에는 속하지 않지만 하면서 굉장한 즐거움을 느끼는 활동들도 있다. 대표적인 예가 쇼핑이다. 개인 프로젝트와 자원봉사활동도 이런 경우에 속한다. 당신이 주말마다 참석하는 브리지(카드 게임의 일종) 모임보다 자원봉사활동을 통해 더 큰 보람과 즐거움을 느낀다 할지라도 자원봉사활동은 여가활동의 카테고리에 포함되지 않는다.

아무것도 안 해서 바쁘다?

어떤 사람들은 여가활동을 휴식이나 거의 아무것도 안 하고 가만히 있는 것이라고 생각한다. 물론, 틀린 생각은 아니다. 그러나 이런 형태의 여가활동을 은퇴가 제공하는 혜택이라고 생각한다면, 당신은 분명 은퇴생활이 지루해져 곧 실망할 것이다. 열심히 일할 때야 아무것도 안 하고 가만히 있는 것은 누구나 바란다. 그러나 몸이 안 좋아서 어쩔 수 없이 침대에 가만히 누워 있어야 하는 것이 아니라면, 계속 아무것도 안 하고 가만히 있으면 얼마 지나지 않아 좀이 쑤실 게 뻔하다.

그런데 분명히 TV 시청, 독서, 음악 감상 등 가만히 앉아서 시간을 보낼 수 있는 여가활동들이 있다. 이런 활동은 수동적이지만 어떤 프로그램을 볼지, 무슨 책을 읽을지, 어떤 음악을 들을지 등 선택을 하고 활동 내내 생각을 하기 때문에 지적으로 자극이 된다. 햇살 좋은날, 시원한 그늘 아래서 안락의자에 앉아 여유롭게 시간을 보내는 것을 상상해보라. 상상만으로도 즐거워질 것

인터넷 활용하기

소셜미디어를 제대로 이용하면 다양한 여가활동을 즐기고 새로운 친구들을 많이 사귈 수 있다. 예를 들어 소셜미디어를 통해 자원봉사활동에 대한 많은 정보를 수집할 수 있다. 미국의 여론조사기관 퓨 리서치 센터가 2014년 인터넷 이용자들을 대상으로 실시한 여론 조사에 따르면, 50~64세의 응답자 중

65%

가 소셜미디어를 이용하는 반면, 65세 이상의 응답자 중

49%

만이 소셜미디어를 사용하고 있었다.

여가활동이 주는 건강 혜택

60세 이상은 취미활동과 여가활동을 통해 건강을 증진하고 생활의 행복감을 높일 수 있다. 취미활동과 여가활동이 그들의 몸과 마음에 생기와 활력을 되찾아주기 때문이다. 연구에 따르면 즐겁게 취미활동과 여가활동을 하는 것은 노화를 늦추고 질병을 예방하는 효과가 있다. 특히 다음과 같은 혜택이 있다.

· 면역체계를 강화한다.
· 사고의 유연성을 키워준다.
· 기억력과 지능을 높인다.
· 스트레스를 줄인다.
· 자존감을 높인다.
· 양질의 수면을 유도한다.

이다. 혹자는 나가서 생산적인 활동에 참여하지 않고 귀중한 시간을 아무것도 안 하면서 보낸다고 죄책감을 느낄지도 모른다. 물론 은퇴를 했더라도 처리해야 할 일은 분명히 있을 것이다. 그러나 은퇴가 주는 즐거움 중 하나는 시간계획을 세워서 업무를 처리할 필요가 없다는 점이다. 당신에게 넘치는 게 시간인데 무엇을 걱정하는가! 죄책감은 잊어라! 은퇴생활을 편안하게 즐겨라!

새로운 것을 시도하라

새로운 여가활동은 은퇴생활에 색다른 즐거움이 될 수 있다. 어떤 사람들은 은퇴를 하고도 무언가 참신하고 복잡하고 다양한 자극을 끊임없이 갈구한다. 새로운 여가활동을 선택할 때 자신의 체력 등 신체적인 조건을 고려해야 한다. 그리고 자신의 능력을 고려하여 약간의 노력을 통해 극복할 수 있는 도전을 제공하는 여가활동을 선택하

여가활동의 정의

여가활동은 마음의 상태, 시간, 활동의 종류를 기준으로 평가된다.

마음의 상태

주관적인 기준이다. 이 기준으로 여가활동을 정의하면, 여가활동은 자신에게 동기를 부여하고 즐거움을 주고 보람을 느낄 수 있는 활동으로 자유롭게 선택할 수 있어야 한다.

시간

일, 의무, 먹고 자는 시간을 제외한 나머지 시간에 하는 활동이 여가활동이다.

활동의 종류

여가활동은 휴식을 취하거나 경쟁을 하거나 개인의 성장을 위해 노력할 때 하는 활동이다. 그런데 이런 식으로 여가활동을 정의하는 데 문제가 있다. 왜냐하면 해당 활동을 하면서 당신이 어떻게 느끼는지는 전혀 고려하지 않기 때문이다.

는 것이 좋다.

조류 관찰이 좋은 사례다. 접근성이 용이한 곳에 몸을 숨기고 가만히 앉아서 주의 깊게 조류를 관찰하거나 관찰 장소로 가기 위해서 배낭을 메고 울퉁불퉁한 길을 걸을지도 모른다. 명상도 좋다. 명상은 체력에 무리가 되지 않는 활동으로(당신이 억지로 연꽃 자세를 취하려고 하지 않는다면 말이다), 현실의 심오

한 이치를 탐구하거나 마음의 평화를 찾는 좋은 기회를 제공한다.

가화만사성

가정이 편안해야 은퇴생활도 즐겁다

당신이 은퇴하기를 은근히 기다린 사람들이 있을 수 있다. 그들은 당신이 은퇴를 하면 자신들과 더 많은 시간을 보내고, 힘든 일이 있을 때 언제든지 당신의 도움을 받을 수 있고, 무거운 짐을 함께 짊어질 것이라 기대한다. 이런 기대는 특히 가족이나 정식으로 동거 중인 배우자와 퇴직자 사이에 문제를 일으킬 수 있다. 또는 은퇴 전에는 떨어져서 보내는 시간이 많았는데 은퇴로 인해 갑자기 많은 시간을 함께 보내야 한다는 사실이 문제가 될 수도 있다.

새로운 부부관계

은퇴는 부부관계에 막대한 영향을 미친다. 배우자가 이미 은퇴를 했거나 은퇴 후에도 일을 계속 하든지 간에, 부부에게는 적응 기간이 필요하다. 이런 상황은 부부관계에 긴장감을 불러올 수도 있다. 두 사람이 함께 은퇴생활에 적응해 나가는 것은 '모 아니면 도'인 경험이 될 수 있다. 개인 성향과 주어진 환경에 따라 서로가 서로에게 든든한 버팀목이 되어준다고 느끼거나 엄청난 스트레스를 받을 수 있다. 부부의 은퇴 시기가 다르면 완전히 새로운 부부관계가 생길 수

화목한 가정과는 거리가 멀더라도 가족 간 유대는 중요하다. 은퇴는 배우자와의 친밀감을 높이고 가정생활에 많은 시간을 할애할 수 있으며 손자손녀를 돌보는 즐거움을 느낄 수 있는 기회를 제공한다.

27%

과도기

호주 가족 연구원은 배우자가 은퇴를 한 50~70세 성인을 대상으로 여론 조사를 실시했다. 여론 조사 결과에 따르면, 여성 응답자의 27%와 남성 응답자의 21%가 배우자의 은퇴로 바뀐 부부 역할에 적응하는 데 어려움이 있다고 답했다.

나는 나, 너는 너

어떤 사람들은 직장의 위계질서와 지배구조에 익숙해져 여기서 안도감을 느낀다. 이런 사람들은 은퇴 후 직장의 위계질서와 지배구조가 주던 안도감을 그리워한다. 그래서 가정 내에 나름의 위계질서와 지배구조를 만들려고 시도한다. 만약 당신이 이제 막 은퇴를 했다면 이런 실수를 범하지 않도록 생각과 행동을 조심하는 것이 좋다. 만약 필요하다면 상황을 바로 잡기 위한 조치도 취해야 한다. 다음의 팁을 잘 숙지하면 이런 실수를 피할 수 있을 것이다.

주변을 살피는 자세

자신이 가정 내 긴장감을 조장하고 있지 않은지 살펴, 왜 긴장감이 형성되는지 이해한다.

소통하는 자세

가족 구성원과 정기적으로 마음을 활짝 열고 대화를 한다. 특히 은퇴생활을 하면서 자신의 감정이 어떻게 변하고 있는지에 대해 솔직하게 말한다.

주도적인 자세

배우자나 나머지 가족 구성원이 하는 활동을 수동적으로 따라 하지 말고, 스스로 관심이 있는 활동을 적극적으로 해라.

경청하는 자세

생활을 공유하고 있는 사람들의 생각에 귀를 기울이고 그들이 보내는 말로 하지 않은 메시지를 이해한다. 공감하려고 노력해라. 그들에게 가정생활에 변화가 생긴 것에 대하여 어떤 기분과 생각이 드는지 물어라.

도 있다. 예를 들면, 은퇴가 빠른 사람이 집에 머무르는 시간이 많기 때문에 가사를 더 많이 돌보게 될 가능성이 크다.

그리고 은퇴를 하면 부부는 여러 가지 활동을 같이 하기도 하고, 친밀감이 높아지기도 하고, 같은 공간에서 서로 간섭하지 않고 각자 자기 일에만 집중하기도 한다. 이렇게 하다 보면 배우자의 새로운 면을 발견할 수도 있다(163페이지 참조).

세대 간의 유대

많은 사람들이 알고 있는 은퇴의 장점 중 하나는 가족이 다시 최대 관심사가 된다는 것이다. 특히 손주가 태어나 손주들을 돌보면서 느끼는 기쁨은 은퇴생활의 가장 큰 장점이라 할 수 있다. 1998년 영국 사회 태도(BSA; British Social Attitudes) 조사에 따르면 조부모의 38%가 일주일에 여러 차례 손주와 시간을 보내고 있었다. 이런 관계는 상당히 친밀하고 만족스러우며 두 세대 모두에게 긍정적이고 중요하게 여겨진다. 손주가 태어나면 우리는 중요한 인생의 전환기를 맞는다. 그동안의 수많은 인생 경험이 새삼 고맙고 이제 다음 인생단계로 넘어간 기분이 든다. 삶의 지혜와 경험을 손주에게 전하고 생기 넘치는 그들과 함께 시간을 보내면서 은퇴생활은 더욱 만족스러워질 것이다.

☀ 조부모 헌장

· 이미 손주를 둔 사람들과 알고 지내는 것이 좋다. 그들이 손주와 어떤 관계를 맺고 있는지 이해하는 것은 새롭게 형성된 관계에 적응하는 데 큰 도움이 된다.

· 육아방식과 관련하여 자식들이 가끔 당신과 거리를 둔다고 기분 나쁘게 생각할 것 없다. 그들에게도 자기 자식을 어떻게 키울지 고민할 시간이 필요하다.

· 당신의 양육방식을 자식들에게 강요하지 마라. 자식들의 생각을 듣고 그들의 의견을 따라라.

· 손주를 돌보는 데 자발적으로 실질적인 도움을 자식들에게 줘라.

· 손주가 태어나자마자 끈끈한 유대감이 생길 거라고 기대하지 마라. 시간이 지나면 자연스럽게 친밀감이 형성될 것이다.

CHAPTER 2

은퇴 준비기 II

은퇴계획 세우기

어떤 은퇴생활이 펼쳐질까?

계획수립과 즉흥성

일이 생기기 전에 미리 계획을 세우는 사람이 있고, 일이 닥치면 즉흥적으로 처리하는 사람이 있다. 당신은 계획적인가? 아니면 즉흥적인가? 대다수 사람들은 은퇴를 하기 전에 직장을 그만두면 어떻게 생활할지 등에 대하여 잠깐이나마 생각해보는 것이 좋다는 사실을 알고 있다. 그럼에도 불구하고 미리 계획을 세워 은퇴에 대비하는 사람들이 있는 반면, 아무 준비도 없이 은퇴를 마주하는 사람이 있다. 왜 은퇴에 대한 사람들의 접근방식이 이토록 다른 것일까?

계획적인 생활은 은퇴생활에 대한 만족도와 관련이 있다. 2012년 홍콩의 한 연구진은 은퇴 전부터 계획을 세워서 은퇴를 미리 준비하는 사람과 계획 없이 은퇴를 맞이하는 사람의 은퇴생활이 얼마나 다른지 알아봤다. 우선 연구진은 다음의 네 가지 하위영역으로 구분하여 본 연구를 진행했다.

· 은퇴생활에 대비하여 저축계획, 투자계획 등 재정계획 세우기
· 건강한 노년을 위해 운동, 건강검진 등 건강유지와 관련한 계획 세우기
· 봉사활동, 취미활동 등 은퇴를 하고 나서 할 다양한 활동이나 프로젝트에 대한 계획 세우기
· 은퇴로 인하여 바뀐 환경에 어떻게 적응할지에 대하여 계획 세우기

건강하고 안정적인 은퇴생활을 위해 재정계획과 건강관리계획을 세우는 것은 지극히 합리적인 행동이다. 그러나 은퇴한 뒤 어떤 활동이나 프로젝트를 할지에 대하여 구체적으로 계획을 세우는 것은 오히려 은퇴생활의 만족감을 감소시키는 것으로 나타났다. 이런 계획이 부담이 되어 느긋하게 쉬면서 바뀐 생활에 적응할 시간도 없이 곧장 새로운 활동이나 프로젝트를 시작해야 하기 때문인 것으로 연구진은 판단했다. 반면 은퇴로 인한 바뀐 환경에 적응하기 위해 미리 계획을 세워 마음의 준비를 하는 것은 은퇴생활의 만족감을 높였다. 때문에 은퇴를 했으니 새로운 무언가를 당장 시작해야 한다는 생각을 버리고 느긋하게 여유를 갖고 새로운 것에 도전하자.

현재를 즐겨라

학술지 「일, 노화 그리고 은퇴(Work, Aging and

당신에게 '시간'은 무엇인가?

호주에서는 시간에 대한 사람들의 태도를 다섯 가지 유형으로 분류하는 연구가 진행되었다(아래 그림 참조). 어느 유형에 속하느냐에 따라 당신을 계획형에 가까울 수도 있고 즉흥형에 가까울 수도 있다. 연구결과, 이 다섯 가지 유형이 적절히 균형을 이룰 때 실제로 건전한 사고가 가능한 것으로 나타났다.

1) 과거 긍정형(Past positive): 이 유형의 사람들은 '그때 참 좋았지'라며 과거를 '좋았던 옛 시절'로 생각한다. 과거의 기억은 그들에게 따뜻함과 아련한 그리움을 준다.

2) 과거 부정형(Past negative): 과거 안 좋은 기억이 이 유형의 사람들을 붙잡고 놓아주지 않는다.

3) 현재 숙명형(Present fatalistic): 이 유형의 사람들은 '지금 이 순간'에 집중하지만 자신의 행동이 주변 상황에 큰 영향력을 행사한다고 생각하지 않는다.

4) 현재 쾌락형(Present hedonistic): 이 유형의 사람들은 눈 앞의 쾌락과 즐거움을 추구하고 자신의 행동이 미래에 어떤 결과를 가져올지 전혀 신경 쓰지 않는다.

5) 미래 지향형(Future oriented): 이 유형의 사람들에게는 앞으로 일어날 일이 가장 중요하다. 그래서 그들은 항상 특정 행동을 했을 때, 어떤 결과가 나올지를 고민한다.

계획수립: 네 가지 핵심 질문

심리학자 게리 아담스의 이론에 따르면, 계획을 세울 때 다음 네 가지 질문에 대하여 반드시 고민해야 한다.

1 무엇을 할 것인가? 집안일, 여가활동, 친구들과 시간 보내기, 개인적인 프로젝트 진행하기 등 하루를 어떤 활동으로 채울지를 고민해야 한다.

2 비용은 어떻게 마련할 것인가? 이런 활동을 할 때 얼마의 자금이 필요한지, 어디서 자금을 마련할지, 자금을 마련하기 위해 기꺼이 희생할 수 있는 것은 무엇인지 등에 대하여 생각해봐야 한다.

3 어디서 살 것인가? 자식들이 모두 독립해서 텅 빈 집을 바라보며 허전함 때문에 또는 여유 자금을 확보하기 위해서 살고 있는 집의 규모를 줄이고 싶을 수 있다. 익숙한 생활환경에 만족할 수도 있고 주변 풍경을 바꿔보고 싶을 수도 있다.

4 누구와 함께 시간을 보낼 것인가? 어느 자녀가 다른 자녀들보다 당신의 도움이 더 필요할 수도 있고, 많은 시간을 함께 보내고 싶은 오래된 친구가 있을 수도 있다.

Retirement)」에 2015년에 소개된 연구에 따르면, 인생을 즐길 줄 아는 사람들이 대체로 미리 계획을 세워서 생활을 했다. 놀랍게도 '현재 쾌락형'에 해당하는 사람들이 과거나 미래에만 관심이 있는 다른 유형의 사람들보다 은퇴에 대비하여 계획을 세울 가능성이 높았다(위의 그림 참조). 연구진은 지금 이 순간을 즐기는 것은 사람들에게 내일도 즐겁기 위해서 무엇을 해야 할지 계획을 세우는 동기가 된다고 주장했다.

계획적인 사람이 되어야 할까?

은퇴에 대하여 생각할 때, 과거와 미래에 대해서 생각하지 않을 수가 없다. 과거와 미래를 바라보는 시각을 바꾼다는 것은 결코 쉬운 일이 아니다. 그러면 어떻게 해야 할까? 우선 계획적인 사람은 즉흥적인 사람에게, 그리고 즉흥적인 사람은 계획적인 사람에게 배울 점이 있다는 사실을 인정해야 한다. 만약 즉흥적인 사람이라면, 유연성을 발휘해 원한다면 언제든지 바꿀 수 있는 금융상

품이나 활동을 계획하는 것도 좋다. 예를 들어, 자금을 단일 투자상품에 묶어두는 것은 삼가야 한다. 만약 계획적인 사람이라면, 상황에 따라 계획을 수정할 수 있는 약간의 융통성이 필요하다. 예를 들어 계획을 세웠는데 결과가 실망스럽다면 대안을 생각할 수 있어야 한다. 계획을 세우되, 필요하다면 계획을 조정할 수도 있어야 한다.

어떤 일이 기다리고 있을까?

인생 도표를 작성하라

은퇴가 다가오면 다음의 몇 가지 질문에 대하여 스스로 답을 구해야 한다. 지금 나는 누구인가? 인생의 터닝 포인트는 무엇이었나? 은퇴를 앞두고 무엇을 바꾸고 싶은가?

기대수명이 지금보다 짧았을 때, 은퇴는 훨씬 단순한 문제였다. 은퇴 후 살아갈 날이 많지 않았기 때문에 여유롭게 편히 쉬면서 하루하루를 보내면 그만이었다. 그러나 의학기술의 발달로 기대수명이 심지어 수십 년까지 길어지면서, 은퇴는 인생을 마무리하는 시기가 아니라 새로운 인생을 시작하는 시점이 되었다. 이런 변화가 우리의 은퇴와 관련한 의사결정에 어떻게 영향을 미칠까?

언제 은퇴를 해야 할까?

2014년 미국에서 발표된 연구에 따르면, 자신이 오래 살 것이라 생각하는 사람들은 은퇴를 미루는 경향이 있었다. 구체적으로 말하면, 75세나 85세까지 살 것이라 생각한 사람들이 은퇴하는 시기는 그렇지 않은 사람들의 은퇴 시기에 비하여 평균 5개월 정도 늦었다.

물론 한 사람의 기내수명을 정확히 예측하는 것은 매우 어렵다. 건강, 습관, 가족력 등 다양한 요소들이 수명에 영향을 준다. 그러니 확실한 것은 아무것도 없다. 이런 맥락에서 정서적인 만족감을 얻는 것에 우선순위를 두는 것은 현명한 생각이다. 정서적

인생 도표

은퇴를 했을 때, 삶의 지침이 될 만한 기억에는 무엇이 있을까? 인생의 중대사를 도표로 그려보자. 목표를 달성해 성취감을 느꼈던 순간과 어려움으로 인해 좌절감을 맛 본 순간을 연대순으로 적어보자. 그리고 얼마나 기뻤고 만족스러웠는지를 생각해보고 각각의 경험에 10점을 만점으로 해서 점수를 매겨보자. 마지막으로 그 경험을 통해 어느 정도의 기쁨과 만족감을 느꼈는지 분석하여 높은 수준의 기쁨과 만족을 느끼는 활동을 파악하자. 이렇게 하면 기쁨과 만족감이 높은 활동을 많이 포함시켜 은퇴계획을 세울 수 있다.

나의 20대

대학교를 졸업하고 수준이 낮은 일들을 했다.

기쁨: 2점 – 하는 일이 아주 지루했다.

만족: 4점 – 내가 일해서 번 돈으로 생활했다.

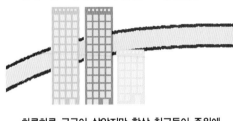

하루하루 근근이 살았지만 항상 친구들이 주위에 있었다.

기쁨: 8점 – 어울려 놀았던 친구들을 좋아했다.

만족: 2점 – 마음이 꽤 느긋한 생활이었다.

나의 30대

더 좋은 직장을 구했고 승진을 했다.

기쁨: 6점 – 스스로가 자랑스러웠다.

만족: 7점 – 팀을 관리하고 프로젝트를 마감일에 맞춰 끝내면서 자신감이 생겼다.

결혼을 해서 가정을 꾸렸다.

기쁨: 9점 – 아이들은 사랑스러웠고 결혼생활은 행복했다. 공원에서 가족들과 많은 시간을 보냈다.

만족: 1점에서 시작해 6점으로 상승 – 첫 아이가 태어났을 때 시행착오를 겪었지만, 육아에 금방 익숙해졌다.

인 만족감을 추구하면 최대한 오랫동안 행복한 인생을 살 수 있다.

기쁨과 만족

당신은 수많은 우여곡절을 겪으며 살아왔다. 그 우여곡절을 경험하면서 어떤 순간에 성취감을 느끼고 어떤 순간에 짜릿한 희열을 느꼈는지 곰곰이 생각해볼 필요가 있다. 인지행동치료에서 주로 사용되는 '긍정체험 평가기법'이다. 긍정체험 평가기법은 그것이 얼마나 성공적인 경험이었고 그 경험을 통해 느낀 기쁨이 어느 정도인지를 평가한다.

'기쁨도'는 무언가를 하면서 얼마나 즐거웠는지를 수치로 나타낸다. '만족도'는 그 경험을 통해 자신이 유능하다는 느낌을 얼마나 받았는가와 관련이 있다. 예를 들면, 어려운 과제를 처리했을 때 느낀 만족감, 성취감, 자신감 등을 수치로 나타내는 것이다. 우리는 일상 경험을 통해 기쁨과 만족감을 동시에 느낄 수 있어야 한다. 일반적으로 자신이 상황을 완벽히 통제하고 있고 제대로 일을 처리할 수 있다는 생각이 들지 않으면, 우리는 큰 기쁨과 보람을 느끼지 못한다.

은퇴가 다가올수록 만족도를 떨어뜨리는 상황에 더 많이 직면하게 될 것이다. 당신은 머지않아 직장을 떠난다. 이 사실만으로도 인생의 만족감이 급격히 하락할 수도 있다. 하루가 다르게 쇠약해지는 기력과 체력도 삶의 만족감을 떨어뜨리는 요인이 된다.

인생은 '길'이다

이제 인생을 긴 여정이라고 생각해보자. 이긴 여정에서 기쁘고 만족스러운 경험을 많이 하게 될 것이다. 인생에서 느끼는 기쁨을 끝없이 이어지는 길이라고 생각해보자. 당신 앞에 펼쳐진 길은 울퉁불퉁한 산길이었나? 아니면 잘 닦인 아스팔트길이었나? 지금 당신은 아름다운 풍경으로 둘러싸인 길을 걷고 있었나? 그게 아니면 악취가 풍기는 쓰레기 매립지를 걷고 있었나? 바람을 등지고 별 힘 들이지 않고 수월하게 길을 걷고 있었나? 아니면 바람을 맞으며 힘겹게 길을 걷고 있었나?

이번에는 만족스러운 경험을 땅의 높낮이로 표현해보자. '행복 계곡'에서 자신감을 느꼈나? 아니면 높은 산꼭대기를 오르면 아찔한 현기증을 느끼며 살았나? 이제 살면서

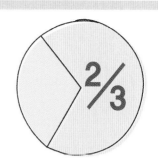

노인사회

전 세계적으로 65세를 넘긴 사람들의 2/3가 지금도 왕성하게 활동하면서 살아가고 있다.

'고요한 골짜기'로 당신을 이끌었던 순간을 생각해보자. 그런 순간들에는 무슨 공통점이 있었나? 미래를 생각하면 당신 앞에 어떤 길이 펼쳐질 것 같은가?

나의 40대

회사가 문을 닫아 프리랜서로 일해야만 했다.
기쁨: 5점 – 일이 잘 풀려서 즐거웠지만, 생활에 안정감이 없어서 스트레스를 받았다.
만족: 8점 – 힘든 일을 극복하고 살아남은 자신이 자랑스러웠다.

친구들은 번듯한 직장을 다니고 있었으므로 혼자서 겉도는 기분이 들었다.
기쁨: 3점 – 몇몇 친구들은 나를 지지해주었고 이것은 굉장히 큰 힘이 되었다.
만족: 2점 – 성공대로를 달리고 있지 않는 유일한 사람이라는 기분이 들어서 너무 싫었다.

나의 50대

직접 작은 회사를 설립했다.
기쁨: 6점 – 사장이 된 것이 기뻤지만 원하는 만큼 많은 시간을 가족과 친구들과 보낼 수 없었다.
만족: 9점 – 모든 사람들이 나만 쳐다봤고 그들의 질문에 답하고 결정을 내릴 사람은 나밖에 없었다.

딸에게 문제가 있었고 곤란한 상황에 처했다.
기쁨: 1점 – 딸이 너무 걱정스러웠고 아무것도 해줄 수 없다는 생각에 비참했다.
만족: 7점 – 딸의 문제를 완전히 해결해줄 수는 없었지만, 어느 정도 딸에게 도움을 주었다.

나의 60대

회사를 매각할 생각이다.
기쁨: 4점 – 회사를 경영하면서 최대한 많은 것을 배웠다는 생각이 든다.
만족: 5점 – 회사를 큰 무리 없이 잘 이끌어왔다. 이제 회사를 다른 사람에게 판다는 생각을 하니 두렵다.

가족들과 보내는 시간이 더 많았으면 좋겠다.
기쁨: 7점 – 나는 가족들을 사랑한다. 하지만 은퇴를 하고 그들과 24시간을 함께 보내면서 과연 잘 지낼 수 있을지 걱정이다.
만족: 3점 – 쉽지는 않을 것이다.

미래를 준비하자
건강이 최우선이다

직장을 다닐 때는 일하느라 바빠서 운동할 시간을 갖기가 매우 힘들다. 하지만 우리는 꾸준한 운동을 통해 건강을 유지하면 수명을 연장하고 삶의 질을 향상시킬 수 있다는 사실을 알고 있다. 그리고 건강하면 앞으로 있을지도 모르는 난관도 쉽게 극복할 수 있다.

은퇴는 충격적인 사건이라고 할 수 있다. 우선 미리 저축을 충분히 해놓지 않았다면 은퇴는 소득 감소를 의미한다. 이런 경우는 '소득효과'를 낳을 수 있다. 소득효과는 실질소득의 감소로 인해 소비가 줄어드는 현상을 의미한다. 소득이 낮을수록 소득효과의 영향을 많이 받는다. 그래서 경험적으로 저 소득자는 은퇴로 소득이 줄어들면 건강유지 활동을 포함한 각종 소비활동을 줄이기 때문에, 은퇴 후에 건강이 나빠질 가능성이 높다.

지금 건강하더라도 꾸준한 운동을 통해 건강을 더 챙기면 앞으로 받게 될 스트레스에 대한 면역력을 키울 수 있다. 몇 가지 건강상의 문제가 있다 하더라도 어느 정도의 건강상태를 유지하는 것도 가능하다. 심리학적 관점에서 말하면, 운동 후 느끼는 성취감은 자존감을 높인다. 특히 자신의 능력을 의심하는 경우에 효과는 더 크다. 예를 들어 1분 안에 윗몸일으키기 60회를 못 할 거라고 생각했는데, 윗몸일으키기 60회를 했을 때 느끼는 성취감은 이루 말로 표현할 수 없고 스스로가 자랑스러워질 것이다. 은퇴할 때 신체적으로 건강하다면 이 인생의 전환기에 겪을 수 있는 문제를 더 잘 대처할 수 있다.

건강해지기에는 너무 늦었다?

분명히 건강을 위해서 운동을 하려면 에너지가 필요하다. 혈기왕성한 이팔청춘이 아니라면, 건강을 위해 일과 운동을 병행하는 것은 굉장히 부담되는 일일 수 있다. 그냥, 일하느라 고생했으니 퇴근해서 집에서 편히 쉬자고 생각하기 쉽다. 내성적이거나 이미 건강에 문제가 있어서 체육관을 다니는 데 문제가 있다면 의사가 도움을 줄 수 있다. 수영이나 간단한 산책처럼 가벼운 운동을 선호할 수도 있다. 그러나 좋은 피트니스 강사의 조언을 구하고 기존 질환에 대하여 의사와 상담하고 나면, 신체적으로 과격한 운동에 도전해 보겠다는 생각이 들지도 모른다.

뉴욕의 스포츠 의학 박사인 조던 메츠는 "나이가 60세 이상인 사람들은 근력운동을 두려워해서는 절대 안 된다"라고 말했다. "근력운동은 근육과 뼈를 강화하고 낙상 위험을 줄이는 데 실제로 도움이 된다"라고 메츠 박사는 덧붙였다. 근력운동을 천천히 시작해서 서서히 강도를 높여가다 보면, 자신에게 깜짝 놀랄 일이 생길 것이다.

 안전하게 운동하기

너무 갑자기 과도하게 운동을 한다면, 부상을 당할 가능성이 있다(이것은 나이에 상관없이 모두에게 적용된다). 운동을 할 생각이라면, 먼저 전문가의 의견을 듣고 자신의 신체상태가 운동하기에 적합한지, 자신에게 적합한 운동을 선택했는지 살펴보는 것이 좋다. 자신이 생각하기에 운동다운 운동을 못하게 되었다고 실망하지 마라. 보기에는 별로 힘들지 않을 것 같은 운동 프로그램도 당신의 신체건강과 정신건강을 증진시킬 것이다. 잊지 마라. 거북이처럼 느릿느릿 가더라도 벤치에 가만히 앉아 있는 사람보다 당신은 운동장을 한 바퀴 앞서서 달리고 있다.

심장을 뛰게 하라

운동을 하는 동안 당신의 심장박동은 높아진다(심장박동은 분당 박동 수로 나타내고 단위는 bpm이다). 그런데 심장에 부담을 주지 않고 최대한의 운동 효과를 얻기 위해서는 심장박동 수를 얼마까지 올려야 할까? 미국심장협회는 다음의 목표 심장박동 수를 기준으로 삼으라고 조언한다(단, 심장 질환이 없었어야 한다. 만약 심장질환이 있다면 반드시 의사와 상의해라). 자기 연령대의 평균 최대 심장박동 수의 50~80%가 이상적인 수치다.

나이	운동하는 동안 목표 심장박동 수(bpm)	운동하는 동안 평균 최대 심장박동 수(bpm)
40세	90 – 153	180
45세	88 – 149	175
50세	85 – 145	170
55세	83 – 140	165
60세	80 – 136	160
65세	78 – 132	155
70세	75 – 128	150

운동 거리 만들기

회사에 헬스장이 있거나 회사 주변에 있는 헬스장을 다닐 때 직원할인이 적용되는 등 건강과 관련한 혜택을 회사가 제공한다면, 당신은 지금 당장 이 혜택을 활용하고 은퇴 후에도 누릴 수 있기를 바랄 것이다(78~81페이지 참조). 비수기에 회사 헬스장을 사용할 수 있도록 해달라고 회사를 설득할 수 있는가? 아니면 남은 회계연도 동안 직원할인 혜택을 연장해 달라고 요청할 수 있는가?

직장을 다니면서 저절로 운동이 되는 경우도 있다. 업무 자체가 이동이 많은 경우다. 일부러 계단을 걸어서 올라가는 것도 상당한 운동이 된다. 또는 매일 걸어서 순찰을 돌아야 할지도 모른다. 이렇게 걸을 기회가 많은 일이라면, 직장에서의 운동량을 기록하는 것이 은퇴 후 건강유지에 도움이 된다(이런 경우, 만보계가 유용하다). 짬을 내서 운동하지 않았는데도 건강한 이유는 일을 하면서 많이 걸었기 때문이다. 이 사실을 안다면 은퇴 후 건강을 유지하기 위해 이면 활동으로 대체해야 할지 파악할 수 있다.

운동시간

영국과 미국에서는 성인이 건강을 유지하려면 적어도 다음의 요건을 충족시켜야 한다고 권고한다. 매주

2.5 시간

싸이클이나 가벼운 산책처럼 신체에 무리가 되지 않는 운동을 하는 데 투자한다. 아니면 매주

1.25 시간

동안 달리기, 테니스 한 게임 등 땀이 나는 운동을 해야 한다. 이런 운동은 적어도

10분

동안 해야 한다. 그리고 매주 팔굽혀펴기나 정원에 구덩이를 파는 것처럼 근력강화 운동을 적어도 매주

2일

해야 한다.

머리를 쓰자
정신건강이 중요하다

기계도 기름칠을 틈틈이 해주고 자주 사용해야 녹도 안 슬고 잘 돌아간다. 우리의 뇌도 마찬가지다. 사용하지 않으면 뇌는 굳어서 제기능을 못한다. 특히 은퇴를 앞두고 있는 경우라면, 은퇴 후에도 머리가 말 그대로 '팽팽' 돌아갈 수 있도록 점검을 해줄 필요가 있다. 두뇌회전의 속도, 인지력 감퇴 속도 등은 은퇴하기 전에 담당했던 업무의 영향을 받는다.

복잡한 개념을 이해하고 분석하는 일을 하던 사람이 틀에 박힌 일을 하던 사람보다 은퇴 후에 두뇌회전이 훨씬 빠르다는 게 일반적인 생각이다. 그런데 이것을 반박하는 연구결과가 있다. 2009년 미국과 스웨덴에서는 지적 노동자의 인지력이 은퇴 전과 후에 어떻게 달라지는지를 알아보는 비교 문화 연구가 진행되었다. 은퇴 전, 지적 노동자들은 언어 기억력과 공간 기억력에서 높은 점수를 기록했지만, 은퇴 후 극심한 기억력 감퇴를 보였다. 머릿속에 가지고 있는 지식이나 정보가 많으니, 잊어버리는 것도 많은 게 아닐까? 원인이 무엇이든지 간에 이 연구결과만 보면 은퇴 전 머리를 많이 쓰는 지적 노동이 은퇴 후 기억력 등 뇌기능 감퇴를 예방하는 효과가 있는 것은 아닌 것 같다.

그러나 신체활동과 마찬가지로 건강한 정신 상태를 유지하려면 정신활동도 매일 꾸준히 계속 해야 한다. 강도 높은 지적 노동을 매일 하다가 은퇴 후 찾아온 휴식은 오히려 뇌에 큰 부담이 될 수 있다.

뇌는 어떻게 작동하나?
그렇다면 정신활동이란 무엇일까? 간단히 말하면 작업을 수행하기 위해서 '머리'를 쓰는 것이다. 나이를 먹으면 신체기능처럼 뇌기능도 떨어진다. 정말 인정하기는 싫지만, 이것은 우리가 어떻게 할 수 있는 일이 아니다. 나이가 들면 뇌기능이 떨어지는 것은 어쩔 수 없다. 그래서 나이가 들면서 건망증이 심해지고 열쇠를 자꾸 잃어버리는 것은 크게 걱정할 필요는 없다.

그러나 문제는 뇌기능 감퇴의 원인이 단순히 노화가 아닌 경우도 있다는 것이다. 이런 경우에 뇌는 우리에게 위험신호를 보낸다. 예를 들면 나쁜 식습관, 만성염증, 당

Q 뇌의 기능

다음은 인지력을 구성하는 뇌의 기본적인 영역들이다. 은퇴 준비기는 이 영역에서 뇌가 제대로 작동하는지 살펴보기에 좋은 시기다.
온라인에서 기본적인 뇌의 기능을 점검하는 데 유용한 간단한 테스트와 퍼즐을 쉽게 찾을 수 있을 것이다. 재미삼아 한번 해보라.

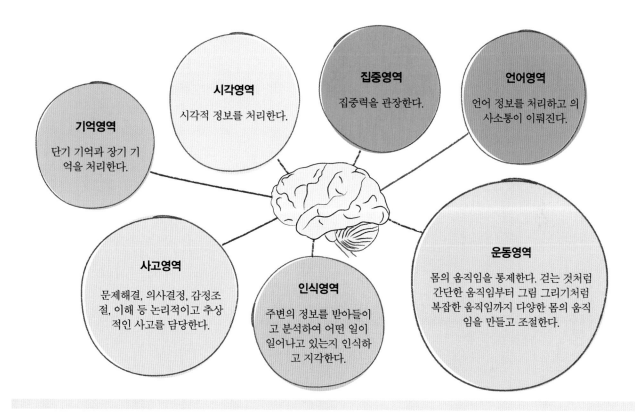

기억영역
단기 기억과 장기 기억을 처리한다.

시각영역
시각적 정보를 처리한다.

집중영역
집중력을 관장한다.

언어영역
언어 정보를 처리하고 의사소통이 이뤄진다.

사고영역
문제해결, 의사결정, 감정조절, 이해 등 논리적이고 추상적인 사고를 담당한다.

인식영역
주변의 정보를 받아들이고 분석하여 어떤 일이 일어나고 있는지 인식하고 지각한다.

운동영역
몸의 움직임을 통제한다. 걷는 것처럼 간단한 움직임부터 그림 그리기처럼 복잡한 움직임까지 다양한 몸의 움직임을 만들고 조절한다.

뇨, 비만, 호르몬 불균형, 고혈압, 스트레스, 우울증 등이다. 이런 위험신호는 의사와의 상담을 통해 쉽게 감지할 수 있다. 만약 은퇴를 앞두고 있다면 미리 건강 검진을 받아볼 것을 권유한다. 위험신호가 이미 나타났으면 적절히 대응하고 앞으로 생길지 모르는 건강 문제는 미연에 방지할 수 있기 때문이다.

유비무환

물론 속도의 차이는 있겠지만, 나이가 들면 뇌 기능은 현저하게 떨어지게 되어 있다. 아래 언급한 뇌 기능의 저하가 특히 염려스럽다면 빨리 한 살이라도 어릴 때 뇌 건강을 점검하는 것이 좋다.

노화와 함께 모두 다음 영역과 관련하여 뇌 기능 저하를 경험한다

· 기억력
· 정보 처리 속도
· 멀티태스킹 능력
· 논리적 사고
· 사고영역(위 그림 참조)

다음과 같은 어려움이 있다면, 의사와 상담하는 것이 좋다

· 단어를 생각해내는 데 많은 시간이 걸린다.
· 더하기, 빼기, 나누기, 곱하기를 하는 데 어려움이 있다.
· 일반적인 지식을 기억해내는 것과 간단한 작업을 수행하는 데 어려움이 있다.
· 익숙한 장소에서 방향을 잃기도 한다.

언제 은퇴를 할까?

적절한 시기에 은퇴하기

언제 은퇴하느냐가 뭐가 그리 중요하냐고 반문할 수도 있다. 그러나 놀라울 정도로 은퇴 시기는 중요한 문제다. 예를 들어, 사람들은 자신이 신체적으로 또는 정신적으로 건강하다고 더 자신하는 시기에 은퇴를 결심한다. 그 시기는 여름일 수도 있고 겨울일 수도 있다.

모든 사람은 행복한 노년을 보내길 원한다. 그래서 분별 있고 활기찬 노년을 보내려면 언제 은퇴하는 것이 적절한지 생각하게 된다. 다시 말해, 합리적이고 쾌활하게 생활할 수 있는 여력이 남아 있을 때 은퇴를 선택한다. 그리고 은퇴와 관련하여 결정을 내리기 전에 배우자와 은퇴와 관련한 세세한 부분과 은퇴로 인해 발생한 감정 변화 등에 대하여 상의할 필요가 있다.

❓ 여름에 은퇴할까?

· 대부분의 사람들은 날씨가 따뜻할 때 '새출발'을 꿈꾸기 쉽다.
· 일조량도 정신건강에 영향을 미친다. 계절성 정서장애(SAD; Seasonal Affective Disorder)는 가을철과 겨울철에 일조량이 줄어들어 나타나는 우울증이다. 은퇴한 노인들이 젊은 사람들에 비해서 우울증에 더 취약하다는 연구결과가 있다. 그러므로 일조량이 풍부하고 낮이 긴 계절에 은퇴를 하는 것을 추천한다.

현직에서 물러나 편히 쉬고 싶은 순간이 온다. 문제는 언제 어떻게 은퇴를 하느냐다. 정확한 타이밍에 은퇴를 하는 것은 매우 중요한 문제가 될 수 있다. 그렇기 때문에 은퇴가 매력적으로 다가오기 시작할 때, 어느 시기에 어떻게 일에서 물러나는 것이 가장 적절한지 스스로 고민해봐야 한다.

❓ 겨울에 은퇴할까?

· 몸이 예전 같지 않거나 지치고 피곤하다고 느끼면, 겨울이 은퇴하기 딱 좋은 시기일 수 있다. 추운 날 출근하는 것보다 따뜻한 집에서 편안히 휴식을 취하는 것이 당신에게 더 이득일지 모른다.

· 나이가 많을수록 겨울철 독감이나 감기에 걸릴 확률이 높다. 여기저기서 코를 훌쩍 거리고 기침을 하는 사람들로 가득한 통근 열차나 사무실은 나이가 많은 당신이 일하기에 결코 쾌적하고 건강한 환경이 아니다. 그리고 확실히 의사들은 65세 이상의 노인들에게 독감예방주사를 꼭 맞으라고 권고한다.

❓ 우리 부부 중 한 명은 계속 일을 해야 할까?

· 부부 중 한 명은 은퇴를 하고 나머지 한 명은 계속 직장을 다닌다면, 물론 가정경제에 많은 도움이 될 것이다.

· 이런 경우 먼저 은퇴를 하는 사람이 더 힘든 시간을 보낼 수도 있다. 그들은 집에서 많은 시간을 혼자 보내면서 난생 처음해보는 은퇴생활에서 오는 시행착오를 겪어야 하기 때문이다. 그러나 나중에 은퇴하는 사람은 자신의 배우자가 하는 시행착오를 옆에서 지켜본 덕분에 은퇴생활에 상대적으로 쉽게 적응할 수 있다.

· 그리고 부부의 은퇴 시기가 다를 경우, 먼저 은퇴하는 사람이 기댈 수 있는 정신적인 버팀목이 되어주어야 하기 때문에 계속 일을 하는 배우자는 심리적으로 더 큰 부담을 느낄 수 있다.

❓ 부부가 같은 시기에 은퇴할까?

· 부부가 같은 시기에 은퇴를 하면, 서로가 꼭 필요한 순간에 곁에 있어줄 수 있어서 은퇴생활에 적응하기가 훨씬 쉬워질 수 있다. 그러나 두 사람이 은퇴로 인해 문화적인 충격을 동시에 겪고 있다면, '내가 더 힘드니, 네가 더 힘드니' 경쟁하지 말고 함께 이 상황을 잘 극복할 수 있도록 서로를 격려하고 지지해야 한다.

· 실질적으로 또는 심리적으로 가장 역할을 많이 한 사람이 그렇지 않은 사람에 비하여 은퇴 후 정체성 혼란을 겪을 확률이 높다.

은퇴를 선택하는 다섯 가지 이유

은퇴 전문가 짐의 주장에 따르면 계절과 배우자의 계획뿐만 아니라 사람들은 일반적으로 다음의 다섯 가지 이유 때문에 은퇴를 선택하기도 한다.

1	**고용주**	회사가 인원 감축을 준비 중이고 자발적으로 은퇴를 하는 직원에게 두둑한 퇴직금을 지급한다.
2	**근속기간/호봉**	30년 또는 35년간 회사를 다녔고 연금을 수령할 수 있게 되었다.
3	**변화**	지금 다니는 직장이 단순히 지겨워졌고 무언가 새로운 일을 하고 싶다.
4	**돈**	충분한 돈이 있으므로 더 이상 돈을 벌 필요가 없다.
5	**계획**	나름의 계획이 있었고 계획의 조건을 모두 충족했다.

은퇴는 일회성 행사가 아니라
새로운 여정의 시작이다.
그러므로 은퇴를 하기 전에
시간을 두고 고민하고 준비해라.

제리 체이슨(변호사이자 인생 코치)

노후자금은 얼마나 필요할까?

돈의 심리학

당신은 돈을 계획적으로 쓰고 모으는가? 열에 아홉은 '아니오'라고 답할 것이다. 이것은 개인적인 성격 탓일까? 아니면 앞날을 계획하기에는 스스로 통제할 수 없는 환경 탓일까?

'**행**복한 노후를 위한 재무 설계'라는 말을 들으면 어떤 생각이 드는가? 자신을 위한 특별한 선물이나 스릴 넘치는 모험을 준비하는 것처럼 흥분되나? 침착하고 합리적으로 변하는가? 아니면 가슴이 철렁하고 내려앉는가? 물론 무슨 일이든지 미리 계획을 세우는 것을 당연하게 여기는 사람들이 있다. 그러나 과학적 연구에 따르면, 대부분의 사람들은 외부 요인 때문에 계획을 세운다.

방해 요인

경제학자 에릭 브루커와 카렌 레펠의 2013년 연구에 따르면 계획을 세우는 데 가장 큰 장애 요인에는 미루기, 무기력, 성공에 대한 낮은 기대감이 있었다. 소득 수준이 낮을수록 일을 미루고 무기력하고 성공에 대한 기대가 낮을 확률이 높았다. 이와 대조적으로 부유한 사람들은 거대한 계획을 잘 세우는 부류에 속했다. 왜냐하면 남부럽지 않게 돈이 있는 상태에서 앞으로 이 돈을 가지고 무엇을 할지 생각하는 것이 지금 당장 먹고 살기도 힘든 상황에서 '지금 있지도 않는 돈'으로 무엇을 할지 생각하는 것보다 더 즐겁고 유쾌하기 때문이다.

남과 여

동일한 연구에서 여성보다 남성이 은퇴에 관한 계획을 더 많이 세우는 것으로 나타났다. 단순히 남성이 여성보다 더 합리적인 동물이기 때문에 이런 결과가 나온 것일까? 사실 이것은 '사회적인 역할'과 깊은 관련이 있다. 사회학자 필리스 모엔, 스티븐 스윗과 레이몬드 스위셔의 2005년 연구를 인용하면, 남성과 여성이 비슷한 상황에 놓여 있다면 계획 수립은 남녀 모두에게 비슷한 기능을 한다.

하지만 남성과 여성이 비슷한 상황에 놓이는 경우는 극히 드물다. 여성은 배우자를 따라 이직 등을 계획하는 경우가 많다. 또한 조기에 은퇴할 가능성이 높으며 은퇴 자금이 부족한 경우가 많았다. 대체로 여성들은 남성에 비해 소득 수준이 낮고 원하는 대로 직업을 선택하거나 자신의 경력과 관련한 결정을 내리지 못했다. 그리고 육아 등의 이유로 경력 단절을 경험할 확률이 높기 때문에 노후 자금을 마련하기가 여성이 남성에 비해 더 힘든 것으로 연구 결과 나타났다.

성공적인 노후 재무 설계

부자가 아니라면 어떻게 해야 심리적인 장애물을 넘어 탄탄한 은퇴 재무 설계를 할 수 있을까? 앞에서 소개한 두 연구에 따르

> 기본 욕구가 충족되면,
> 소득 수준과
> 행복 수준의 상관관계는
> 거의 사라진다.
>
> — 라이언 하웰(샌프란시스코 주립대학교 철학교수)

면 자기 인생에 대하여 통제력을 가지고 있어야 가능하다.

모엔, 스윗, 스위셔는 계획을 잘 세우는 사람과 계획을 잘 세우지 않는 사람은 그 사람이 맺고 있는 인간관계에 따라 결정될 수 있다고 주장했다. 동료들이 은퇴계획을 세우거나 가족들과 진지하게 은퇴에 관해서 논의를 하거나 퇴직연금제도가 있는 경우에 사람들은 노후에 대한 재무계획을 더 잘 수립했다. 브루커와 레펠은 재무 설계사의 수를 늘여야 한다고 주장했다. 심지어 그들은 재무 설계를 재미있게 할 수 있는 게임 소프트웨어가 개발되기를 바랐다.

은퇴계획 수립 컴퓨터 게임이 없는 상황에서 무엇을 할 수 있을까? 우선 지나치게

부담이 되지 않는 방법으로 계획을 세울 필요가 있다. 브루커와 레펠은 재무 설계사와 상담을 해본 경험이 있는 사람들이 재정적으로 노후생활에 대한 준비가 더 잘 되어 있었다고 주장했다. 이것은 단순히 재무 설계사의 유용한 재무 설계 조언 때문만은 아닐 것이다. 재무 설계사와 상담한다는 것 자체가 노후 재무 설계에 대하여 진지하게 고민하고 있다는 의미이기 때문이다.

은퇴에 대비하여 재무 설계를 재미있게 하는 것도 좋은 방법이다. 주변에 좋은 재무 설계자가 있거나 알고 있는 사람이 있는가? 동네 카페나 도서관처럼 친숙한 분위기에서 재무 설계를 할 수 있는 장소가 있는가? 사람들은 엄숙하고 진지한 태도로 재무 설

계에 접근한다. 그러나 재무 설계를 보람찬 일로 만든다면 노후 재무 설계를 하는 것이 훨씬 쉬워질 것이다.

 누가 최고의 재무 설계사일까?

2013년 경제학자 에릭 브루커와 카렌 레펠은 특정 부류에 해당하는 사람들이 주로 재무 설계를 잘 한다는 사실을 찾아냈다.

자영업자

고액자산가들

전문 재무 설계사와 상담한 사람들

공통점은 무엇일까? 이들은 자신이 직접 돈을 관리하거나 돈 관리를 도와주는 역할을 해본 경험이 있었다. 둘 중 어느 경우에도 속하지 않는다면, 제일 먼저 할 일은 도움을 구하는 것이다.

75%
돼지저금통 가르기

미국의 확정형 기여 연금제도인 401(k)는 매달 일정량의 퇴직금을 회사가 적립하되, 그 관리 책임은 직원에게 있다. 많은 기업에서 401(k)를 기업연금을 대신해서 운용하고 있다. 그러나 스스로 연금을 관리하는 이 제도가 장기적으로 봤을 때 항상 좋은 것만은 아니다. 75%의 노인들이 은퇴 전에 자신의 401(k)에서 돈을 빌려 생활비를 충당하는 것으로 조사되었다.

정년 전에 은퇴할까?

조기 은퇴

나이가 피부로 느껴지는가? 맡은 책무를 모두 끝마쳤는가? 아니면 한 살이라도 젊을 때 인생을 즐기고 싶은가? 미래에 대한 계획이 있고 여생을 알차게 보낼 자신이 있다면 조기 은퇴도 한 번 고려해보길 바란다.

「유럽공중보건저널(The European Journal of Public Health)」에 따르면, 주로 사람들은 다음의 세 가지 이유로 조기 은퇴를 선택하는 것으로 조사되었다. 첫째, 건강문제로 정년까지 일할 정도로 건강하지 못하다. 둘째, 재정문제로 퇴직금 등 많은 혜택이 제공되거나 시기적으로 적절했다. 셋째, 직업문제로 일을 하면서 더 이상 보람을 느낄 수 없다. 지루하고 반복적인 업무를 처리하는 데 질렸거나 과도한 업무량으로 인해 많은 스트레스를 받는다.

물론 단순하게 한 살이라도 젊고 힘이 있을 때, 은퇴를 해서 여생을 즐겁게 보내고 싶어서 조기 은퇴를 선택할 수도 있다. 그리고 일찍 은퇴를 한다는 것이 반드시 일을 그만둔다는 것을 의미하지는 않는다. 다니던 직장을 하루라도 빨리 그만두고 다른 새로운 기회를 잡고 싶을 수도 있다.

조기 은퇴의 방법

일부 기업은 조기 퇴직자를 환영하거나 심지어 인원을 감축하기 위해 상당한 인센티브를 제공하여 조기 은퇴를 유도하기도 한다. 만약 당신이 다니는 기업이 이 두 가지 경우에 해당하지 않는다면, 당신이 선택할

26.7%

조기 은퇴를 선택한 영국 공무원 비율

영국의 공무원 연금은 탄탄하기로 유명하다. 2000년에 실시된 한 조사에 따르면, 2,532명의 공무원 중 26.7%가 조기 은퇴를 선택했다.

문화에 따른 은퇴 시기

나라마다 은퇴하는 나이는 다르다. 그러나 2012년에 전 세계를 대상으로 실시된 한 조사에 따르면, 갈수록 은퇴를 하는 연령이 어려지고 있는 것으로 나타났다. 일반적으로 여성의 은퇴 시기는 남성보다 1년 또는 2년 정도 빨랐다.

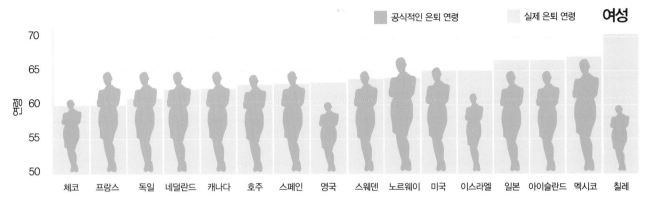

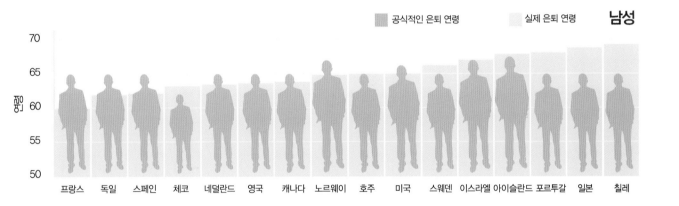

수 있는 옵션에는 무엇이 있을까? 기업 문화에 따라 많은 것이 달라질 수 있다. 정년보다 일찍 은퇴하는 것을 회사에 대한 태도가 불성실하다고 판단하고 거부하는 회사가 있는 반면, 상대적으로 조기 은퇴를 유연하게 받아들이는 곳도 있다.

타의가 아니라 스스로 판단해서 일찍 회사를 떠나기로 결심했다고 치자. 당신의 결심은 연금, 퇴직금 등에 어떤 영향을 미치게

될까? 당신이 일찍 회사를 떠나는 것이 회사에게 이득이라고 어떻게 설득하겠는가? 대신 연금을 받으면서 주로 비상근 형태로 고용상태를 유지하는 점진적 은퇴도 생각해볼 수 있을 것이다(82~83페이지 참조).

조기 은퇴의 영향

2010년 미시간 대학교에서 진행한 한 연구에 따르면, 60대 초반에 은퇴를 하는 것은

인지 감퇴의 속도를 앞당길 수도 있는 것으로 밝혀졌다(62~63페이지 참조). 조기 은퇴로 인해 지적 자극과 사회생활이 갑자기 중단되어 뇌에 부담으로 작용할 수 있기 때문이다. 그러므로 대부분의 두뇌활동이 직장에서 이루어지고 대부분의 친구들이 직장 동료라면, 정신적으로 도전이 될 수 있는 활동들로 은퇴 생활을 채울 필요가 있다.

끝까지 버틸까?

정년 퇴직

육체적인 업무 강도에 따라 정년까지 회사를 다닐지 말지가 결정될 수 있다. 대부분의 시간을 책상에 앉아서 업무를 처리한다면, 당신은 육체노동자들에 비해서 은퇴 시기를 결정하는 데 더 자유롭다고 할 수 있다. 그러나 어느 정도 기간이 지나면 당신은 승진을 통해 관리감독자가 되거나 과도한 업무량을 줄여야만 한다.

문화적 요인

사회적 분위기도 은퇴 시기 결정에 영향을 준다. 나이가 많은 노동자의 가치를 인정하는 사회적 분위기가 형성되어 있는가? 자신 인생은 스스로 결정한다고 생각하겠지만, 슬프게도 현실은 냉정하다. 사회적 제약이라는 것이 존재하고, 사회적 제약이 우리에게 역할을 부여한다. 어떤 사회는 당신이 원하든 원하지 않든 '나이 든 사람'에게 '선생님' 역할을 부여한다. 대조적으로 젊음에 더 큰 가치를 두고 항상 에너지 넘치는 젊은이로 남을 것을 요구하는 사회도 있다. 이렇게 다양한 사회적 역할을 제대로 받아들이고 충실하게 이행하려면 창의력을 최대한 발휘해야 한다. 「그래지아디오 비즈니스 리뷰(Graziadio Business Review)」에 2008년에 소개된 연구에 따르면, 대부분의 문화권에서 나이 든 사람들은 상상력이 부족하고 자기 방식만을 고수한다고 여긴다. 물론 최고의

직장생활이 여전히 즐겁거나 노후를 위해 더 많은 돈을 모으고 싶은 사람은 최대한 길게 직장을 다니고 싶을 것이다. 이런 경우 어떤 선택지가 주어지고 정년 퇴직이 정신 상태에 어떤 영향을 줄까?

> 은퇴하고 나서 할 수 있는 일들은 갈수록 다양해진다.
>
> – 도널드 앳워터와 다니엘 라 팝(「그래지아디오 비즈니스 리뷰」)

아이디어가 항상 독창적인 아이디어와 솔루션에서 나오는 것은 아니지만, 노인으로서 가치 있는 존재로 여겨지기 위해서는 사람들에게 자신이 얼마나 독창적이고 창의적인 사람인지를 알릴 필요가 있다.

적절한 은퇴 연령

캘리포니아 대학교의 엘리자베스 모키르호너 박사는 은퇴 연령에 상관없이 퇴직자들은 모두 동일한 심리변화를 경험한다고 주장한다. 대부분 은퇴를 하자마자 만족감과 행복감이 급증한다. 그러나 몇 년이 지나면 생활에 대한 행복감이 급감하다가 서서히 안정적인 수준을 유지한다. 그러니 최상의 은퇴 시기를 찾겠다고 괜히 스트레스를 받지 마라. 때가 되었을 때 은퇴하면 된다.

 ## 나는 과연 심리적으로 은퇴할 준비가 되었을까?

다음의 간단한 설문조사를 통해 지금 은퇴할 준비가 되었는지 아니면 조금 더 직장을 다니는 것이 좋은지 한번 알아보라.

1. 인생의 만족감과 관련하여 현재 직업은 얼마나 중요한가?

A 매우 중요하다. 나는 직업을 통해 자아 정체성을 확인한다.
B 꽤 중요하다. 일을 하면 내가 누군가에게 도움이 되고 쓸모가 있는 존재라는 생각이 든다.
C 직업이 있어서 인생이 만족스럽고 행복한 것은 사실이지만, 직업이 인생의 전부는 아니다.
D 그다지 중요하지 않다.

2. 일과 관계없이, 목적의식을 느낄 수 있는 활동을 얼마나 하고 있는가?

A 거의 없다.
B 몇 가지 취미와 관심 분야가 있지만, 항상 일이 우선이다.
C 꽤 많은 활동을 한다.
D 정말 좋아하는 활동을 하고 있으면 이 활동에 투자하는 시간을 더 늘리고 싶다.

3. 일을 그만두면 당신의 인생이 어떻게 변할 것 같은가?

A 상상조차 하기 힘들다. 솔직히 일을 그만둔다는 것은 생각하기도 싫다.

B 잠깐 쉬는 것이라면 좋을 것 같다. 그러나 쉬는 동안 어떻게 시간을 보낼지 등에 대한 계획이 거의 없다.
C 은퇴를 하면 어떻게 시간을 보낼지 등에 대하여 여러 가지를 구상 중이다.
D 확실한 계획이 있다.

4. 은퇴 후, 가족과의 관계, 친구들과의 관계가 어떻게 변할 것이라 생각하나?

A 너무 바빠서 가족이나 친구들과 보낼 시간이 거의 없었다. 은퇴를 하면서 그들과 함께하는 많은 시간들은 새로운 경험이 될 것이다.
B 생각해 본 적 없다.
C 서로 적응 기간이 필요하겠지만, 모든 일이 다 잘 풀릴 거라 믿는다.
D 이 문제에 대하여 이야기를 나눈 적이 있는데, 함께 은퇴 후에 찾아오는 어려움을 극복해 나가기로 했다.

5. 요즘 직장생활을 하는 것이 힘에 부치지는 않는가?

A 아무 문제없다.
B 무리해서 일할 생각은 없다. 아무튼 지금은 큰 무리 없이 업무를 처리하고 있다.
C 조금 힘에 부친다.
D 거의 한계에 다다랐다.

풀이

A를 많이 선택한 경우
당신은 아직 은퇴할 마음의 준비가 되어 있지는 않지만, 은퇴에 대하여 생각해볼 필요가 있다. 열정을 쏟았던 일을 그만두고 은퇴를 하는 것은 대단한 문화 충격으로 다가올 것이다.

B를 많이 선택한 경우
직장생활을 하면서 상당히 편안함을 느끼고 있는 당신은 은퇴 시기를 조금 늦추는 것이 좋다. 은퇴를 하게 되면, 은퇴는 당신에게 새로운 기회를 가져다 줄 것이다. 아마도 당신은 새로운 일에 도전하고 목표를 추구하면서 활동적으로 은퇴생활을 보낼 것이다.

C를 많이 선택한 경우
당신은 은퇴할 마음의 준비가 되었다. 그럼에도 불구하고 계속 직장을 다닌다면 아마도 재정적인 이유 때문일 것이다. 그래서 일이 부담스럽게 느껴질 수 있다. 만약 그렇다면, 일을 하는 동안 주위에서 많은 도움을 구하고 은퇴 시기를 앞당길 수 있도록 재무 설계사와 상담해보라.

D를 많이 선택한 경우
당신은 이미 마음속으로 은퇴를 했다. 은퇴는 당신이 구상하고 있는 대형 프로젝트다. 아마 당신은 직장에서 은퇴할 날만 기다리고 있을지도 모른다. 만약 재정적으로 준비가 되었다면 조금 일찍 은퇴하는 것이 당신에게 좋을 수 있다.

퇴직을 강요당하는 그대에게

퇴직하라는 압력에 시달리고 있다면?

계속 일하고 싶은데 상황이 허락되지 않는다면? 누구나 자신만의 방식으로 직장생활을 마무리하기를 원한다. 그러나 때때로 상황 때문에 어쩔 수 없이 직장을 떠나야 하는 경우도 있다. 당신이 그런 경우라면 어떻게 할 것인가?

1970년대와 1980년대까지만 해도 직장을 계속 다닐지 말지는 선택사항이 아니었다. 건강상의 이유로 일을 그만두거나 정년이 되어 은퇴를 하는 것이 다였다. 그러나 이제 상황이 달라졌다. 많은 나라에서 법으로 정해놓은 정년 퇴직 연령을 폐지했다. 그 결과 언제 은퇴를 할지는 선택의 문제가 되었다. 그러나 누구나 은퇴 시기를 선택할 수 있는 것은 아니다.

불쾌한 퇴출

자신의 인생에서 중요한 사안에 대하여 결정권이 없다는 사실을 좋아할 사람은 아무도 없다. 여기저기서 직장을 그만두라는 압박을 받는 것은 굉장히 불쾌한 상황이다. 「직업과 관련된 행동 저널(Journal of Vocational Behaviour)」에 따르면, 자발적으로 은퇴를 한 사람들은 그렇지 않은 사람들에 비해서 삶에 대한 만족도가 높았고 정신적으로 그리고 신체적으로 건강하다고 생각하는 경향이 있었다.

회사에서 나가라고 난리다?

아마도 당신은 은근한 퇴직 압박을 느끼고 있을지도 모른다. 주변 사람들이 은근히 퇴직을 권유하고 있을지도 모른다. 아니면 동료들이 당신이 하는 일을 존중하지 않을 수도 있다. 이것도 아니라면 너무 과도한 업무를 맡겨 부담을 느끼게 만들거나 업무를 거의 맡기지 않아서 스스로 쓸모가 없는 존재고 직장생활이 지루하다고 생각하게 만들지도 모른다. '정리해고'로 인해 원하지도 않는데 회사를 떠나게 되는 경우도 있다. 인원감축의 제1호 대상은 거의 항상 나이 많은 직원이다. 이것은 다분히 '연령차별'에 해당한다.

만약 이런 일이 당신에게 일어나고 있다면 법률 자문을 구해라. 대부분의 국가는 나이에 상관없이 모든 사람을 동등하게 대하도록 하는 법을 마련해두고 있다. 그리고 당신의 노동권리가 침해받을 경우 도움을 받을 수 있는 기구도 많이 있다. 법이나 도움을 받을 기구가 없다면, 본인이 직접 자신의 이익을 대변해야 할지도 모른다. 끝까지 직장에서 버티거나 회사와 협상을 해서 좋은 조건에 퇴직을 하는 것이다. 어떤 결정을 내리든지 자신의 권리를 제대로 이해하는 것이 가장 먼저 할 일이다.

노력했지만 퇴직을 피할 수 없다면 당신에게는 심리적으로 갑자기 변해버린 환경에 적응할 시간이 필요하다. 자의가 아닌 타의로 하던 일을 그만두는 것은 결코 유쾌한 경험이 아니다. 그러나 회사에서 쫓겨났다는 사실이 그동안 당신이 흘린 땀과 쏟은 열정이 헛된 것이었다는 의미는 아니다. 그리고 정리해고를 당한다고 해서 당신이 인

20~30%

비자발적 퇴직자

연구에 따르면, 스스로 은퇴를 한 경우가 아니라고 응답한 사람들이 퇴직자 중 20~30%에 달했다. 국제사회조사프로그램의 통계에 따르면, 서양국가에서 비자발적 퇴직자의 비율은 무려 50%에 달했다.

✒ 기록하기

고용주나 직장 동료들이 회사를 떠날 것을 강요한다면, 제일 먼저 할 일은 그들이 당신에게 어떤 행동과 말을 했는지 자세하게 기록하는 것이다. 절대 회사 컴퓨터처럼 당신에게 적대적인 사람들의 손이 닿는 곳에 저장하지 마라. 만약 컴퓨터에 저장해놓은 파일이 없어질 것을 대비해서 날짜, 시간, 목격자 등 가능한 모든 내용을 상세하게 메모해둬라. 직장에서 나이 때문에 당하는 부당한 대우에 대하여 소송을 제기할 생각이라면, 당신의 주장을 뒷받침할 구체적인 증거 자료가 필요하다.

생의 실패자가 되는 것도 아니다. 그럼에도 불구하고 많은 사람들이 비자발적인 퇴사를 하게 되면 우울증, 불안감, 스트레스 질환을 호소한다. 만약 퇴사 압박에 시달리고 있다면 적극적으로 외부에 도움을 구해라.

긍정적인 사고

만약 직장에서 퇴직 압력에 시달리고 있다면 지금 당신은 상당히 긴장된 상태일 것이다. 그렇다고 긴장감에 압도되어 은퇴계획을 세우는 것을 미루거나 포기해버리는 어리석은 실수를 저지르지 않기를 바란다. 퇴직 압력을 받고 있는 상황에서 태평하게 은퇴계획을 세우는 것이 마치 부당한 세력에 굴복하는 것처럼 느껴질 수도 있다. 그러나 언젠가 당신은 은퇴를 해서 회사를 떠나게 되어 있다. 당신에게는 은퇴생활을 즐겁고 의미 있게 보내기 위해서 새로운 활동들이 필요하다. 은퇴 후 이런 활동을 하면서 인생의 의미를 찾을 수 있다는 자신감이 있다면 퇴사 압력에 시달리는 어려운 상황을 더욱 잘 대처해 나갈 수 있을 것이다.

❓ 당신이 회사를 떠나게 만드는 것은 무엇인가?

개인적인 문제나 회사 사정 때문에 주로 비자발적인 은퇴가 발생한다. 이유가 무엇이든 비자발적인 은퇴는 고통스럽다. 그러므로 비자발적인 은퇴의 이유에 따라 상황에 대처하는 방식을 달리해야 한다. 정리해고를 당했다면, 좌절감과 굴욕감을 극복하기 위해 애써야 한다. 반면 개인적인 사정으로 어쩔 수 없이 퇴사를 했다면, 앞으로 생길 변화에 잘 적응해야 한다.

개인적인 사정으로 회사를 떠난다.

건강이 나빠지고 체력이 떨어진다.
- 자신의 능력에 대해서 자신감을 가져라. 그리고 잘하는 일에 많은 시간을 투자해라.
- 건강에 집착하지 않도록 주의해라.
- 더 이상 건강이 악화되지 않는다는 사실과 보살핌에 감사해라.

건강하지 않은 배우자를 보살펴야 한다.
- 주변 사람들에게 가능한 많은 도움과 지지를 받아라.
- 당신에게 가까운 사람의 고통을 덜어준다는 사실에서 보람과 행복을 느껴라.
- 아픈 배우자뿐만 아니라 자신의 건강도 챙겨라.

일과 관련된 이유로 회사를 떠난다.

근무환경이 쾌적하지 않다.
- 직장 동료들이 당신을 존중하지 않는 것에 대하여 자신을 비난하지 마라. 당신은 오직 당신의 행동과 생각만 통제할 수 있다.
- 부당한 대우에 대처하면서 습득한 교훈에 집중하라.
- 의도적으로 당신에게 업무를 주지 않는가? 새롭게 얻은 자유시간을 즐겨라!

정리해고를 당했다.
- 자책하지 마라. 경기가 나쁘거나 회사가 구조조정에 들어가는 것은 당신 탓이 아니다.
- 활기차게 생활하고 긍정적인 태도를 유지해라. 절대 풀 죽어서 지내지 마라.
- 친구들과 사랑하는 사람들과 대화를 해라.

긍정적으로 생각하자

개인의 강점과 미덕에 집중하자

잠시 걱정은 접어두고 다음 질문에 대해서 생각해보자. 당신은 무엇 때문에 정말 행복하다고 느끼는가? 당신에게 있어서 인생을 즐긴다는 것은 무엇을 의미하는가? 은퇴생활에 도움이 될 유용한 습관이 있는가?

심리학은 불안, 우울, 스트레스 등 인간의 부정적 감정을 연구하는 학문이다. 심리학자에게 도움을 구하는 대부분의 사람들이 스스로 불행하다고 생각하는 사람들인 것을 보면 이것은 지극히 당연한 심리학의 정의다. 누군가 찾아와서 자신의 불행함에 대하여 호소하면 심리학자는 '왜 불행하냐?'고 제일 먼저 묻는다. 그런데 최근 심리학계에서 변화의 움직임이 일어나고 있다. 불안과 우울, 스트레스와 같은 부정적 감정보다 개인의 강점과 미덕 등 긍정적 심리에 초점을 맞추자는 '긍정 심리학'이 등장했다. 은퇴는 긍정 심리학을 적용하기 적절한 분야다.

긍정 심리학

긍정 심리학은 잘 사는 삶, 웰빙의 다섯 가지 조건을 제시한다. 긍정적인 정서(Positive Emotion)와 몰입(Engagement), 긍정적인 관계(Positive Relationship), 삶의 의미(Meaning), 그리고 성취(Accomplishment)로 정리되는 'PERMA'가 그것이다(오른쪽 도표 참조). 차례대로 조건을 하나씩 살펴보면 자신의 강점은 무엇이고 무엇에서 행복을 느끼는지 파악할 수 있다. 이렇게 하면 예상하지 못한 어려움이 닥쳐도 이겨낼 수 있는 힘이 생긴다. 지금이 낙관적으로 사고하는 연습을 하기에 가장 좋은 시기다.

> 긍정적인 사고는 행복감을 높이고 우울감을 감소시키고 인생의 만족감을 극대화시킨다.
>
> – 제니퍼 스미스와 린다 홀링거–스미스(「노화와 정신건강」)

PERMA – 웰빙의 다섯 가지 조건

조건	정의	적용
P 긍정적인 정서	기분이 좋은 상태가 지속되는 것을 의미한다. 기분이 좋으면 하루하루가 즐겁다. 그리고 설사 힘든 하루를 보내고 있더라도 기분이 좋으면 우울한 기분을 떨쳐버릴 수 있는 기회를 찾고 세상은 여전히 살기 좋은 곳이라고 확신한다.	은퇴가 다가오고 있다면 자신에게 즐거움을 주는 순간을 찾아라. 예를 들면 하늘을 붉게 물들이는 해 질 녘 노을을 바라보거나 재미있는 농담을 친구들과 주고받거나 업무 이외에 자부심을 느끼는 활동을 하는 것이다. 이런 순간에서 얻는 기쁨과 긍정적인 에너지는 일을 그만두더라도 오랜 시간 지속된다. 연습을 하면 그 어떤 순간에서도 기쁨을 찾아낼 수 있다.
E 몰입	지금 하고 있는 활동에 완전히 빠져든 상태를 말한다. 무언가에 몰입하게 되면 사람은 자신이 유능하다고 생각하고 적극적으로 사고하고 행동한다. 그리고 자신의 인생이 많은 기회와 흥미로운 일들로 가득하다고 생각한다.	일은 무언가에 완전히 빠져들 수 있는 기회를 사람들에게 제공한다. 은퇴와 함께 이런 기회가 사라지는 것은 아니다. 은퇴 후 시작한 자기 사업에 몰입할 수도 있고 취미 활동에 푹 빠져 은퇴생활을 보낼 수도 있다. 젊었을 때를 한번 생각해보라. 시간 가는 줄도 모르고 완전히 몰입했던 일은 무엇이었는가?
R 긍정적인 관계	항상 서로를 응원하고 격려하는 공동체의 한 구성원이라는 느낌이다. 긍정적 관계를 맺고 있으면 자신은 누군가에게 사랑받고 있고 누군가 자신을 항상 소중하게 여기고 있다는 기분이 든다. 그리고 모든 인간관계를 긍정적으로 바라보게 된다.	은퇴를 하게 되면 인간관계를 구성하는 요소의 비중이 변한다. 다시 말해, 직장 동료들과 보내는 시간은 줄어들고 가족들과 더 많은 시간을 보내게 된다. 이것은 하늘이 주신 축복이지만 가족들에게 큰 부담이 될 수도 있다. 그러니 너무 지나치게 가족들에게 의지하지 말고 가능한 긍정적 인간관계를 가족 이외의 사람들과 만들도록 노력해야 한다.
M 의미	자신이 중요한 무언가의 일부분이라고 생각하고 이런 이유로 자기 자신을 긍정적으로 바라볼 때, 더욱 넓은 관점에서 대의를 추구할 수 있는 자유가 있을 때 인간의 삶에 의미가 부여된다. 직업을 통해 삶의 의미를 찾는 경우가 많다.	머지않아 은퇴를 한다면 인생의 가치를 정말 반영하는 '거대한 무언가'를 찾아내야 한다. 대의를 위한 활동에 참여하면서 우리는 의미 있는 인생을 살고 있다고 느낄 수 있다. 은퇴를 앞둔 지금 대의를 추구하는 활동이 무엇인지 고민해보자.
A 성취	한계를 극복하고 무언가를 완벽하게 해내거나 어려운 도전 과제를 성공직으로 끝마쳤을 때, 우리는 사언스럽게 자긍심을 느낀다. 굳이 남들보다 자신이 더 유능하다는 느낌은 필요 없다. 그러나 자신감을 가지고 자기 자신에게 만족할 수 있어야 한다.	새로운 일에 대한 끊임없는 도전은 정신적으로 젊음을 유지하는 데 도움이 된다. 그리고 새로운 성취는 자존감을 높인다. 그러므로 은퇴를 무언가의 끝이 아니라 인생의 새로운 단계로 여겨야 한다.

협상 테이블에 앉자

어떻게 협상할 것인가?

사람들은 엄청난 액수의 퇴직금을 받고 백만장자가 되어 여유로운 은퇴생활을 하는 꿈을 꾼다. 그러나 자신이 회사를 다니면서 열심히 일한 정당한 대가만을 바라는 사람들도 있다. '열심히 일한 것에 대한 정당한 대가'를 회사를 떠나는 직원에게 주는 것을 당연하게 여기는 회사도 있지만, 직원에게 퇴직금을 조금이라도 덜 주려고 안간힘을 쓰는 회사도 있다. 후자의 경우, 퇴직금은 논란의 씨앗이 될 수 있다.

암묵적 계약

심리적 계약(Psychological Contract)은 굉장히 흥미로운 용어다. 미국의 심리학자 린 맥

? 무엇이 협상 대상이 될 수 있나?

협상 테이블에 연금과 건강보험만 올려놓지 마라. 은퇴를 앞두고 회사와 협상을 해야 할 사항은 많다. 다음은 몇 가지 예다.

1. 사무실에서 사용하던 낡은 컴퓨터를 집에 가져가고 싶다.
2. 상호 합의하에 추천서를 받고 싶다.
3. 은퇴 후 3년 동안 자유 계약 체결 우선권을 갖고 싶다.
4. 체육관 등 회사 시설을 계속 사용하고 싶다.
5. 퇴직금으로 현금 대신 회사의 주식을 받고 싶다.
6. 관용차를 계속 사용하고 싶다.

젊음을 바쳐 열심히 일한 당신은 정당한 보상을 받고 은퇴를 할 자격이 충분하다. 그동안의 노고에 대한 보상을 충분히 받고 은퇴를 하려면 어떻게 해야 할까? 그리고 만약 보상이 충분하지 않다면 그로 인한 좌절감과 배신감은 어떻게 해소해야 할까?

> 당신이 신뢰할 수 있는 것은
> 회사 이메일밖에 없다.
>
> – 알랜 스크로버(고용 전문 변호사)

팔레인 쇼어와 로이스 테트릭은 심리적 계약을 '고용인과 피고용인 간의 상호 호혜적 의무에 대한 기대감'이라고 정의했다. 풀어서 설명하면 피고용인이 열심히 일하고 충성을 다하는 대가로 고용인이 적절히 보상하거나 고용안정을 보장하리라 기대하는 것이 심리적 계약이다. 간단히 말해 '내가 회사를 위해서 이만큼 노력하고 희생했으니 회사도 정당한 보상을 할 것이다'라는 암묵적 기대. 문제는 심리적 계약이 지극히 주관적이라서 고용인과 피고용인의 기대가 일치하지 않을 수도 있다는 것이다.

계약적 의무와 관계적 의무

고용인과 피고용인에게는 두 가지 의무가 있다. 하나는 계약적 의무고 다른 하나는 관계적 의무다. 계약적 의무는 임금이나 연금 등 상호 합의한 경제적 보상을 대가로 특정 서비스를 제공하는 것이다. 퇴사를 할 때, 협상의 대상이 되는 것은 주로 계약적 의무다(비즈니스는 비즈니스일 뿐이다).

　문제는 관계적 의무가 협상 테이블에 올라오기도 한다는 것이다. 관계적 의무는 사적인 것이다. 다시 말해 당신이 누군가를 위해서 호의를 베풀면, 그 사람은 또 다른 호의로 보답하거나 당신에게 존경심, 호감 또는 충성심을 보인다. 만약 당신이 주어진 업무 이외의 일도 회사를 위해 처리를 했다면, 당신의 입장에서 이것은 회사에 호의를 베푼 것이다. 그러나 회사는 이것을 호의가 아닌 계약서상의 당연한 의무라고 여긴다(당신은

성공적인 협상의 비결

곤란한 상황에 처하면 생각도 안 하고 무조건 거절하고 보는 사람들이 있다. 당신의 보스가 이런 유형에 속한다면 금요일 퇴근하기 전에 요구사항을 이메일로 보내라. 보스는 당신이 보낸 이메일에 대해서 충분히 생각한 후 긍정적으로 답할 가능성이 높다. 반면, 시간을 너무 많이 주면 결정을 주저하는 사람들도 있다. 이런 사람이 당신의 보스라면 직접 만나서 협상을 벌이고 협상 내용을 즉시 문서로 작성해서 보여주라. 당신이 원하는 것을 더 많이 얻어낼 수 있다. 협상에 성공했던 경험을 떠올려보라. 어떻게 그 협상들이 성공적일 수 있었는지 다음 순서에 따라 분석해보자.

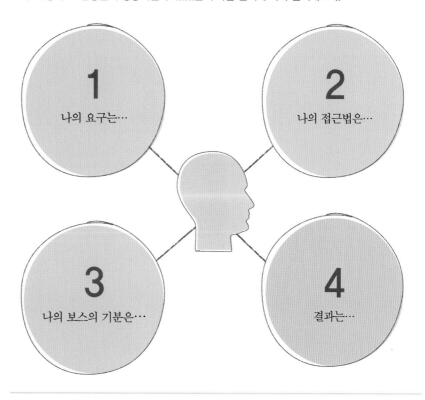

당신의 일을 했고 약속한 임금을 받았으니 회사가 당신에게 진 빚은 없다).

　이런 생각 차이가 갈등의 원인이 될 수 있다. 공동체는 사람과 사람의 관계를 기반으로 운영된다. 그래서 관계적 의무에 대한 보상이 제공되지 않는다고 여겨지면 공동체의 모든 구성원들은 분개한다. 자신들이 이용당하고 사기를 당했다고 느끼기 때문이다. 그 결과, 인간관계가 영영 소원해질 수 있다.

이론을 실전에 적용하자

당신과 회사가 화기애애하고 협조적인 관계를 맺고 있다면, 좋은 조건으로 은퇴를 하기 위해 회사와 협상을 벌이는 것이 쉬울 수 있다. 그러나 회사가 항상 협조적이고 우호적인 것은 아니기 때문에 당신의 권리와 생각을 강력하게 주장할 필요가 있다.

　자발적으로 은퇴를 결심했다면 가장 먼저 해야 할 일은 근로계약을 확인하고 어떤 조항에 대하여 협상을 벌일 수 있을지 살피는 것이다. 회사의 입장에서 현실적으로 받아

들일 수 있는 요구를 해야 한다. 그리고 당신이 정당한 요구를 하고 있다는 사실을 뒷받침할 문서가 많을수록 당신에게 유리한 방향으로 협상을 끌고 갈 수 있다.

관계적 의무

계약서가 당신에게 호의적으로 작성되지 않았다고 좌절할 필요는 없다. 회사와 협상이 가능하기 때문이다. 협상이 잘 진행되면 계약서에 적힌 내용보다 훨씬 좋은 혜택을 보장받고 은퇴할 수도 있다. 가령, 정년 퇴직 연령은 65세이고 20년을 근무해야 연금 수령 대상자가 된다고 치자. 지금 당신은 63세이고 회사에서 18년을 일했다. 그런데 개인적인 사정으로 은퇴를 계획하고 있다. 어떻게 할 것인가? 아쉽지만 어쩔 수 없다고 현실을 받아들이겠는가? 당신이 손만 조금 뻗으면 딸 수 있는 달콤한 열매라 할지라도? 18년 동안 근무하면서 당신은 주어진 업무와 책무 이상을 회사의 이익을 위해 기꺼이 했다. 여기서 회사는 당신에게 관계적 의무를 다해야 한다. 협상 테이블에 마주보고 앉아서 '내가 회사에 충성을 다했으니, 성의를 좀 보여달라'고 호소해보라. 보스를 잘 모르면 이 방법은 성공하기 힘들다. 관계적 의무와 계약적 의무를 모두 인정한 이력이 있는 임직원을 알고 있다면, 그들에게 말해보는 것도 좋은 시도다.

심리적 계약과 관계적 의무

심리적 계약을 관계적 의무로 해석하면 협상에서 유리한 고지를 점령할 수도 있다. 심리적 계약은 회사가 관계적 의무를 이행하는 것이 개인적인 호의를 베푸는 것이란 생각이 덜 들게 한다. 설사 회사가 협상에 비협조적이라도 심리적 계약 덕분에 배신당

협상의 기술

협상에서 약간의 기싸움은 빠질 수 없다. 어떻게 해야 당신의 요구를 확실히 관철시킬 수 있을까? 여기 협상의 기술을 소개한다.

상대방이 받아들일 가능성이 높다고 생각되는 것부터 제시해라. '문간에 발 들여놓기 기법'이 있다. 이 기법이 당신이 회사와 협상을 벌일 때 크게 유용할 것이다. 작은 요청을 들어준 사람은 나중에 더 큰 요청을 해도 부담을 느끼거나 거부할 가능성이 낮다.

한 번에 하나씩 카드를 오픈해라. 한꺼번에 원하는 것을 말하면 상대방은 부담을 느끼고 많은 요구에 압도당해 바로 거절할 것이다.

니즈보다 가치에 집중해라. 당신은 지금 회사와 비즈니스 관계를 청산하려고 하고 있다. 당신의 보스는 당신이 나쁜 감정을 품고 회사를 떠나게 될까 봐 걱정할 것이다. 감정적으로 대응하기보다 사무적으로 협상에 응하는 것이 좋다.

했다는 생각이 덜 들 수 있다. '내가 회사를 위해서 해왔던 모든 일들이 그들에게는 아무것도 아니었구나!'라는 배신감에 괴로워하지 마라. 대신 '회사는 이 모든 것을 계약적 의무로 받아들이고 있구나. 좋아. 그렇다면 나도 회사에 갚아야 할 마음의 빚은 없는 거야. 계약적 의무로 생각하고 서로가 만족할 수 있는 협상 결과가 나오도록 노력해야겠군'이라고 생각하는 것이 어떨까?

? 정년까지 몇 년 남았다면?

최대한 많은 퇴직금과 보상을 받고 퇴사하려면 당신은 회사를 몇 년 더 다녀야 한다. 그러나 회사는 당신에게 지금 당장 떠날 것을 요구한다면 어떻게 해야 할까? 이럴 때 필요한 것이 조사와 협상이다. 예를 들어 회사가 퇴사하는 직원에게 후한 퇴직금과 보상을 지급한 적이 있는가? 정리해고 대상에 포함되지 않을 것이라는 말을 들은 적이 있는가? 잠시 다른 부서로 옮길 수 있는가? 상사가 연령차별로 간주될 만한 말을 한 적이 있는가? 이런 사항에 대한 정보를 최대한 수집하여 법률 자문을 구하거나 직접 허심탄회하게 회사와 이야기해보라.

? 퇴사 압박을 받고 있다면?

회사가 항상 '갑'인 것은 아니다. 고용 전문 변호사 알랜 스크로버는 예를 들어 근무 평가가 부당할 정도로 나쁘게 나왔다면 '당하기 전에 먼저 공격'하라고 조언한다. 인사과에 직접 의사를 전달하면 싸움에서 패할 가능성이 높다. 당신과 함께 업무를 처리할 필요가 없는 인사과는 당신의 요구를 가볍게 거절할 수 있기 때문이다. 컨설턴트 알랜 존슨은 인사과 직원에게 직접 말하기보다 오랜 시간 함께 일한 직속 상사에게 이야기하라고 조언한다. 오랜 시간 자신을 위해 일을 한 사람의 부탁을 무 자르듯 싹둑 자르기는 쉽지 않다. 이런 사람의 심리를 이용해라.

? 더 많은 조력자가 필요하다면?

협력자를 찾아라. 해고의 칼날을 피해 회사에 계속 남아 일을 하는 직장 동료나 원치 않게 회사를 떠나게 되는 직장 동료가 기꺼이 당신과 함께 협상 테이블에 앉을 것이다. 가깝게 지내는 상사가 있다면 그들에게 이야기해서 인사과에 당신의 상황을 대신 전달하도록 해라. 설사 당신이 예의 바르고 협조적인 사람이라도 지금은 동원할 수 있는 모든 수단을 사용할 때다.

자문을 구해라

법률 자문이 필요하지는 않은지 고민해보라. 변호사 제이슨 스턴은 모든 문서에 서명하기 전에 변호사와 상의할 시간을 요청하라고 조언한다. 실제로 변호사를 고용할 생각이 없더라도 이렇게 하면 철저히 비즈니스로 협상에 참여하고 있다는 인상을 회사에 줄 수 있다. 회사도 변호사를 고용해 계약서를 검토할 테니 정당한 요구다. 하지만 이런 전술이 모든 회사에 효과적인 것은 아니다. 회사의 문화에 따라 이 전술이 퇴직 협상에서 효과적일 수 있고 효과적이지 않을 수도 있다. 당신의 회사가 이런 부류가 아니라도 만일의 경우에 대비하여 이런 방법도 있다는 사실을 알아두는 것이 좋다. 변호사가 아니라면 협상에서 강력하게 밀어붙이는 것을 편안하게 느낄 사람은 거의 없다. 은퇴를 조용히 회사를 떠나는 것이 아니라, 극복하고 해결해야 할 도전으로 받아들여야 하는 순간도 가끔 있다. 어쨌든 무엇이든 시도해서 당신이 잃을 것은 아무것도 없다. 그러나 당신의 시도가 성공한다면 많은 것을 얻을 수 있다.

✒ 공격 계획을 세워라

자기 밥그릇은 스스로 챙겨야 한다. 퇴사하기 전에 당신이 원하는 보상을 모두 작성하는 것이 좋다.

· **연금** – 어느 정도가 정당하다고 생각하는가? 어떤 방식으로 받고 싶은가?
· **보상** – 퇴사 후 회사가 부담해줬으면 하는 것에는 무엇이 있는가?
· **비즈니스 관계** – 프리랜서로 계속 회사와 일을 하고 싶은가?
· **시간관리** – 퇴사일을 정확하게 정하고 얼마 동안 파트타임으로 일할 생각이 있는지 결정해라.
· **기타 보상** – 회사에서 생산하는 제품을 퇴사 후에도 직원 할인가로 구매할 수 있는가?

모든 내용을 작성했으면 우선순위에 따라 순위를 매겨라. 이 목록에 별로 신경 쓰지 않는 보상이나 내용이 들어가 있을 수도 있다. 협상이 생각대로 잘 진행되지 않으면 이런 것들은 쉽게 포기해버리면 된다.

양다리를 걸쳐라
점진적 은퇴

쉬고 싶지만 지금 당장 회사를 그만두고 싶지 않다면 좋은 방법이 있다. 회사와 협상만 잘하면, 점진적으로 근무시간을 줄여나갈 수 있다. 문을 박차고 나가 한순간에 사라지는 대신 서서히 업무에서 손을 떼는 것이 가능해졌다.

당신은 지금 은퇴를 진지하게 고민하고 있지만, 당장 일을 그만둘 수는 없다. 지금 당장 회사를 그만두면 소득이 사라져 곤란하기 때문이다. 그렇다고 하루 종일 일에 매달리고 싶지는 않다. 이제 나이가 들었으니 건강에 더 신경써야 하고 눈에 넣어도 아프지 않은 손자손녀와 더 많은 시간을 보내고 싶다. 어떻게 해야 할까? 해답은 간단하다. 몇 년 혹은 몇 달에 걸쳐 서서히 근무시간과 업무를 줄여나가는 것이다. 이렇게 하면 계속 일을 하면서 자유시간을 늘려나갈 수 있다.

점진적 은퇴는 어떤 점이 좋을까?

점진적 은퇴가 노인의 인지력 감퇴를 예방한다는 연구결과가 있다(62~63페이지 참조). 그렇다고 과연 점진적 은퇴가 더 큰 행복감을 가져올까? 점진적 은퇴는 많은 장점이 있다. 우선 내 인생은 내가 결정한다는 자존감이 강화된다. 그리고 점진적 은퇴를 하고 싶다는 요구가 받아들여지면, 회사가 자

신의 소망을 진지하게 고민하고 존중해준다는 생각이 들기도 한다.

이런 추상적인 강점 말고 점진적 은퇴는 실질적인 강점도 지니고 있다. 점진적 은퇴는 당신의 생활을 서서히 변화시킬 것이다. 그래서 은퇴로 인해 생겨나는 변화에 서서히 적응할 수 있는 기회를 얻을 수 있다. 익숙한 활동을 계속하면 설사 새로운 도전에 실패하더라도 또는 새로운 취미생활에 실망하더라도 부정적인 감정을 쉽게 극복할 수 있다. 다양한 새로운 프로젝트를 시도하면서 자신에게 가장 잘 맞고 자신이 가장 잘 할 수 있는 일을 찾을 수 있다는 가장 큰 강점이 점진적 은퇴에 있다.

회사가 허락할까?

점진적 은퇴를 선택하더라도 회사에서 동의하지 않으면 의미가 없다. 다른 회사에 비해 협조적이고 직원 복지를 우선으로 생각하는 회사라면 이야기는 쉬워진다. 회사의 규모가 크냐 작냐에 따라 결과는 달라질

수 있다(오른쪽 상단 그래프 참조). 조세법과 노동법 때문에 점진적 은퇴를 허용할 경우 회사가 난처해질 수도 있다.

회사에 정식 점진적 은퇴 프로그램이 없다고 해서 실망하고 포기하기에는 이르다. 점진적 은퇴 프로그램 도입을 검토 중일지도 모른다. 보스턴 대학교의 은퇴 연구 센터의 2007년 연구에 따르면, 현재 점진적 은퇴 프로그램 도입을 검토 중인 기업의 수가 이미 프로그램을 도입한 기업의 수의 3배에 달했다(오른쪽 하단 그래프 참조).

점진적 은퇴가 나에게 맞는 선택일까?

지금 하고 있는 일을 얼마나 좋아하느냐에 따라, 점진적 은퇴로 생겨난 여유 시간을 어떻게 사용하느냐에 따라 많은 것이 달라진다. 여유 시간을 즐거운 일을 하면서 보낸다면 당신은 옳은 선택을 한 것이 된다. 그러나 여유 시간을 아픈 가족을 돌보는 데 써야 한다면? 그럼에도 점진적 은퇴가 맞는 선택일 수 있다. 걱정거리가 있다면 그 문제를 처리할 시간이 필요하기 때문이다. 어떤 이유로 점진적 은퇴를 선택했든지 자기 인생을 직접 통제한다는 기분은 그 무엇과도 바꿀 수 없는 쾌감을 안겨준다.

어떤 선택을 할 수 있을까?

Q 점진적 은퇴를 요구하면 회사는 얼마나 협조적으로 나올까?

A 회사의 규모에 따라 상황은 달라질 수 있다. 규모가 큰 기업일수록 점진적 은퇴 프로그램을 이미 운영하고 있을 가능성이 크다. 다음은 2005년 미국에서 실시한 통계 조사결과다.

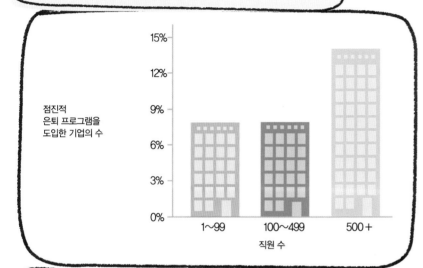

점진적
은퇴 프로그램을
도입한 기업의 수

직원 수

Q 회사에 점진적 은퇴 프로그램이 없으면 점진적 은퇴를 못 하는 걸까?

A 그렇지는 않다. 보스턴 대학교에서 실시한 연구에 따르면 정식으로 점진적 은퇴 프로그램을 운영하고 있지 않은 기업도 점진적 은퇴를 긍정적으로 생각하는 것으로 나타났다.

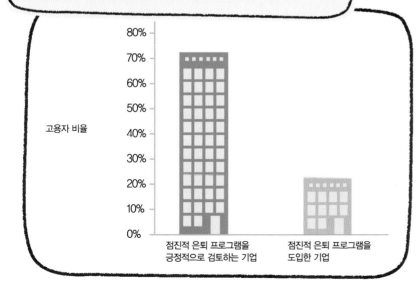

고용자 비율

점진적 은퇴 프로그램을
긍정적으로 검토하는 기업

점진적 은퇴 프로그램을
도입한 기업

과연 사람들은 점진적 은퇴에 관심이 있을까?

2011년 미국에서는 50세 이상의 성인들을 대상으로 점진적 은퇴 선호도에 대한 조사를 실시했다. 그 결과는 다음과 같다.

현재 회사를 다니고 있는 사람 중

38%

는 점진적 은퇴에 관심이 있다고 응답했다.
점진적 은퇴에 관심이 있다고 응답한 사람 중

46%

는 60세에서 64세 사이에 점진적 은퇴 프로그램을 시작하고 싶다고 응답했다.
점진적 은퇴에 관심이 있다고 응답한 사람 중

78%

는 정년 퇴직 연령이 지나도 계속 일을 하고 싶다고 응답했다.

퇴직자들은 점진적 은퇴를 어떻게 생각할까?

이미 은퇴를 한 사람들 중

40%

는 이런 제도가 있다는 사실을 알았더라면 점진적 은퇴를 선택했을 것이라고 응답했다.
그리고

33%

는 점진적 은퇴를 할 수 있었다면 더 오래 회사를 다니며 일을 했을 것이라고 응답했다.

직장에서 얻은 전문 지식으로 돈을 벌어볼까?

컨설턴트가 되어보자

고된 업무에 시달리지 않고 직장생활을 하면서 쌓은 경험과 전문 지식을 이용해 돈을 벌 수 있다면 얼마나 멋질까? 그런 직업이 여기 있다. 컨설턴트. 아침 9시부터 오후 8시까지 사무실에서 업무를 처리하는 대신, 당신의 경험과 전문 지식이 필요한 곳으로 달려가서 그들의 어려움을 해결해 주는 거다. 멋진 일인 것은 분명한데, 이것이 얼마나 현실적인 계획이 될 수 있을까?

 준비단계

성공적인 컨설턴트가 되려면 준비가 필요하다.

· 사람들이 도움을 요청하는 분야에 당신이 전문 지식과 경험이 있음을 증명해야 한다.
· 잠재 클라이언트를 확보할 수 있는 전문적 네트워크가 있어야 한다.
· 시장 조사를 해야 한다. 잠깐 고문역으로 회사에서 일을 하거나(전에 다니던 회사에서 자문관으로 일할 수도 있다. 후임자를 찾을 때 인력 공백을 메울 사람이 필요하기 때문이다) 신참 교육을 맡는 것이 좋다.
· 경쟁률을 확인해야 한다. 수요와 공급의 법칙을 명심해라. 당신이 진출하려는 분야에 이미 많은 컨설턴트가 존재한다면, 그만큼 큰 시장이 존재한다는 의미일 수 있고 아니면 이미 시장이 포화 상태에 이르렀다는 의미일 수도 있다. 반대로 경쟁자가 아무도 없다면, 그 시장은 블루오션일 수 있고 아니면 시장 자체가 존재하지 않는다는 의미일 수도 있다. 간단하게 말해, 당신의 전문 지식과 경험이 사람들이 원하고 기꺼이 구매할 만한 것인지 고민해야 한다.

당신은 지금껏 일을 하면서 굉장히 많은 전문 지식을 습득했을 것이다. 은퇴를 준비하고 있는 지금 이 전문 지식을 활용해 은퇴 후에 돈을 벌 방법은 없을까?

🔍 컨설팅은 퇴직자에게 심리적으로 어떤 도움을 줄까?

반 은퇴 상태로 컨설팅 회사를 여는 것은 한 발을 직업 세계에 담근 채 은퇴생활을 즐길 수 있는 방법이다. 일단 은퇴 후 컨설팅 회사를 시작하면 은퇴로 인한 심리적으로 혼란스러운 상황에 적응하는 데 도움이 된다. 그리고 완전히 일을 손에서 놓았을 때 어떤 일로 시간을 보낼지 생각해볼 시간과 노후활동 자금을 벌 수 있다.

특히 은퇴로 인해 살아갈 의욕마저 잃어버릴 수도 있다. 직장에서 성공가도를 달리고 성취욕이 강한 사람들은 컨설팅으로 현역에서 느꼈던 성취감과 만족감을 만끽할 수 있다. 게다가 컨설팅으로 인한 지속적인 지적 자극은 노화로 인한 인지력 감퇴 속도를 늦출 수 있다.

마케팅

컨설팅을 시작했는가? 이제 마케팅이다.

· 직장에서 한 번이라도 함께 프로젝트를 진행한 경험이 있는 사람들을 이용해라. 은퇴를 하기 전부터 이들을 만나서 네트워킹을 해두는 것이 좋다.
· 홈페이지를 만들어라. 고객을 놓치고 싶지 않다면 홈페이지에 전화번호, 주소, 이메일 주소 등 연락처를 정확하게 표시해야 한다. 그리고 당신의 전문성이 돋보이고 신뢰할 수 있다는 이미지를 제공할 수 있도록 홈페이지를 제작해야 한다. '허접한' 홈페이지를 보고 당신에게 전문적인 도움을 요청할 사람은 아무도 없다. 전문적으로 홈페이지를 제작할 능력이 안 되는가? 그렇다면 전문가에게 도움을 구해라.
· 발품을 팔아가며 당신의 존재를 알려라. 세미나, 박람회 등 많은 잠재 클라이언트를 만나 명함을 줄 수 있는 장소를 찾아다녀야 한다.

🖊 대안

당신이 직접 컨설팅 회사를 차릴 필요는 없다. 여기 컨설턴트가 될 수 있는 다른 방법들을 소개한다.

· 헤드헌팅 기업들은 특정 분야에 자문이 필요한 기업에 연륜이 있는 퇴직자들을 컨설턴트로 소개하기도 한다. 주로 마케팅, 헬스케어, 보험, 관광, IT, 통신 업종이다. 만약 당신의 전문 분야가 이 업종에 해당되지 않는다면 당신의 전문 지식과 경험이 필요한 기업이 있는지 직접 조사를 하는 것도 좋다.
· 심지어 당신의 점진적 은퇴 요구에 난색을 표했던 전에 다니던 회사가 당신을 프리랜서나 파트타이머로 고용할지도 모른다(82~83페이지 참조). 조세법과 노동법이 회사의 입장에서 프리랜서나 파트타이머를 고용하는 데 장애가 될 수 있는 복잡한 문제들을 점진적으로 해결할 수도 있다.

전문 컨설턴트의 자격

유어앙코어(YourEncore)는 외부 전문가들을 찾아 긴급한 문제를 다루려 하는 기업과 때때로 과제에 도전하고 파트타임 수입을 원하는 숙련된 퇴직자 사이에서 중개 역할을 한다. 유어앙코어는

9,000명

의 컨설턴트 풀을 보유하고 있다. 기업은 평균

25년

동안 한 분야에 근무한 경험이 있는 퇴직자를 외부 전문가로 고용하기를 원한다. 유어앙코어의 전문가 풀에 등록된 퇴직자의

60%

가 석사 또는 박사다.

직접 사장이 되어볼까?

퇴직 후 창업하기

대부분의 사람들은 퇴직 후에도 경제적으로나 정신적으로 왕성하게 활동할 수 있기를 바란다. 직접 회사를 차리는 것이 이 바람을 풀어줄 수 있을지도 모른다. 경제적으로 배우자나 자식들에게 의지하지 않고 계속 경제활동을 하고 직장을 다닐 때와 다름없이 의욕적으로 생활할 수 있을 것이다. 좋은 생각이기는 하지만 회사를 직접 경영할 마음의 준비가 되었는지를 진지하게 생각해보고 회사를 차리기 전에 꼼꼼하게 계획을 세워야 한다.

과연 창업이 현명한 선택일까?

당신은 리스크를 기꺼이 감수하는 사람인가? 아니면 피할 수 있다면 리스크를 회피하는 사람인가? 피가 날 정도로 손톱을 물어뜯으며 불안해하면서 노년을 보낼 이유는 전혀 없다. 근심걱정을 안고 사는 사람이라면 창업에 드는 비용이 고정적이고 제한적인 사업에 도전하는 편이 자신의 정신건강을 위해서 좋다. 그것도 아니라면, 퇴직후에도 현역 시절과 다름없이 활기차게 생활하면서 돈을 벌 수 있는 다른 방도를 찾는 것이 좋다. 예를 들면, 점진적 은퇴를 선택하는 것이다(82~83페이지 참조).

창업 분야를 신중하게 선택해야 한다. 당신의 선택에 따라 노년의 행복감이 크게 달라질 수 있기 때문이다. 오랜 시간 만족하면서 일할 수 있는 분야를 선택하는 것이 현명하다. 2002년 실시된 연구에 따르면 50세 이상의 기업가들은 하고 있는 사업에서 행복감을 느끼지 못하더라도 쉽게 사업을 접지 못했다. 그 이유 중 하나는 젊은 인력을 선호하는 노동 시장의 구조 때문이다.

현재 재정 상태를 정확하게 파악해라

창업하기 전에 자신의 재정 상태를 냉정하

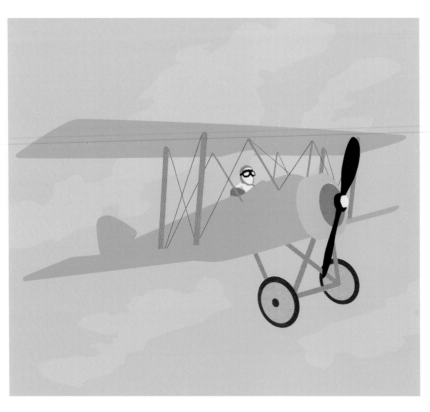

한 평생을 남을 위해서 일한 당신. 본인이 직접 '사장님'이 되는 것은 어떨까? 생각만으로도 가슴이 벅차지 않은가? 마음속 깊이 잠들어 있던 '기업가 정신'이 깨어나고 있다. 이제 어떻게 해야 할까?

프랜차이즈 창업

직접 자기 사업을 시작하는 것보다 프랜차이즈 사업을 시작하는 것도 현명한 선택일 수 있다. 소형 재정 자문회사 가이던트 파이낸셜의 공동 창립자이자 CEO인 데이비드 닐센은 창업자의 60% 이상이 프랜차이즈 사업을 선택한다고 말한다. 프랜차이즈 창업은 이미 성공한 비즈니스 모델을 그대로 가져다 쓴다는 장점과 선배 창업자들의 실수와 경험에서 교훈을 얻을 수 있다는 장점이 있다.

게 파악하고 재무계획을 철저하게 수립해야 한다. 분명히 연령차별은 존재하고, 손실을 만회할 시간이 많지 않기 때문에 이것은 매우 중요한 작업이다. 『제2의 직장(Second-Act Careers: 50+ Ways to Profit from Your Passions During Second Retirement)』의 저자 낸시 콜라머는 "손해를 감당할 수 있을 만큼 투자해야 한다"라고 말했다. 사업이 실패할 경우를 대비해 은퇴 자금은 남겨두는 것이 좋다. 최악의 경우를 대비하여 최소한의 노년생활을 유지하는 데 드는 자금이 얼마인지 정확하게 파악해야 한다.

가장 잘 하고 잘 아는 분야를 선택해라

잘 알고 있고 익숙한 분야에 창업을 하는 것이 합리적이다. 창업에 성공한 퇴직자들은 직장에서 쌓은 경험과 전문 지식을 활용하고 기존의 네트워크를 적절히 이용하여 틈새시장을 공략했다. 목공예나 수공업처럼 취미생활을 사업으로 발진시킨 사례도 있다. 한 번도 경험한 적이 없는 분야에 뛰어들어 창업을 하는 것은 절대 해서는 안 될 행동이다. 이 분야에서 발생할 수 있는 어려움이 어떤 것이 있는지 전혀 예측할 수 없기 때문에 실패할 확률이 매우 높다.

배움을 손에서 놓지 마라

오랜 시간 해온 익숙한 작업이라도 기술적으로 또는 지적으로 수정하고 개선할 부분은 분명히 존재한다. 특히 재무제표 작성, 예산 수립, 법률 서류 검토, 세금 처리 등은 회사를 경영하는 데 필수적인 작업이다. 그러므로 전문대학, 경영대학원, 노인대학을 다니면서 이 분야에 대한 지식을 쌓을 필요가 있다. 창업을 하기 전에 필요한 강좌에 등록해 수업을 들으면서 자신이 부족한 부분이 무엇인지 파악하고 채워라. 가장 중요한 것은 기본에 충실한 것이다. 그리고 전문대학이나 노인대학을 다니며 새로운 지식을 배우는 동시에 노화로 인한 인지력 감퇴를 늦추는 일석이조의 효과를 볼 수 있다.

현실적으로 생각해라

자기 사업을 시작하면 당신의 생활환경이 바뀔 수 있다. 예를 들어 강아지 산책 대행업을 시작했다면 강아지 목줄을 보관할 공간만 있으면 된다. 그러나 만약 강아지 코트 제작업을 시작했다면 원단, 완성 코트, 포장 재료 등을 보관할 큰 창고가 필요하다. 집에 재고를 보관할 가능성이 크다. 그래서 재고가 얼마나 남을지 등을 고민해야 할지도 모른다.

새로운 사업을 시작하는 것은 사업이 잘못 될 수 있는 모든 상황을 생각해야 한다.

18~24 개월

연락을 주고받는 기간

가지고 있는 명함이나 네트워크를 잘 관리하라. 『은퇴 그리고 창업(Retire and Start Your Own Business)』의 공동 저자 마사 사전트는 최첨단 산업 종사자들은 약 18~24개월 동안 일을 하면서 만난 사람들과 연락을 주고받는다고 말한다.

그렇다고 창업을 할 때 부정적인 태도를 지니라는 것은 아니다. 어떤 리스크가 생길 수 있는지 생각하고 리스크를 감당할 수 있는지 미리 고민한다면 사업 실패에 대한 불안감을 떨쳐버리고 창업에 도전할 수 있다.

23.6%

늦게 창업한 사람들

2013년 미국에서 창업을 한 사람들의 23.6%가 55세에서 64세의 장년층이다.

퇴직을 앞두고 무엇을 해야 할까?

불확실한 미래에 대처하기

한평생 일하면서 많은 사람들은 자신이 앞으로 어떤 삶을 살게 될지 분명히 안다고 생각한다. 퇴직하는 순간 이런 확신이 사라지고 앞으로 어떻게 살아야 할지 알 수 없게 된다면 어떻게 하겠는가?

착실히 직장생활을 하면서 당신은 저축도 하고 연금도 넣고 투자를 해서 은퇴 자금을 모았을 것이다. 그런데 알 수 없는 게 인생이라고 했다. 퇴직 후 무슨 일이 일어날지도 모르는데, 이 돈으로 충분할까? 은퇴하고 앞으로 최소 10년은 더 살아야 한다. 물론 오래 살면 좋지만 그만큼 돈도 많이 필요하다는 의미다. 설상가상으로 의료보험제도가 제대로 마련되지 않은 나라에서 살고 있다면 더 많은 돈이 필요할 것이다. 나이가 들수록 여기저기 '고장 나는 곳'이 많아지는 법이니까.

돈이 그렇게 중요한가?

당신이 어디서 살고 있느냐에 따라 상황은 달라진다. 가장 좋은 방법은 재무 설계사에게 어떤 종류의 연금과 보험을 드는 것이 좋은지 상담을 하는 것이다(100~101페이지 참조). 노벨상 수상자이자 심리학자인 다니엘 카너먼은 '돈이 많을수록 더 행복하다'고 생각하는 것은 사람들의 착각일 뿐이라고 말했다. 얼마나 다행스러운 일인가! 카너먼은 "당신이 굶주림에 고통받지 않는 한 일상의 행복감과 가지고 있는 돈의 액수는 별 상관없다"라고 말했다. 스탠포드 경영대학원의 연구에 따르면, 돈을 주고 새로운 물건을 사는 것은 스트레스를 해소하기보다는 오히려 더 많은 스트레스를 야기했다. 우리를 정말 행복하게 만드는 것은 '인간관계'다.

인간관계

인간관계가 행복의 열쇠다. 그렇다면 당신은 현재 맺고 있는 인간관계에 대하여 자신하고 만족하는가? 만약 결혼을 했다면, 당신과 배우자는 퇴직 후 노년을 어떻게 보낼지에 대하여 생각이 같은가? 특히 당신은 얼마나 많은 시간을 배우자와 보내고 싶은가? 「부동산저널(Journal of Estate Planning)」에 "결혼식에서 당신과 백년해로 한다고 약속했지만, 매일 함께 점심을 먹겠다고 하지는 않았어!"라는 제목의 기사가 실린 적이 있다.

관계적인 측면에서 노년을 어떻게 보낼지에 대하여 대화를 나누는 것은 돈 문제와 관련한 대화만큼 중요하고 섬세하게 접근해야 한다. 당신과 배우자가 이 부분에 대하여 어떤 생각을 하고 있는지 허심탄회하게 이야기해서 서로의 기대 수준을 조정해야 한다.

배우자나 자식이 없는 사람은 친구를 만나거나 새로운 인간관계를 맺는 것에 대하여 조금 더 전략적으로 접근할 필요가 있다. 싱글로 노년을 보내는 것은 커플보다 더 많은 돈이 들 수도 있다. 은퇴 코치 제이콥 골드는 투자 클럽에 가입하는 것이 경제적 문제와 관련하여 실질적인 도움을 얻는 동시에 새로운 인간관계를 형성할 수 있는 좋은 방법이라고 조언한다. 만약 혼자라면(혼자가 아니라 할지라도), 육체적 관계를 하지 않는 정신적인 사랑을 나누는 친구와 함께 동거를 하는 것도 좋은 방법일 수 있다. 이렇게 하면 친구들과 멀어져 홀로 쓸쓸하게 노년을 보낼 가능성이 현저히 줄어들기 때문이다.

퇴직에도 연습이 필요하다

퇴직 후 가족계획은 어떻게 세우고 있나? 퇴직한 친구들은 당신과 가까운 곳에서 살고 있는가? 아니면 그들은 퇴직과 동시에 외국으로 떠났는가? 하려고 계획하고 있는 활동이나 계획을 실행에 옮겼는가? 이것은 고민과 연습이 필요한 사항들이다. 캐나다의 심리학자 존 오스본은 "퇴직을 앞두고 몇 년간 퇴직 후 노년생활을 미리 연습하는 것이 실제 퇴직을 했을 때 일어날 변화에 적응하는 데 큰 도움이 된다"라고 말한다.

경제적으로 은퇴할 준비가 얼마나 되었나??

경제적으로 은퇴 준비가 얼마나 되었나? 이것은 주어진 여건에 따라 달라질 것이다. 미국 민간연구소 랜드연구소의 2014년 조사에 따르면, 결혼 여부와 성별에 따라 경제적으로 은퇴 준비가 된 사람의 비율이 달랐다.

기혼자의
20%
가 경제적으로 은퇴 준비가 안 되었다.

미혼 남성의
35%
가 경제적으로 은퇴 준비가 안 되었다.

미혼 여성의
49%
가 경제적으로 은퇴 준비가 안 되었다.

Q 불확실한 인생에 대한 불안감을 없애는 네 가지 요소

인생의 변화를 앞두고 불안과 초조함을 느끼는 것은 정상적인 반응이다. 그렇다고 불안함 때문에 일상생활도 제대로 못 한다면 큰 문제다. 노스캐롤라이나의 듀크 대학교 연구팀은 변화를 앞두고 개인이 느끼는 불안감의 정도는 다음 네 가지 요소가 결정한다고 주장한다.

1 유연한 사고방식: 당신은 수리에 따르는 사람인가? 아니면 변화 자체가 당신을 짜증스럽게 만드는가?

2 지지와 격려: 주변에 의지할 사람이 없으면 변화로 인한 불안감은 더 커진다. 자신을 격려해주고 의지할 수 있는 사람이 주변에 많을수록 새로운 환경에 적응할 수 있다는 자신감이 커진다.

3 자신감: 스스로가 잘 살고 있다고 느끼고 자존감이 있으면 불확실한 미래에 대하여 불안감을 덜 느낀다.

4 만족감: 현재 의미 있는 인생을 살고 있다고 생각하는가? 아니면 당신의 인생에서 의미를 찾을 수가 없는가? 목적의식과 의미 있는 인생을 살고 있다는 생각은 불확실한 시기를 통과하는 데 훌륭한 나침반이 된다.

이 네 가지 요소 중 어느 하나도 가지고 있지 않다면, 은퇴 전에 연습을 해서 어느 하나라도 마련해두는 것이 좋다.

퇴직한 당신이 되고 싶은 사람은?

롤모델을 보고 배우자

롤모델은 어린이들에게만 필요한 것이 아니다. 한평생을 일했던 직장을 떠나면서 퇴직자들은 정체성의 혼란을 겪는다. 퇴직을 앞두고 사람들은 진지하게 자신이 어떤 사람인지, 어떤 사람이 되고 싶은지를 진지하게 고민한다. 이때 누구를 닮고 싶은지를 생각해보는 것이 도움이 될 것이다.

휴가를 떠나거나 구직활동을 했던 적이 있을 것이다. 그러나 그 어떤 경우도 다니던 회사를 영영 떠나게 되는 퇴직과 비교가 안 된다. 물론 구직활동을 하면서 보내는 실직 기간 동안 스트레스를 받지만, 열심히 노력해서 직장을 구하면 실직 스트레스는 사라진다. 그러나 퇴직은 다르다. 퇴직은 자동으로 기간이 연장되는 일종의 무기 계약이다. 보통 소속에 따라 정체성이 사람에게 부여된다. 학교를 다니면 학생이라 부르고 직장을 다니면 직장인이라 부른다. 학생에게는 공부가 직장인에게는 업무가 주어진다. 이제 곧 퇴직을 하는 당신에게는 '퇴직자'라는 새로운 정체성이 부여될 것이다. 그러나 퇴직자인 당신에게는 분명한 역할이 주어지지 않을 것이다.

롤모델

학교와 직장을 다니면서 배운 것이 있다면 바로 멘토와 롤모델의 중요성이다. 생각해면 우리는 학창 시절에는 반 친구들을 보면서, 직장을 다닐 때는 선배들을 보면서 새로운 것을 익혔다. 보고 배울 누군가가 있다는 것은 심리적으로 큰 위안과 힘이 된다. 그 누군가가 멘토로서 당신에게 직접적인 조언과 도움을 주지 않았다 할지라도, 그 사람을 관찰하는 것만으로도 인생을 살아가는 데 큰 도움이 된다. 어떻게 살아야 성공한 사람이 될 수 있는지 간접적으로 습득할 수도 있다. 퇴직을 하면 학교나 직장처럼 자신을 '가두던 틀 혹은 구조'가 사라지기 때문에 어디서든지 보고 배우고 싶은 원하는 롤모델을 찾을 수 있다. 그러나 훌륭한 롤모델을 찾는다는 것은 여전히 어렵다.

> 우리의 인생에 직접적으로 관여를 하든 안 하든, 롤모델은 우리에게 긍정적이고 의미 있는 인생의 길을 알려준다.
>
> – 캐시 세버슨(은퇴 카운슬러)

롤모델 찾기

리타이어 와우의 카운슬러 캐시 세버슨은 주변에 나이가 든 사람 중에서 자신이 존경하는 사람들, 대중의 존경을 받는 공인 등 존경할 만한 사람들의 명단을 작성해보라고 조언한다. 그리고 나서 이 사람들이 나이 들어서 사람들에게 존경을 받게 된 이유나 그들만의 특징을 적어보고 그들에게서 어떤 점을 배우고 싶은지 고민해보라고 말한다. 아마 당신이 생각했던 것보다 훨씬 많은 부분에서 배울 점을 찾게 될 것이다.

적용하기

살아 있는 롤모델을 찾아 그들의 장점을 배우려고 노력하는 것만으로도(오른쪽 상단 참조) 은퇴생활의 만족도가 높아질 수 있다. 젊었을 때와 마찬가지로 왕성한 활동으로 노년을 가득 채우거나 고요하고 편안한 노년을 보내는 롤모델이 있으면 당신을 괴롭히는 온갖 근심걱정에서 자유로워질 수 있

롤모델로 삼고 싶은 유명 스타

2011년 미국에서 퇴직을 앞두고 있거나 이제 막 퇴직을 한 사람들을 대상으로 재미있는 설문조사가 실시되었다. 그들에게 유명 스타 중에서 누구를 롤모델로 삼고 싶은지 물었다. 응답자의 34%가 유명 여자 코미디언 베티 화이트를 꼽았다. 화이트를 롤모델로 선택한 이유는 '웃는 법'을 알기 때문이라고 답했다.

34%

다. 롤모델을 보면서 당신 스스로 자잘한 걱정에서 벗어나 뭔가 더 활동적이거나 편안한 일을 해야 한다는 생각이 들 것이다. 자신이 어떤 유형의 사람인지를 제대로 이해하면 자기에게 꼭 알맞은 롤모델을 찾는 데 도움이 된다. 예를 들어 '탐구형'이라면(오른쪽 그림 참조), 성공한 연구가를 찾아 그들에게서 무엇을 배울 수 있을지 살펴보면 된다.

퇴직을 앞둔 당신에게 지금 당장 필요한 롤모델은 다른 누구도 아닌 '행복한 퇴직자'다. 퇴직자들이 자신의 인생을 얼마나 즐겁게 보내고 있는지 보는 것만으로도 좋은 롤모델이 된다. 자신들의 노년을 당당하게 즐기는 퇴직자들을 보면 나도 그들처럼 할 수 있고 그들과 똑같이 해도 괜찮다고 자신에게 말할 수 있기 때문이다.

🔍 당신은 '모험가형'인가 아니면 '지속형'인가?

은퇴할 계획이 있다면, 심리학자이자 교육학 박사인 낸시 쉬로스베르그가 제안한 '심리 포트폴리오'를 살펴보고 자신은 어떤 유형에 속하는지 알아보라. 쉬로스베르그는 심리 포트폴리오에서 퇴직자를 여섯 가지 유형으로 구분했다.

지속형
이미 습득하고 개발한 기술과 관심사를 중심으로 활동하는 사람들

자유영혼형
예정에 없던 자유를 만끽하는 사람들

휴식형
모든 일에서 벗어나 휴식을 원하는 사람들. 이 유형의 사람은 그 무엇에도 관여하지 않거나 적어도 얼마간의 시간을 내서 완전한 휴식을 취한다.

모험가형
완전히 새로운 사업을 시작하는 사람들

탐구형
시행착오를 통해 새로운 가능성을 찾는 사람들

관중형
이전보다 활동은 줄어들었지만 어떤 일이 일어나고 있는지 관심을 갖고 먼발치에서 지켜보는 사람들

당신은 어느 유형에 속하고, 어떤 유형이 당신과 잘 어울릴 것 같은가? 자신과 '꼭' 맞는 유형은 없다. 각 유형마다 마음에 드는 면이 있고 마음에 들지 않는 면이 있을 것이다. 다만, 당신에게 가장 적절하다고 생각되는 유형을 찾는 것만으로도 은퇴생활에 적응하는 데 큰 도움이 될 것이다.

너 자신을 알라

직업과 정체성

지금까지 '무슨 일을 하는 사람'이었지만 회사를 나오는 순간 '퇴직자'가 된다. 이것은 심리적으로 큰 충격을 안겨줄 수 있는 변화다. 우리는 이런 변화를 받아들일 마음의 준비를, 은퇴를 준비하는 기간부터 시작해야 한다.

직장생활이 항상 즐겁지만은 않다. 그러나 직장생활은 우리에게 목적의식과 자존감을 준다. 은퇴를 고민해야 할 시간이 되었을 때, 자유시간이 많아질 뿐 이전과 크게 변하는 것이 없을 것이라 생각하기 쉽다. 직장을 다니든, 퇴직을 하든 '나'는 '나'인 것이다. 그러나 현실은 그렇지 않다. 은퇴는 본인이 감당하기 어려운 엄청난 변화를 가져온다. 그러니 은퇴하기 1년 내지 2년 전부터 지금 하고 있는 일이 심리적으로 당신에게 얼마나 중요한지 그리고 어떤 심리적 보상을 주는지에 대하여 고민하기 시작해야 한다. 이런 고민을 하다 보면 일이 주던 심리적 보상을 무엇으로 대신할 수 있을지 알 수 있다.

무엇이 당신을 사랑스럽게 하는가?

현재 우리가 살고 있는 세상은 노동에 높은 가치를 둔다. 그래서 우리는 노동을 하면서 자신이 매우 가치 있는 존재라고 느낀다. 반면 은퇴는 한순간에 우리를 '퇴물'로 만들어버린다.

왜 우리는 '지위'를 원할까? 철학자 알랭 드 보통은 자신의 저서 『불안』에서 "사람은 부나 권력보다 '높은 지위'에 있을 때 받게 되는 사랑을 더욱 갈망한다"라고 말했다. 직장에서 높은 성과를 올리며 승승장구하는 자신을 그려보라. 다른 사람들은 당신이 성공하는 모습을 바라보며 무슨 생각을 할까? 그들은 당신의 무엇을 보고 당신이 회사에 꼭 필요하고 가치 있는 사람이라고 생각하는 것일까? 당신의 능력? 사회에 대한 기여? 영리함? 아님 충성심? 직장에서 당신을 가치 있는 존재로 만드는 것이 무엇인지를 알면, 퇴직 후 어떤 일을 해야 직장생활에서 얻었던 자존감과 가치 있는 존재라는 느낌을 받을 수 있는지 알 수 있다.

무엇이 당신을 움직이게 하나?

직장에서 당신을 가장 필요한 존재로 만드는 것이 무엇인지 알고 싶다면, 일기를 써라. 근무시간 내내 어떤 일을 했는지 적고 각각의 일들이 당신의 능력과 소질에 어떻게 영향을 주었는지 1~5점으로 점수를 매겨라. 어떤 기술과 적성을 발휘했을 때 자신이 가장 가치 있는 존재라고 느껴졌는가?

활동	능력과 소질					
(예: 마감 기한을 준수했다, 위기 상황에서 침착함을 유지했다, 문제를 해결했다)	능숙함	유능함과 창의력	의지	품위와 인간성	중요함	매력

능숙함
일을 하면서 얼마나 숙련되었고 조직적이고 지적이고 성취도가 높은 사람 또는 논리적인 사람이란 느낌이 들었는가?

유능함과 창의력
해당 활동을 하는 데 문제 해결과 같은 높은 수준의 사고가 필요했는가?

의지
주어진 업무를 처리하기 위해서 어떤 대가를 치러야 했는가? 원칙에 맞게 업무를 처리하였는가? 또는 업무를 처리하면서 다른 사람에게 도움이 되었는가?

품위와 인간성
업무를 처리하면서 세상을 더 살기 좋은 곳으로 만드는 데 도움이 되고 있다는 기분이 들었는가? 도덕에 어긋나지 않는 선택을 했는가?

중요도
자기 자신이나 더 큰 세상을 위해 가치 있는 일을 하고 있다는 기분이 들었는가?

매력
업무를 처리하면서 동료들과의 관계는 어땠는가?

여전히 쓸모 있는 존재인가?

은퇴의 가장 좋은 점은 당신이 가치와 의미가 있다고 생각하는 일을 할 수 있다는 것이다. 은퇴를 하면 의미가 없는 일에 자신의 모든 것을 투자할 필요가 없어진다. 은퇴가 얼마 남지 않았다면, 가치 있고 유용하다고 생각하는 활동에는 무엇이 있는지

목록을 작성해보는 것이 좋다(위 그림 참조). 은퇴를 하고 난 뒤, 창의적인 활동이나 자원봉사활동을 하면서 시간을 보내거나 감당할 수 있는 수준의 완전히 새로운 일에 도전할 수도 있다. 무슨 일을 하든지 자신이 쓸모 있고 가치 있다는 느낌을 주는 일을 해야 한다.

새로운 일에 도전할 준비가 되었는가?
자신의 능력과 소질에 점수를 매기면 은퇴를 하고 새롭게 도전할 만한 분야에는 무엇이 있는지 감을 잡을 수 있다. 자신의 능력과 소질을 파악하는 데 도움이 될 만한 온라인 테스트가 많이 나와 있다. '직업적성 테스트'라는 단어로 검색을 한번 해보라.

CHAPTER 3

은퇴 준비기 Ⅲ

은퇴 전, 준비할 것들

은퇴와 변화

심리적 변화에 대비하자

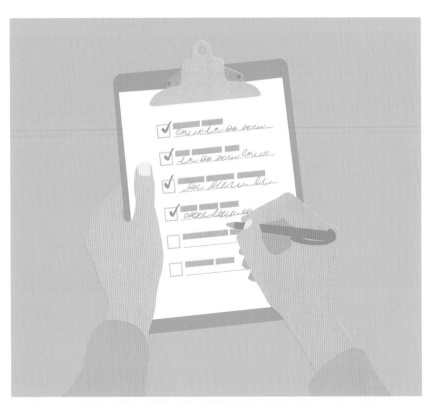

과연 은퇴가 인생의 마지막 챕터일까? 대답은 '노(No)!'다. 하나의 챕터 안에 또 다른 챕터들이 여러 개 있을 수도 있다. 그리고 우리 앞에는 죽기 전까지 거쳐야 할 '통과의례'가 많이 있다.

1970년대 미국의 사회학자 로버트 애칠리는 '은퇴 이론'을 발표한 뒤 지난 30여 년 동안 이론을 계속 발전시키고 재정립했다. 애칠리의 이론은 단순하면서 "은퇴는 단일 사건이 아니라 프로세스다"라는 주장을 반박한다.

직장을 떠난 뒤에도 우리에게는 앞으로 살아가야 할 인생이 여전히 남아 있고 지금까지 해왔던 것처럼 새로운 환경에 적응하고 성장해나갈 것이다. 퇴직을 했더라도 '나'는 '나'이고 이전과 똑같은 방식으로 남은 인생도 살아갈 것이다. 이것이 바로 인생의 '연속성'이다. 인생의 연속성은 계속해서 당신의 생각과 행동에 영향을 미칠 것이다. 그리고 은퇴에 관한 수많은 이론 중에서 많은 사람들의 상황에 들어맞고 유용한 이론이 분명 존재한다.

그러나 애칠리가 말했듯이, 사람들은 각기 다른 인생을 살아가고 정형화된 틀에 자신을 억지로 끼워 맞추려고 노력할 필요가 없다. 그래도 애칠리가 제안한 은퇴 이론을 살펴보고 당신에게 맞는지 살펴보는 것도 나쁘지 않을 것이다.

☀ 누가 가장 행복한 은퇴생활을 보낼까?

2004년 미국에서 실시된 한 조사에 따르면, 애칠리가 제시한 은퇴 단계를 통과할 때 가장 편안함을 느끼는 사람들은 자존감이 강했다(오른쪽 내용 참조). 이 조사결과가 그렇게 놀랍지 않다. 자기 자신을 좋은 친구라고 생각하는 사람들은 그렇지 않은 사람들보다 더 행복하게 은퇴생활을 할 가능성이 높았다. 은퇴 단계를 거치면서 사람들은 자신을 친구 삼아 남은 인생을 살아갈 준비를 한다.

🔍 은퇴의 6단계

1단계: 은퇴준비
한평생 해오던 일에서 손을 떼고 여생을 어떻게 보낼지 계획을 세우는 데 많은 시간을 보낸다.

2단계: 은퇴
은퇴를 하고 초기 얼마 동안에 해당하는 시기다. 애칠리는 이 시기 동안의 퇴직자들을 세 가지 유형으로 구분했다.

· **허니문형**(honeymooner): 은퇴 후 몇 년은 당신에게 달콤한 휴가다. 직장을 다닐 때는 바빠서 혹은 시간이 없어서 하지 못했던 일들을 하면서 시간을 보낸다.

· **일상형**(immediate routine retiree): 퇴근 후에 계획적으로 해오던 일이 있을 확률이 크다. 퇴직 후에는 이런 일들에 더 많은 시간을 할애한다.

· **휴식형**(rest and relaxation retiree): 허니문형 퇴직자는 그동안 못했던 일에 도전하느라 은퇴생활을 눈코 뜰 새 없이 바쁘게 보내지만, 휴식형 퇴직자는 체력을 많이 요하는 활동을 지양한다(당신은 이미 그동안 직장을 다니면서 너무 바쁜 날들을 보내 지칠 대로 지쳤기 때문이다). 이 유형의 퇴직자들은 충분한 휴식을 취한 뒤 다양한 활동에 도전한다.

3단계: 각성
퇴직자 중 일부는 불행하고 불확실한 시기를 경험하게 된다. 이 단계에서 퇴직자는 은퇴생활의 미몽에서 깨어난다. 배우자 사망, 이사 등 인생의 큰 변화는 이들의 남은 인생에 불확실성과 불행의 그림자를 드리운다. 굳이 이런 변화가 생기지 않더라도 퇴직 후 몇 년간 허니문 기간이나 휴식 기간을 보낸 뒤에 갑자기 남은 인생이 불확실하다는 생각이 들고 불안하고 불행하다고 느낄 수 있다. 이런 기분이 들면 퇴직자는 무언가 다른 일을 하고 싶다는 욕망을 느낀다. 다행스럽게도 이 단계는 다음 단계로 넘어가기 위한 하나의 과정에 불과하다.

4단계: 방향 전환
은퇴생활에 환멸을 느껴왔다면 퇴직자는 스스로 재정비하고 새로운 일에 도전할 계획을 세우기 시작한다. 일부는 자신이 살고 있는 공동체에 더 깊이 관여한다. 마음에 드는 장소로 이사를 하는 사람들도 있고 새로운 활동에 도전하는 사람들도 있다. 무엇을 하든지 이 단계에서 퇴직자는 새로운 인생 방향을 잡는다.

5단계: 안정기
일부 퇴직자들은 중간 단계를 거치지 않고 바로 안정기에 접어든다. 이 단계에 접어들면 퇴직자는 퇴직 후 이것저것 많은 것을 시도해보고 스스로가 편안하고 성취감을 느낄 수 있는 일이 무엇인지를 찾아낸다. 그리고 그 활동을 중심으로 생활 패턴을 만든다(그렇다고 이런 생활에 완전히 만족하고 안주한다는 의미가 아니다. 이 생활 패턴을 중심으로 개인 성장과 발전을 도모한다).

6단계: 종료
건강이 나빠지기 시작하고 퇴직자의 최대 관심사는 일상생활을 할 수 있을 정도로 건강 상태를 유지하는 것이다.

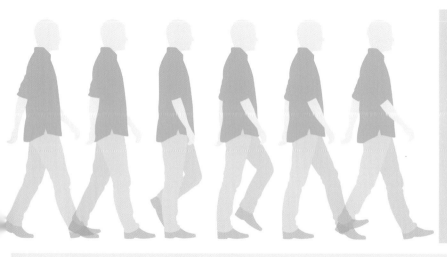

❓ 나에게 은퇴란 무엇인가?

애칠리는 은퇴의 궁극적인 목표는 장기적으로 보람되고 보상이 있는 새로운 생활 패턴을 만드는 것이라고 말했다. 이미 퇴직 후 이렇게 시간을 보낼지를 계획했거나 많은 시행착오를 겪으며 자신에게 가장 행복한 생활 패턴을 찾아내야 할 수도 있다. 그러나 은퇴를 노동이 주는 휴식이 아니라 앞으로 살아갈 새로운 생활 패턴을 찾아내는 기간이라고 생각하고, 목표한 바를 이루면 충실하고 행복한 은퇴생활을 할 수 있을 것이다.

정체성

새로운 정체성을 찾자

우리는 어떤 일을 하고 있는가를 기준으로 상대방을 평가하고 정의한다. 다시 말해, 직업은 우리에게 정체성을 부여한다. 물론 직업이 부여한 정체성이 마음에 들지 않아 불만인 사람들도 많다. 그러나 이 정체성이 사라져버리면 우리는 큰 혼란에 휩싸이게 된다.

직업이 부여한 정체성에 100% 만족하는 사람은 없을 것이다. 어떤 직업은 다른 직업보다 멋진 것 같기도 하다. 그러나 당신의 직업이 따분하고 그 누구도 원하지 않을 것 같은 정체성을 부여한다 할지라도 이 정체성이 사라지면 당신은 '퇴직자'가 된다. 퇴직자라는 정체성도 그리 멋지지는 않다. 모르는 사람을 만나면 제일 먼저 하는 질문이 이거다. "무슨 일을 하시나요?" 꿈꾸던 일을 하고 있지 않더라도, 당신의 직업이 남들이 부러워할 만큼 멋지지 않더라도, 최소한 이 질문을 받으면 대답을 할 수 있으니 그걸로 충분하지 않은가. 무슨 일을 하느냐는 질문에 '아무것도 안 합니다'라고 대답하고 싶은 사람은 아무도 없을 것이다. 게다가 스스로를 '아무것도 안 하는 사람'으로 소개하는 것은 상당히 자존심 상하고 자존감이 떨어지는 행위다. 퇴직을 하면 직업이 부여한 정체성도 사라진다. 어떻게 스스로를 정의하겠는가?

새로운 정체성 찾기

여기서 사회적 정체성 이론을 살펴볼 필요가 있다. 사회 심리학자 헨리 타즈펠은 1971년 자신의 사회적 정체성 이론을 발표했다. 타즈펠에 따르면, 인간은 사회적 정체성과 개인적 정체성을 지닌다. 사회적 정체성은 국가, 종교, 스포츠 팀 등 소속된 집단이 부여하는 것이다. 물론 직업이 부여한 정체성도 사회적 정체성이다. 개인적 정체성은 다른 사람과 구분되는 독특한 개인만의 특징에 부여한다. 심리학자들은 사회적 정체성과 개인적 정체성이 완전히 반대되는 개념이거나 서로 연결되어 있지 않다고 생각하지 않는다. 결국 우리는 타인과 자신을 비교하면서 개인적 정체성을 형성하고 우리가 속한 집단은 비교를 통해 개인적 정

⑦ 새로운 사회적 정체성을 찾기 위해 필요한 두 가지 질문

인간은 지극히 개인적인 동물이지만, 사회적인 동물이라는 사실을 잊어서는 안된다. 그래서 '나는 누구인가?'란 질문에 정확한 답을 찾기 위해서 자신이 속한 사회적 집단에 대해서도 살펴봐야 한다. 자신의 사회적 정체성을 파악하는 데 유용한 두 가지 질문을 소개하고자 한다.

Q 사회적 정체성을 형성하는 데 필요한 사회 집단을 충분히 가지고 있나?

A 은퇴를 앞두고 있을 때, 당신은 '노인'과 '아무것도 안 하는 사람'처럼 원하지 않는 사회적 정체성이 억지로 부여되고 있다는 생각이 들기 시작할 것이다. 이런 부정적인 사회적 정체성을 피하려면, 새로운 사회적 정체성을 부여할 집단을 찾는 것이 좋은 방법이다. 새로운 직업, 취미활동 또는 가족과 보내는 시간 등이 있을 수 있다.

Q 개인적 정체성을 정립할 때 나의 주요 비교 대상은 누구인가?

A 주로 직장 동료와 비교하여 개인적 정체성을 확립한다면(심지어 당신이 정말 싫어하는 직장 동료도 '나는 저런 사람이 되지 말아야지'라는 생각이 들게 만드는 좋은 비교 대상일 수 있다), 이어서 생각해볼 질문은 '그들을 대신할 만한 사람은 누구인가?'이다. 그에 대한 추억만으로 충분할 수도 있고 퇴직한 뒤 그들의 빈자리를 대신 채워줄 사람을 찾고 싶을 수도 있다.

영리하게 접근한다면 은퇴로 인해, 사회적 정체성 상실로 인해 혼란을 겪지 않아도 된다. 이번 기회에 당신을 정의할 새로운 사회적 정체성을 찾아보는 것은 어떨까?

체성을 형성할 수 있도록 돕는 상대를 제공한다. 한 그룹에 속한 사람들과 비교해서 자신만 가지고 있는 독특한 특징이 다른 사람들의 일반적인 특징일 수도 있다. 그런에도 은퇴의 심리적 영향에 대하여 생각할 때, 사회적 정체성을 이해하고 있는 것이 좋다.

직장을 떠나면 사회적 정체성에 공백이 생긴다. 만약 일을 중심으로 형성된 그룹이 아닌 다른 집단에 대하여 강한 소속감이 있거나 뚜렷한 개인적 정체성이 있다면 갑자기 직업이 부여하는 사회적 정체성이 사라져서 느끼는 혼란을 쉽게 극복할 수 있다. 다른 그룹이 부여하는 사회적 정체성과 확고한 개인적 정체성이 안전망 역할을 하기 때문이다. 그러나 직장은 당신이 가장 많은 시간을 보냈던 곳이다. 그래서 다른 그룹이 주는 사회적 정체성이 뚜렷하고 확고한 개인적 정체성을 가지고 있다 할지라도, 퇴직으로 인한 정체성 혼란에서 완전히 안전할 수 없다. 따라서 빈자리를 메울 새로운 사회적 정체성을 찾아야 한다.

🕐 '노인' 딱지

왜 65세는 은퇴할 나이로 여겨질까? 요즘 사람들은 65세를 그렇게 많은 나이라고 생각하지도 않는데 말이다. 이게 다 통일 독일의 첫 총리 오토 폰 비스마르크 때문이다. 비스마르크 독일 총리는 1880년대 유럽 최초로 연금제도를 도입했다. 당시 유럽과 미국의 기대수명은 겨우 45세에 불과했다. 그러나 시대가 변했고 '은퇴=노년'이라는 생각은 구닥다리 사고방식이다.

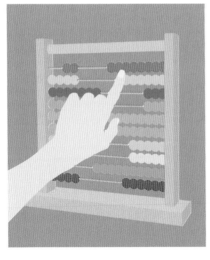

은퇴 재무 설계

은퇴 자금 확보하기

대부분의 사람들이 가장 두려워하는 일은 퇴직 후 돈이 '똑' 떨어지는 것이다. 이 불행한 운명을 피하기 위해서 은퇴계획을 세울 때 어떤 부분에 '특히' 관심을 기울여야 할까?

은퇴에 대비해서 우리는 장기 재무계획을 세워야 한다. 이것이 '식은 죽 먹기'만큼 쉬운 사람들도 있겠지만, 대부분 사람들에게 이것은 많은 것을 따지고 고민해야 할 골치 아픈 일이다. 이 복잡한 작업을 어떻게 처리해야 할까?

유능한 재무 설계사 찾기

이 분야에 전문적인 지식이 있는 컨설턴트의 도움을 받는 것이 가장 현명한 선택일 것이다. 문제는 어떻게 신뢰할 수 있고 능력 있는 컨설턴트를 찾느냐다.

거래 은행은 좋은 출발점이 아니다. 아무리 좋은 의도를 가지고 당신과 상담을 한다 할지라도 은행 직원들은 은행 상품을 파는 데 더 큰 관심이 있다. 그러니 고객에게 필요한 것을 충족시키는 것이 최우선 순위인 전문가를 찾아야 한다. 예를 들면 당신이 필요한 것을 최우선으로 여기는 사람을 찾아라. 가장 손쉽고 간단한 방법이 있다. 항상 옳은 판단을 내린다고 생각되는 지인이 조언을 구하는 재무 설계사가 있다면, 그들에게 연락처를 물어봐라(이 재무 설계사와 오랜 시간 일을 해서 정말 유능하고 믿을 수 있는 재무 설계사라는 확신이 있다면 금상첨화다). 일반적으로 유능한 재무 설계사들은 고객의 추천을 통해 새로운 고객을 확보한다.

유능한 재무 설계사를 추천해줄 만한 사람이 주위에 없다면, 당신이 직접 믿을 수 있는 전문 재무 설계사를 찾아나서야 한다. 재무 설계사를 찾을 때 도움이 될 만한 몇 가지 팁을 소개한다.

· 시간당 요율을 확인해라. 시간당 상담비가 정확하고 공정하게 책정되어 있어야 한다. 수수료를 받고 일하는 재무 설계사는 피해라.
· 이력을 확인해라. 일부 국가에서는 유능하고 저명한 재무 설계사들이 소속된 전문 기관이 있다. 이런 기관을 통해 그들의 이력을 확인한 뒤 상담을 받아라.
· 특정 기업에 소속되어 있는지 확인해라.

만약 기업에 소속된 재무 설계사라면 당신에게 제공할 수 있는 옵션의 수는 제한적일 수 있다.
· 재무 설계사의 조언이 이해하기 쉬워야 한다. 상담하는 동안 전문 용어를 지나치게 많이 사용하는 재무 설계사는 절대 좋은 재무 설계사가 아니다. 당신이 이해할 수 있는 쉬운 용어로 재무 상담을 해줄 수 있는 재무 설계사를 찾아야 한다. 계약을 체결하면 어떤 도움을 받을 수 있는지 쉽게 이해할 수 있도록 샘플을 제공하는 재무 설계사를 선택하는 것도 좋다.
· 재무 설계사와 상담을 할 때 편안한가? 불편한 상황에서 최고의 결정을 내릴 수 있는 사람은 아무도 없다. 좋아하고 필요하면 언제든지 연락할 수 있고 부담을 주지 않는 재무 설계사를 선택해라.

은퇴 재무 설계를 할 때 고려한 사항

퇴직하면 어디에서 지출이 많이 발생할까? 은퇴 컨설턴트 데이비드 버나드는 다섯 가지 영역에서 드는 비용을 염두에 두고 은퇴 재무 설계를 하라고 조언한다.

1 의료비용

공공의료보험의 혜택을 받을 수 있는가? 아니면 개인적으로 의료보험에 가입해야 하는가? 개인적으로 의료보험에 가입해야 한다면 얼마나 많은 의료비용을 보장받을 수 있는가?

2 기본적인 생활비

식비, 공과금, 교통비 등을 따져봐야 한다. 퇴직 후 생활비가 얼마나 들지 정확하게 예산을 세우는 것이 좋다.

3 여가비용

여행비, 회원비, 외식비, 취미생활에 드는 비용 등도 따져봐야 한다. 은퇴생활은 즐거워야 한다. 그러나 퇴직 후 시간을 즐겁게 보내기 위한 활동에 쓸 돈을 따로 마련해두는 것이 좋다.

4 예상치 못한 비용

이혼을 할 수도 있고, 봄에 비가 새는 지붕을 고쳐야 할 수도 있고, 자동차를 수리해야 할 수도 있다. 그러니 만일의 사태에 대비해 여유자금을 마련해둬야 한다.

5 잡비

소소한 비용이 드는 취미나 관심 분야가 있다면, 별도로 예산을 세워야 한다.

퇴직 후 임대주택에서 살까? 아니면 내 집을 마련할까?

집의 규모를 줄여서 노후를 위한 여유자금을 확보하려는 사람들이 많다. 이런 경우, 작은 집을 새로 살지 아니면 임대를 할지 고민한다. 두 방법에 각각의 장단점이 있기 때문이다.

임대주택	주택소유
· 목돈을 마련할 수 있다. · 자식들이 독립을 해서 나가면 쉽게 이사를 할 수 있다. · 취득세, 재산세 등을 절약할 수 있다. · 유지관리의 책임은 집주인에게 있다. · 하루가 다르게 나빠지는 건강이 걱정이라면, 몸이 불편한 사람들을 위한 실비가 갖추어진 집을 선택하면 된다.	· 독립적인 생활이 가능하다. · 집값이 오르면 집을 팔아 큰 돈을 벌 수 있다 (물론 집값이 떨어질 수도 있다). · 주택 담보대출이나 유지관리로 나가는 돈은 일종의 투자다. · 주택 담보대출금을 모두 갚으면, 내 집이라는 생각과 함께 강제적인 안정감이 생긴다. · 자식들에게 물려줄 소중한 자산이 된다.

노후에 대비해 내 집을 마련할까?

미국 퇴직자 협회의 2014년 보고서에 따르면, 젊은 퇴직자일수록 자기 집을 보유하고 있는 비율이 떨어졌다. 65세 이상 퇴직자의

80%

가 자기 집을 소유하고 있었다. 반면, 55~64세 퇴직자 중

76%

만이 자기 집을 소유하고 있었다.

은퇴는 우리에게
자기 안으로 움츠려들기보다
외부로 자신을 해방시킬
기회를 준다.

주디스 말레뜨와 루이스 올리버(임상 심리학자)

유종의 미

직장에 남겨진 사람들을 위하여

화살은 활시위를 떠났다. 당신은 은퇴하리라 결심했고 곧 회사를 떠날 것이다. 그러나 '마지막 날' 까지 당신은 회사에 의미 있고 필요한 직원으로 기여하고 싶다.

지금까지 일은 당신의 미래였다. 그래서 최선을 다해 일했다. 그러나 은퇴를 결심한 지금, 일은 당신의 과거에 불과하다. 이쯤 되면 일에 너무 몰입하는 것도 부담스럽고 그렇다고 완전히 손을 떼버리기에는 아쉽고 마음이 불편하다. 어떻게 해야 할까?

퇴직으로 직장 동료들과의 관계가 변한다

당신이 곧 회사를 떠난다는 사실을 알면 동료들의 분위기가 금세 바뀐다. 물론 당신의 정년이 멀지 않았기 때문에 직장 동료들은 당신이 회사를 곧 떠날 것임을 알고 있었을 것이다. 그러나 '몇 년 뒤에 회사를 떠나실 거야'라고 예상하는 것과 '퇴직이 5주 남았다'는 완전히 다른 울림으로 다가온다. 직장에서 당신만의 전문 영역을 확실히 구축하고 있었다면, 당신이 떠나기 전에 직장 동료들은 최대한 많은 정보와 지식을 당신에게서 얻기 위해 이전보다 당신을 찾는 횟수가 더 많아질지도 모른다. 그렇다 할지라도 직장 동료들은 당신과 점점 거리를 두기 시

 창의적인 사람이 되자

퇴직 후 즐거운 생활을 보내려면 창의적인 아이디어를 생각해서 두뇌를 많이 활용하는 것이 좋다. 창조성 연구의 권위자인 키스 소여 교수는 50세 이상에게 '머리가 녹스는 것을 막기 위해서' 다음의 운동을 하라고 조언한다. 한 번에 2개의 사물을 그려라. 예를 들어 과일 모양을 이용해 가구를 그리거나 물고기 모양을 이용해 자동차를 그리거나 책 모양을 이용해 전등갓을 그리는 것이다. 연관성이 없는 모양을 이용해 새로운 사물을 그리려면 수많은 가능성을 고민해야 하기 때문에 창의성을 높이는 데 도움이 된다.

작한다. 친구라고 생각한 동료들과 감정적으로 완전히 멀어지지는 않겠지만, 덜 가깝게 지냈던 동료들과의 관계에 대해서 현실적으로 생각할 필요가 있다. 최종 목표를 달성하기도 전에 사라질 팀원을 환영할 사람은 아무도 없다. 그리고 오랫동안 자신들과 함께 일할 것이라고 생각되는 동료들과 업무와 관련한 대화나 보고를 더 많이 할 것이다. 이것은 지극히 당연한 일이다.

퇴직 소식을 알리는 시기를 신중하게 선택해라

동료들에게 당신의 퇴직을 알리는 시기를 잘 선택해야 한다. 회사가 비밀리에 당신과 퇴직 협상을 진행한다면, 퇴직 협상이 끝나는 시기와 동료에게 퇴직 사실을 알리는 시기 사이에 약간의 기간을 두는 것이 좋다. 당신의 퇴직 소식에 동료들이 어떻게 반응할지 생각해보면 어떻게 하는 것이 모두에게 가장 행복한 결말을 가져올지 대충 알 수 있다.

 동기부여

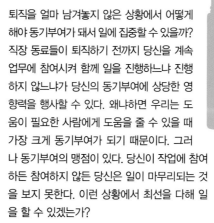

퇴직을 얼마 남겨놓지 않은 상황에서 어떻게 해야 동기부여가 돼서 일에 집중할 수 있을까? 직장 동료들이 퇴직하기 전까지 당신을 계속 업무에 참여시켜 함께 일을 진행하느냐 진행하지 않느냐가 당신의 동기부여에 상당한 영향력을 행사할 수 있다. 왜냐하면 우리는 도움이 필요한 사람에게 도움을 줄 수 있을 때 가장 크게 동기부여가 되기 때문이다. 그러나 동기부여의 맹점이 있다. 당신이 작업에 참여하든 참여하지 않든 당신은 일이 마무리되는 것을 보지 못한다. 이런 상황에서 최선을 다해 일을 할 수 있겠는가?

사람들의 관심을 받지 않고 일하는 것은 지루하다. 그러니 관심을 갖고 일에 참여하고 동료들이 당신의 도움을 필요하게 만들 이유를 찾아야 한다.

2007년 유럽에서 진행된 연구에 따르면, 젊은 직원들은 도전의식을 불러일으키는 직업에 더 관심을 보였고, 나이가 많은 직원들은 일이 주는 만족감에 더 큰 관심이 있었다. 여기서 우리는 젊은 사람들은 일을 통해 자신의 능력을 증명하기를 원하지만, 이미 오랫동안 직장생활을 했고 자신의 능력을 충분히 증명한 나이가 많은 사람들은 자신들이 일을 즐기고 있는지를 더 중요하게 생각한다고 결론 내릴 수 있다. 만약 선택할 수 있다면 직장에서 당신이 가장 좋아하는 일을 찾거나 자원하는 것이 좋다. 본인이 직접 나서서 이런 일을 찾는 것도 좋지만, 동료들에게 부탁하는 것도 한 방법이다. 당신이 곧 퇴직한다는 사실을 알고 있는 동료들은 당신의 부탁을 기꺼이 수락할 것이다.

이것은 당신에게 인생의 목표를 재조정하는 기간이 될 것이다. 지금까지 당신은 하나의 목표를 향해 달려왔을 것이다. 업무에서 높은 성과를 올리는 것이 당신의 지금까지의 목표였을 가능성이 크다. 퇴직을 앞둔 시점에서 목표를 재조정할 필요가 있다. 이제 장기적으로 높은 성과를 올리는 목표보다는 일하는 즐거움을 목표로 삼는 것이 어떨까?

혹시 사용하지 않은 휴가는 없는가?

회사는 직원에게 휴가 수당을 지급할 의무가 있다. 퇴직 날짜를 정하기 선에 퇴식 선 남은 휴가를 모두 사용하거나 쓰지 않은 휴가에 대한 보상에 대하여 회사와 이야기해라. 이렇게 안 하면 남은 휴가일수는 무효 처리가 돼서 당신만 손해를 본다. 남은 휴가일수를 이용해 은퇴생활을 미리 경험해보는 것도 좋다. 한마디로 여행연습을 하는 거다. 퇴직 직전에 휴가를 내서 은퇴를 하면 하려고 계획했던 활동 중 몇 가지를 시험 삼아 한번 해보라.

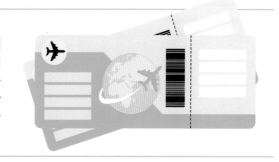

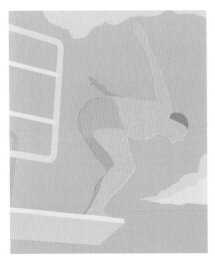

은퇴생활에 잘 적응할 수 있을까?

변화와 성격

변할 준비가 되었는가? 답은 일에 대한 당신의 태도와 회사를 떠날 때 드는 기분에 따라 달라질 것이다. 그리고 당신의 성격도 무시 못한다. 우리 중에서 새로운 환경에 가장 잘 적응하고 편안하게 느낄 사람은 누구일까?

인생에 큰 변화가 생겼을 때 자신이 어떤 반응을 보일지 미리 예측할 수 있는 사람이 있을까? 지켜보면 될 것 아니냐고 대답한다면, 인간의 심리를 조금 얕잡아보고 있는 것이다. 대신 자신에게 이렇게 물어보라. 나는 어떤 성격일까?

성격이 외향적이면 은퇴생활이 더 만족스러울까?

가장 많이 알려진 성격 이론은 인간의 성격을 구성하는 다섯 가지 요인을 소개한 '성격의 다섯 요인 모델'이다(오른쪽 그림 참조). 정도의 차이는 있지만 인간의 성격은 이 다섯 가지 요인을 중심으로 형성된다는 것이 '성격의 다섯 요인 모델'의 핵심이다. 어떤 요인을 얼마나 가지고 있는지와 각 요인이 어떻게 상호작용하는지를 살펴보면 자기 자신에 대해서 많은 것을 알 수 있다. 2010년 영국에서는 이 다섯 가지 요인들이 퇴직 전후의 인생의 만족감과 어떤 관련이 있는지 알아보는 연구가 진행되었다. 물론 사람의 성격은 복잡하다. 하지만 눈에 두드러지는 특징들이 있다.

우선 외향적인 사람들이 일을 하는 동안 더 큰 행복감을 보였다. 일하는 동안 그들은 네트워킹 기술을 아주 유용하게 사용하는 듯했다. 그러나 퇴직 후에는 내성적인 사람들과 외향적인 사람들이 느끼는 생활에 대한 만족감이 비슷했다. 외향적인 사람들의 경우 알고 지내는 사람들이 많다. 그래서 은퇴로 인해 우울할 때 자신을 격려해주고 응원해줄 사람 또한 많아 은퇴가 가져오는 인생의 큰 변화에 잘 적응할 것이라고 연구원들은 추측했다. 내성적인 사람들은 소수의 친밀한 사람들과 함께하는 시간에서 대단한 만족감을 느끼기 때문에 굳이 새로운 사람들을 많이 만나 응원과 격려를 받을 필요가 없었다.

어쨌든 좋은 소식은 퇴직을 하면 당신이 외향적인 사람인지 또는 내성적이고 개인 사생활을 중요하게 생각하는 사람인지가 전혀 중요하지 않다는 것이다. 당신이 외향적이든 내성적이든 만족스러운 은퇴생활을 할 가능성이 상당히 높기 때문이다.

새로운 경험에 대한 개방적인 사람도 개방적이지 않은 사람도 모두 퇴직 후 생활에 만족스러움을 표했다. 이것은 실로 '은퇴=침체'라고 생각하는 사람들에게 희소식이다. 이 말을 뒤집으면 모험을 사랑하는 사람은 퇴직했다고 절대 지루한 노년을 보내지 않는다는 의미가 되기 때문이다.

어떤 성격이 만족스러운 은퇴생활을 보내는 데 도움이 될까?

연구결과, 신경질적인 사람들은 은퇴생활을 불만족스럽게 생각했고 생활의 변화에 적응하는 데 애를 먹었다. 신경질증(neuroticism)은 부정적인 감정에 취약한 상태를 의미한다. 신경질적인 사람일수록 은퇴와 은퇴로 인한 생활 변화를 몹시 걱정했다. 약간 신경질적이라고 문제될 것은 없다. 그러나 당신이 신경질적인 사람에 속한다면 주변에 당신을 응원해주고 격려해줄 사람이 충분히 있어야 한다. 변화는 스트레스를 유발한다. 신경질적인 사람은 인생의 작은 변화에도 스트레스를 받기 쉽기 때문에 옆에 힘이 될 사람들이 반드시 있어야 한다.

❓ 성격을 구성하는 다섯 가지 요인

다음은 인간의 성격을 구성하는 다섯 가지 요인들이다. 다섯 가지 요인은 바로 개방성, 신중성, 외향성, 우호성, 신경증이다. 각 요인을 얼마나 가지고 있느냐가 중요하다. 사람의 성격은 어떤 요인을 얼마나 가지고 있느냐에 따라 결정된다. 어떤 요인이 낮다고 해서 성격이 나쁜 것은 아니다. 예를 들어 우호성이 낮은 사람은 리더십이 높을 수 있다. 당신의 성격에 각 요인이 차지하는 비중에 따라 특정 상황에 대해 적응하고 편안함을 느끼는 것이 더 쉬울 수도 있고 더 어려울 수도 있다.

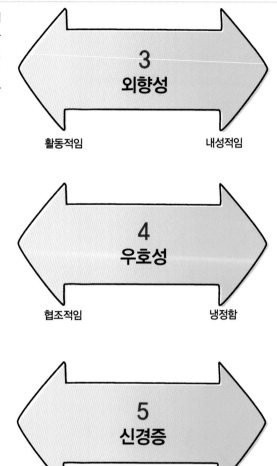

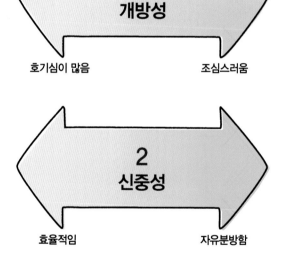

반면 성격이 신중하거나 우호적일수록 은퇴생활에 대한 만족도가 높았다. 우호적인 성격을 지니고 있는 사람이 은퇴생활에 대한 만족도가 높은 것은 당연한 일이다. 성격이 우호적이면 주변에 친구가 많은 법이다. 많은 친구들이 보내는 격려와 응원은 은퇴생활에 적응하는 데 큰 힘이 되고 그들과 함께 은퇴생활을 즐겁게 보낼 수 있다. 그런데 성격이 신중한 사람이 은퇴생활에 대한 만족도가 높은 것은 어떤 이유에서일까? 계획적이고 조직적인 사람은 퇴식 후 노년을 알차게 보낼 수 있다고 연구원들은 주장했다. 직장생활을 할 때는 자신의 스케줄을 마음대로 조정할 수 없지만 일단 은퇴를 하면 자신의 일상에 대한 통제권은 전적으로 퇴직자의 몫이 된다. 신중한 성격의 사람들은 자신의 실력을 발휘해 자기 자신을 즐겁게 해줄 활동으로 은퇴생활을 가득 채우기 때문이라고 연구원들은 추측했다. 계획적이고 조직적인 사람은 은퇴로 인한 생활의 변화를 스스로 발전할 수 있는 기회로 삼는 경향이 있었다.

현실감 유지
꿈과 현실은 분명히 다르다

대망의 날이 다가오고 있다. 이럴 때일수록 낙관적이고 신중하고 현실적으로 생각하고 행동해야 한다. 그래야 더욱 심리적으로 안정된 상태에서 새로운 인생을 시작할 수 있다.

자아는 지금 내가 누구인가와 앞으로 행복한 미래가 펼쳐질 것이란 믿음을 기반으로 형성된다. 미래에 대한 자신감이라고도 할 수 있겠다. 그러면 자신감은 무엇일까? 모든 일이 다 잘 될 것이라는 믿음일까? 은퇴에 관한 한 약간의 자신감이 있으면 불확실한 미래에 대한 불안감을 조금 떨쳐버릴 수 있다. 미래를 낙관적으로 생각하면 자존감을 높일 수 있다는 장점이 있지만 자신의 기대가 무너져 버리면 깊은 좌절에 빠질 수 있다는 문제가 있다. 은퇴를 앞두고 있는 이 시점에 긍정적인 태도를 유지하면서 현실감을 잃지 않으려면 어떻게 해야 할까?

현실감 유지하기

인생은 예측할 수 없는 일들로 가득하다. 예상치 못하게 큰 비용이 드는 일이 있을 수 있고 갑자기 건강이 나빠질 수도 있다. 건강검진을 받고 재무 설계사의 도움을 받는 것이 예상치 못한 일이 닥쳤을 때 그나마 손실을 줄일 수 있는 최고의 방법이다.

일을 미루는 경향이 있다면 단계별로 상담 예약을 잡아라. 일기장을 펼치고 메모를 해라. 예를 들어 '다음 주 월요일에는 한 시간 동안 도움을 받을 수 있는 전문가들을 인터넷에서 검색하겠다', '다음 주 수요일에는 의사에게 전화를 하겠다' 이렇게 하면 주어진 일을 처리할 시간을 벌 수 있다. 그리고 '시작이 반'이라고 이렇게 메모한 것만으로도 주어진 일을 곧 끝마칠 수 있다는 기분이 들기도 한다.

나에게 소중한 사람들

주말이나 휴일에 우리는 가족이나 친구들과 시간을 보낸다. 은퇴를 하면 시간이 많아지니까 사랑하는 사람들과 더 많은 시간을 보낼 수 있을 것이라 생각한다. 그러나 정작 그들은 이전보다 더 많은 시간을 당신과 보내고 싶어 하지 않을 수도 있다. 이럴 가능성이 상당히 높다. 특히 퇴직하고 몇 주 동안 집에만 틀어박혀 시간을 보내거나 퇴직 후 새로운 생활 패턴이 자리 잡지 않았거나 한참 외로움을 느끼고 있다면 이런 사실은 매우 실망스러울 것이다.

직장 동료들도 그리워질 것이다. 퇴직을 하고난 뒤에도 연락을 주고받으며 가깝게 지내는 직장 동료들도 분명히 있을 것이다. 그러나 현실적으로 당신과 직장 동료들이 생활하는 환경이 달라졌다. 그들은 직장에, 당신은 집에 있다. 직장을 그만뒀다고 직장 동료들과 연락을 끊어야 하는 이유는 전혀 없다. 그러나 그들과 계속 연락을 하면서 가까이 지내고 싶다면, 직장이 아닌 새로운 구심점이 필요하다는 사실을 인정해야 한다.

어려운 시기일수록 전문가의 도움을 받아라
최근 몇 년간 전 세계적으로 경제상황이 나쁘다. 1946년에서 1964년 사이에 출생한 베이비붐 세대의 대다수가 자신의 미래에 대하여 불안감을 느낀다고 응답했다. 이 불안감을 해소하려면 재무 설계사를 찾아 상담하는 것이 좋다(100페이지 참조). 연금 관련 사업자들의 조직인 피보험자퇴직협회의 2014년 조사에 따르면, 전문가와 이야기를 한 뒤 사람들의 은퇴생활에 대한 자신감 수치가 두 배 증가했다.

주체할 수 없이 남아도는 시간?
퇴직을 하면 생각보다 여유시간이 많다는 사실에 깜짝 놀랄 것이다. 일을 하고 있을 때는 하고 싶은 일을 할 시간이 평일에는 전혀 없다며 불평한다. 그래서 남는 시간은 최대한 하고 싶은 일들로 채운다. 주말도 부족할 정도로 하고 싶은 일들이 많았다. 그러나 이제는 하고 싶은 일들을 실컷 하고도 시간이 남아돈다. 어떻게 해야 할까?

이가 나기 시작하면 잇몸이 간지럽고 아프듯이 새로운 변화가 생기면 고통이 따르고 적응할 시간이 필요하다. 그리고 무슨 일이든 약간의 제약과 어려움이 있을 때 더 재미있고 즐거운 법이다. 퇴직을 해서 평일에도 시간이 많다 할지라도 평일에는 다른 의미 있는 일을 하고, 즐거운 여가나 취미활동은 주말에 하는 것이 어떨까?

생각과 현실은 다르다
자산운용사 블랙록과 보스턴 리서치 그룹이 공동으로 실시한 2012년 설문조사에 따르면, 사람들이 생각하는 은퇴와 실제 은퇴생활에는 괴리가 있었다.

퇴직연령

48% 퇴직을 앞둔 응답자의 48%가 64세가 넘어서도 일을 하고 있을 것이라고 말했다.

17% 퇴직을 앞둔 응답자의 17%가 절대 퇴직하지 않겠다고 말했다.

81% 퇴직자의 81%가 실제로 64세가 되기 전에 직장을 그만두었다.

경제활동

34% 퇴직을 앞둔 응답자의 34%가 퇴직을 한 뒤에도 경제활동을 하겠다고 말했다.

15% 퇴직을 앞둔 응답자의 15%가 퇴직을 한 뒤 경제적 이유 때문에 일을 해야 한다고 말했다.

86% 퇴직자의 86%는 실제로 경제활동을 하고 있지 않았다.

이것이 나쁜 소식인 것만은 아니다. 예를 들어 퇴직을 한 뒤 경제생활을 하시 않는 사람들이 모두 궁핍한 생활을 하고 있지는 않다. 그렇지만 은퇴를 앞두고 현실감을 유지할 필요는 분명히 있다.

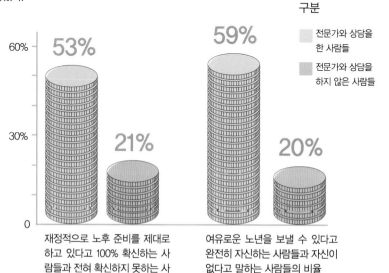

구분
- 전문가와 상담을 한 사람들
- 전문가와 상담을 하지 않은 사람들

53%
21%
59%
20%

재정적으로 노후 준비를 제대로 하고 있다고 100% 확신하는 사람들과 전혀 확신하지 못하는 사람들의 비율

여유로운 노년을 보낼 수 있다고 완전히 자신하는 사람들과 자신이 없다고 말하는 사람들의 비율

퇴직과 상실감
직업을 잃는다는 두려움

사람들은 무언가 포기해야 할 때 매우 망설인다. 퇴직이 당연한 수순이라 할지라도 사람들은 퇴직할 때가 되면 일을 손에서 완전히 놓기를 거부한다. 퇴직을 앞둔 당신은 홀가분하게 직장을 떠날 것인가? 아니면 상실감에 괴로워할 것인가?

모든 사람이 꿈에 그리던 직업에 종사하는 것은 아니다. 그러나 지금 하고 있는 일이 꿈꾸던 일이 아니라 할지라도, 일을 손에서 놓아야 할 때가 다가오면 우리는 마지막 순간까지 망설인다. 꿈꾸던 일도 아닌데 퇴직할 때가 돼서 망설이는 이유는 무엇일까?

소유효과

1990년 미국에서 흥미로운 연구가 진행되었다. 3명의 심리학자들이 한 무리의 지원자들에게 머그잔을 나눠주면서 다른 무리의 지원자들과 가격 흥정을 해서 머그잔을 팔라고 했다. 팔아야 할 머그잔을 가지고 있는 그룹은 5달러 25센트 이하로는 머그잔을 팔지 않겠다고 버텼고 상대 그룹은 2달러 75센트 이상은 줄 수 없다고 말했다. 이것은 단순히 머그잔을 좋은 가격에 팔고 사기 위한 두 그룹의 가격 흥정에 불과한 것일까? 이 실험을 심리학적인 관점에서 해석하면 머그잔을 '소유'하고 있는 판매자 그룹이 구매자 그룹에 비해 머그잔에 높은 가격을 붙여 쉽게 건네주려고 하지 않는다.

사람들은 강한 애착을 가지는 대상에 강하게 집착한다. 심리학자 댄 애리얼리는 자신의 저서 『상식 밖의 경제학』에서 여자아이를 입양하기 위해 중국을 방문한 13쌍의 부부를 소개한다. 자신들과 '꼭 맞는' 아이를 데려오는 고아원 원장의 통찰력에 13쌍의 부부는 감탄을 금치 못했다. 실제로 고아원 원장은 무작위로 각 쌍에게 여자아이를 당신들이 입양할 아이라고 소개했다. 13쌍의 부부들은 고아원 원장이 데리고 온 여자아이와 사랑에 빠져버렸다. 실제로는 고아원 원장이 입양할 아이로 누구를 데리고 왔느냐는 전혀 중요하지 않았다.

머그잔과 입양 에피소드는 '소유효과(endowment effect)'를 보여준다. 사람은 '내 것'에 더 높은 가치를 부여하는 경향이 있다. 이런 사람들의 심리가 소유효과다. 소유효과는 머그잔에도 적용되고 가족 구성원에게도 적용된다. 그리고 직업에도 적용된다.

직업은 '나의 것'이기 때문에 심리적으로 우리는 자신의 직업에 높은 가치를 부여하고 퇴직할 때 쉽게 직업에서 손을 떼려고 하지 않는 것이다.

집착 버리기

소유효과를 억제할 수 있을까? 최근 이것이 가능하다는 실험결과가 발표되었다. 2007년 미국의 오웬 존스와 사라 브로스넌은 침팬지에게서 소유효과를 목격했다. 침팬지도 사람만큼 '자기 것'에 대한 애착이 강했다. 침팬지는 가장 좋아하는 과일 주스와 손에 쥐고 있는 피넛 버터를 절대 교환하지 않았다(오른쪽 참조). 그러나 장난감을 손에 쥐고 있을 때는 달랐다. 무엇 때문에 이런 차이가 발생했을까? 먹이는 침팬지에게 진화의 관점에서 장난감보다 중요하기 때문이다. 쉽게 말해, 장난감은 없어도 살 수 있지만 먹이는 없으면 살 수 없기 때문이다.

여기서 우리는 진화에 중요한 것일수록 생존과 직결된 것일수록 사람은 강한 집착을 보인다고 결론내릴 수 있다. 이 부분에서 우리가 직업을 어떻게 생각하는지 알 수 있다. 직업을 돈과 인간관계, 살아가는 데 없어서는 안 될 것들을 제공하는 것으로 여

당신은 직업의 무엇에 대하여 애착을 느끼나?

2002년 미국에서 직업의 어떤 면에 대하여 애착이 강할 때 직장을 떠나는 것이 가장 힘든지를 알아보는 연구가 진행되었다. 연구결과는 매우 흥미로웠다.

애착의 대상	정의	직업에 대한 태도	퇴직 의지
역할	예를 들어 변호사의 역할 또는 요리사의 역할에 가치를 둔다. 다시 말해 직업이 부여하는 정체성이 당신에게 중요하다	"나는 회계사다. 나는 똑똑하고 전문가다." "나는 경찰이다. 그래서 사람들을 안전하게 지키는 것이 내 일이다."	이 유형의 사람들은 퇴직을 기꺼이 받아들인다. 자기 자신을 활활 불태워 최선을 다해 일을 했거나 퇴직 후 은퇴계획에 직업만큼 깊이 몰입하기 때문이라고 연구진은 추측했다.
조직	특정 조직에 소속되어 있다는 느낌을 소중하게 생각한다.	"지방의회에서 일한다는 것이 자랑스러워. 이곳은 커뮤니티의 구심점이야." "이 회사는 빠르게 성장하고 있고 이런 회사를 다녀서 기뻐."	이 유형의 사람들은 조금이라도 오래 직장에 남아 있기를 원한다.
직종	특정 종류의 직업에 종사한다는 점에 가치를 둔다.	"과학자들이 있기에 세상이 움직이는 거야." "교사는 나라의 중추야."	퇴직을 기꺼이 받아들이기도 하고 망설이기도 한다. 이 유형의 사람들은 퇴직 후에도 더 일할 계획을 세우는 경우가 많다.

기고 있다면 생존에 필수적인 요소를 제공해주는 다른 대상을 찾는 것보다 일을 그만두는 것이 더 힘들어진다. 직업이 당신에게 무엇을 의미하는지를 생각해보고 은퇴계획을 세워라. 직업 이외의 인생의 다른 요소들을 진화를 위해 중요하다고 생각하면 할수록 퇴직할 때 지금 하는 일을 그만 두고 다음 단계로 넘어가는 것이 훨씬 쉬워진다.

피넛 버터와 과일 주스

연구원들이 침팬지에게 피넛 버터와 과일 주스 중 원하는 것을 마음대로 선택하도록 했을 때, 60%가 과일 주스를 선택했다. 그러나 피넛 버터를 손에 쥐어줬을 때, 80%가 과일 주스와 피넛 버터를 교환하지 않았다. 일부는 피넛 버터보다 과일 주스를 더 좋아했지만, 손에 쥔 피넛 버터와 과일 주스를 바꾸지 않았다.

혼자보다 함께가 좋아

나를 사랑하는 사람들

은퇴를 해서 좋은 점은 남은 인생을 함께 보내고 싶은 사람들을 직접 선택할 수 있다는 것이다. 반대로 은퇴를 해서 나쁜 점은 직접 친구들을 찾아나서야 한다는 것이다. 여기에는 약간의 수고가 든다.

친구를 위해 시간을 내자

수십 년을 알고 지낸 사람들이 있다. 자주 만나지 못 하더라도 우리는 그들이 항상 곁에 있다고 느낀다. 이제 이런 소중한 사람들을 더 자주 오랫동안 만날 수 있게 된다. 당신이 퇴직을 했더라도 친구들이 아직 일을 하고 있으면, 그들은 당신과 만나 이야기를 나눌 시간이 적을 것이다. 친구들이 이미 퇴직을 했다면 그들에게 당신의 퇴직 소식을 알려라. 어느 경우든 당신이 주도적으로 움직여야 친구들과 시간을 보내며 우정을 다질 수 있다. 친구들을 집에 초대하여 즐거운 시간을 보내는 것은 어떤가?

외로움은 우울증의 주요 원인이다. 얼마 안 있으면 맨날 보던 익숙하고 친근한 얼굴들을 더 이상 보지 못 하게 된다. 그렇다면 어떻게 인간관계를 계속 유지할 수 있을까?

9.5명의 진정한 친구들

얼마나 많은 친구가 필요할까? 일반적으로 인용되는 통계에 따르면, 은퇴를 하면 친구의 수가 평균 9.5명으로 줄어든다. 그러나 그들과 마음을 터놓고 즐거운 시간을 보낼 수 있다면 9.5명의 친구로도 충분하다.

옛 친구 찾기

나이가 들수록 어린 시절을 함께 보낸 사람들이 점점 더 중요해진다. 자연스럽게 연락이 끊겨 멀어진 친구들에게 다시 연락을 하는 것은 어색하고 부담스러울 수 있다. 그러나 퇴직을 앞두고 있는 지금이 어색함과 부끄러움을 이겨내고 옛 동무들과 다시 연락하기에 딱 좋은 기회다. 요즘 소셜네트워크가 크게 유행하고 있다. 애나 어른할 것 없이 거의 모든 연령대의 사람들이 소셜네트워크를 한다. 덕분에 과거보다 옛 친구들을 찾기가 훨씬 쉬워졌다. "이제 막 은퇴를 했어. 그동안 바빠서 연락하지 못했는데, 다들 어떻게 지내는지 궁금해"라는 간단한 메시지를 소셜네트워크에 올리면 잊고 지냈던 친구들에게 곧 반가운 소식을 들을 수 있을지도 모른다.

성별이 문제인가?

남자는 보통 강하고 과묵하다. 이런 일반적인 성향 때문에 남자들은 은퇴를 하고 난 뒤 사람들과 계속 연락을 주고받으며 가깝게 지내지 못하는 경우가 많다. 그렇다고 남자들이 정서적으로 덜 섬세하고 무심한 것은 아니다. 기혼 남성이라면 다음 질문에 답을 해보라. 만약 당신의 아내도 퇴직 후 사람들과 관계를 유지하는 데 애를 먹는다면, 사람들과 연락을 주고받으며 가까이 지내는 일에 자신감이 좀 생기는가?

남자와 여자는 서로 배울 점이 있다. 여자들은 평생 서로 긍정적인 이야기를 주고받으며 유대감과 우정을 쌓는다. 남자들도 서로 긍정적인 말을 주고받으며 우정을 쌓을 수 있다. 물론 남자들도 자신들만의 방식으로 우정을 쌓는다. 여자들에 비해 남자들은 말 그대로 '몸으로' 우정을 쌓는다. 예를 들어 격렬한 운동을 함께하고 나면 금세 친해진다. 여자들도 자신들이 좋아하는 사람들

소문난 잔칫집에 먹을 것 없다?

손님을 초대해 즐거운 시간을 보내고 싶지만 감당할 자신이 없는가? 아이가 있는 엄마들에게서 집에 손님을 초대할 때의 노하우를 한번 들어보자. 그들도 당신만큼 생활에 지친 사람들이다. 그러니 그들의 노하우가 큰 도움이 될 것이다. 캐나다 작가 켈리 포웰은 소위 '누추한 식사'로 손님을 대접하라고 조언한다. 이렇게 하면 친구들과 즐거운 시간을 보낼 에너지를 저장할 수 있다.

1 손님이 도착하기 전에 집안일을 하지 마라.

2 간단한 메뉴를 준비해라. 식사 대접하겠다고 특별히 장을 볼 필요는 없다.

3 평상시에 즐겨 입는 옷을 입어라.

4 선물은 사절이다.

'누추한 식사'라는 이름 대신 개인의 취향에 따라 세련된 이름을 붙여도 된다. 설사 '차린 것이 없더라도' 손님들과 즐거운 시간을 보낼 수 있다.

과 함께 다양한 활동을 하면서 우정을 쌓지 말라는 법은 없다.

새 친구 사귀기

퇴직자들에게 새로운 취미를 가지라는 조언을 많이 한다. 이런 조언을 하는 이유 중 하나는 바로 새로운 취미활동을 하면 새로운 친구들을 사귈 기회가 많아지기 때문이다. 같은 공간에서 같은 활동을 하면 유대감이 형성되기 쉽다. 보통 이 유대감에서 우정이 시작된다. 새로운 취미를 가지거나 클럽에 가입할 생각이라면 지금 생각하고 있는 취미활동이나 클럽활동이 당신이 함께 어울리고 싶은 사람들을 많이 만날 수 있는 조건이 되는지 먼저 파악하는 것이 좋다. 최종 결정을 내리기 전에 한두 가지 취미활동이나 클럽활동에 참여해보라. 직접 해보기 전에는 아무도 모른다.

과감하게 떠나자

우아하게 떠나는 기술

퇴직을 하면서 일에서 완전히 손을 탈탈 터는 사람은 거의 없다. 직업은 생각보다 아주 깊이 우리의 정체성에 뿌리내리고 있다. 그리고 인생의 한 챕터를 덮고 다음 챕터로 넘어가는 것은 결코 쉽지 않다. 도대체 직업을 떠나보내는 것이 왜 이렇게 힘든 것일까? 미련 없이 퇴직을 하려면 어떻게 해야 할까?

업무를 깔끔하게 마무리하고 가벼운 마음으로 퇴직할 수 있다면 더할 나위 없이 좋을 것이다. 그러나 현실은 일을 제대로 마무리하지 못해 찝찝한 마음으로 퇴직을 해야 하는 사람들이 생각보다 많다. 왜 이것이 우리를 이토록 괴롭히는 것일까?

자이가르닉 효과

심지어 일이 완료되었더라도 업무를 깔끔하게 매듭지지 못했다는 느낌이 우리를 괴롭히는 경우가 종종 있다. 1927년 러시아의 심리학자 블루마 자이가르닉은 카페에서 서빙하는 웨이터가 손님에게 주문을 받고 나서 계산을 하기 전까지는 정보를 기억하고 있지만, 손님의 계산이 끝난 후에는 더 이상 정보를 기억하지 못한다는 사실을 깨달았다. 자이가르닉은 이 경험에서 한 가지 실험을 고안했다. 실험 참가자를 두 그룹으로 나누고 그들에게 다양한 과제를 주었다. 이를 수행하는 데 걸리는 시간은 두 그룹이 대체로 비슷했다. A 그룹은 과제를 수행할 때 아무런 방해를 받지 않았고, B 그룹은 도중에 중단시키거나 하던 일을 그만두고 다른 과제로 넘어가도록 했다. 과제를 마친 뒤 자신이 무엇을 했는지 기억해야 했을 때 B 그룹의 실험 참가자들이 A 그룹보다 무려

> 떠나보낸다는 것은 그동안 함께했던 몇몇 사람들이 이제 당신 운명의 한 부분이 아닌 당신 역사의 한 부분이 된다는 사실을 깨닫는 것이다.
>
> – 스티브 마라볼(동기부여 강사)

두 배 정도 더 많이 기억했다.

　1982년 미국의 심리학자 케네스 맥그로는 자이가르닉의 실험결과를 검증하기 위해서 조건을 바꿔서 실험을 했다. 이번에 실험 참가자들은 하나의 퍼즐만 풀었다. 그것도 아주 복잡하고 난해한 퍼즐을. 맥그로는 참가자들이 퍼즐을 다 풀기 전에 실험이 종료되었음을 알리고 퍼즐 풀이를 중단시켰다. 거의 90%의 실험 참가자들이 실험이 종료되었는데도 퍼즐을 계속 풀었다. 집으로 돌아가도 상관없지만 퍼즐을 다 풀지 못했다는 생각에 집으로 돌아갈 수 없었던 것이다.

　이 결과를 직업과 퇴직에 적용시켜보자. 업무를 완전히 마무리하지 못한 채 퇴직을 해야 하는 것은 퇴직자의 입장에서 곤혹스럽다. 실험 참가비가 제공되는 경우와 제공되지 않는 경우에 따라 결과가 조금 달라졌다(오른쪽 그림 참조). 그렇다 할지라도 일을 마무리하지 못한 채 퇴직하게 되면 아마 이 일이 내내 당신의 마음에 걸릴 것이다.

인생은 체스게임이다

프로젝트를 진행하는 도중에 중단하게 되면 분명 당신은 자이가르닉 효과(Zeigarnik effect)를 경험하게 될 것이다. 그러나 지극히 개인적인 문제의 경우는 어떨까? 친구와 말다툼을 하는 도중이거나 말다툼하는 친구들을 말리던 중이라면? 인간은 사회적 동물이다. 성심성의껏 최선을 다해서 까다로운 사회 문제나 갈등을 해결하던 중에 방해를 받아서 해결하지 못하면 퍼즐을 풀고 있을 때 방해를 받아 작업을 중단하는 것보다 더 큰 좌절감을 느끼게 된다.

　그러면 이런 상황에 대해서 우리가 할 수 있는 일은 무엇일까? 체스게임이라고 생각하자. 상대방은 당신이 다음 수를 두기 전까지 기다려야 한다. 우리는 체스게임에서 이기기 위해 오래 고민하고 신중하게 말을

금전적 보상과 자이가르닉 효과

2006년 케네스 맥그로는 금전적 보상이 자이가르닉 효과에 어떤 영향을 미치는지 알아보기 위해 실험을 했다. 일을 하다 말고 집에 가도 좋다는 허락이 떨어질 때, 금전적 보상을 받는 사람이 그렇지 않은 사람보다 일을 그대로 남겨둔 채 자리를 떠날 확률이 높았다. 물론 금전적 보상을 받든 안 받든 대다수의 사람들은 남아서 일을 마무리하려고 했다. 하던 일을 내버려둔 채 떠나기가 힘들다면, 이렇게 생각하면 어떨까? 당신이 받은 금전적 보상에 합당한 양의 일을 했다고. 이런 생각은 적어도 맥그로 실험에 참여한 지원자 중 일부에게는 도움이 되었다.

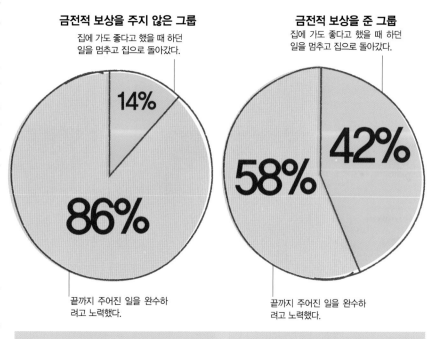

금전적 보상을 주지 않은 그룹
집에 가도 좋다고 했을 때 하던 일을 멈추고 집으로 돌아갔다. 14%
끝까지 주어진 일을 완수하려고 노력했다. 86%

금전적 보상을 준 그룹
집에 가도 좋다고 했을 때 하던 일을 멈추고 집으로 돌아갔다. 42%
끝까지 주어진 일을 완수하려고 노력했다. 58%

움직인다. 동료와의 갈등을 해결하지 못한 채 직장을 떠나는 경우도 마찬가지다. 이미 엎질러진 물이다. 넓은 아량을 베풀어라. 커리어 전문가 니콜 윌리엄스는 "깊은 좌절감을 느낀다면 직장 동료에게 풀지 말고 친구와 가족에게 풀어라"라고 말했다. 물론 당신을 짜증나게 만든 사람들에게 짜증이 난 이유를 직접 말하고 푸는 것보다 덜 속 시원할 것이다. 그러나 이렇게 하면 최소한 마음의 앙금은 해소할 수 있다. 진행 중인 프로젝트건 동료와의 갈등이건, 제대로 매듭짓

지 못한 채 직장을 떠나게 되면 마음이 불편할 수밖에 없다. 만약 당신에게 이런 일이 일어난다면, 대수롭지 않은 일을 너무 대단하게 생각해서 그런 기분이 드는 것이라 생각해라. 그리고 시간을 두고 마무리가 깔끔하지 못한 일보다 제대로 매듭짓고 마무리한 일에서 느낀 성취감에 집중해라. 이렇게 하면 좌절감이나 불편했던 마음이 한결 풀어질 것이다.

멘토가 되자

원만한 업무 인수인계 방법

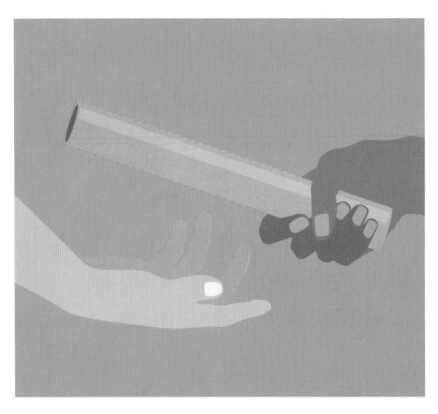

당신은 곧 은퇴를 하지만 남겨진 사람들은 계속 업무를 이어간다. 조금이라도 마음이 편하기 위해서, 떠나기 전에 업무나 직장을 다니면서 쌓은 지식과 경험을 남겨진 사람들에게 어떻게 해야 가장 잘 전달할 수 있을까?

자신이 떠난 자리가 지저분하고 엉망이기를 바라는 사람은 없다. 어떻게 해야 후임자에게 업무 인수인계를 제대로 하고 퇴직할 수 있을까? 회사마다 업무 인수인계와 관련한 방침이 있다. 여기 몇 가지를 소개한다.

· **직접 업무를 인수인계한다** ― 점진적 은퇴를 계획하고 있다면(82~83페이지 참조), 또는 당신이 퇴직하기 전에 후임자가 일을 시작했다면, 당신이 하던 일을 넘겨받게 되는 사람 또는 사람들에게 직접 업무를 인수인계해줄 수 있다. 그들에게 도움이 필요할 때, 바로 곁에서 도와줄 수 있고 업무를 차질 없이 잘 해내는 모습을 보고 안심할 수 있다.

· **후배에게 업무를 가르친다** ― 퇴직한 뒤 후임자가 정해진다면 바로 아래 직급의 사람이 당신의 후임으로 지명될 가능성이 크다. 곁에서 당신을 보조했던 후배에게 다음 사람이 오면 어떻게 업무를 보좌해줘야 하는지를 많이 알려줄수록 당신

Q 관대함의 보상

협조적인 성격은 정신건강에 좋다. 2014년 캐나다에서 진행된 연구에 따르면, 관대하고 협조적인 사람들이 그렇지 않은 사람들보다 정신적으로나 신체적으로 더 건강했다. 실험 참가자들에게 10달러를 주면서 10달러 전부를 가지거나 원하는 만큼 기부하라고 했다. 기부 액수가 클수록 스트레스를 유발하는 호르몬인 코티솔의 수치가 낮았다. 코티솔의 수치가 낮으면 심혈관질환부터 암에 이르기까지 질병에 걸릴 가능성이 적다. 심리학적 관점에서 말하면, 관대함이 우리에게 많은 혜택을 가져다주는 것 같다.

은 더 홀가분한 마음으로 직장을 떠날 수 있다. 그리고 남아 있는 후배도 당신의 부재에 대하여 불안감을 덜 느끼게 될 것이다. 그리고 직장과 관계를 얼마간 유지할 수 있는 여지를 남겨둘 수도 있다. 퇴직 후에도 후배가 일을 하다가 궁금한 점이 있을 때마다 당신에게 연락하도록 해서 간접적으로나마 업무에 도움을 줄 수 있다. 무소식이 희소식이란 말이 있듯, 이런 경우 후배의 연락이 점점 줄어들수록 업무에 잘 적응해서 일하고 있다는 반증이기 때문에 당신은 안심하고 은퇴생활을 즐길 수 있다.

· 메모를 남긴다 — 당신이 떠나기 전에는 직장 동료들이 물어보지 않을 것이라 생각되는 사안이 있을 것이다. 당신이 생각할 수 있는 모든 정보와 팁을 정리해서 남겨두고 떠나면 후임자가 업무를 처리하는 데 큰 도움이 될 것이다. 또한 일을 매듭짓고 떠난다는 생각이 들어 당신도 마음 편하게 떠날 수 있다.

멘토가 되어주자

행복한 노년을 위해서는 퇴직자도 훌륭한 롤모델을 찾아야 한다(90~91페이지 참조). 다른 사람의 롤모델이 되는 것도 인생의 만족도와 행복도를 상당히 높일 것이다. 일부 기업은 정식 멘토링 프로그램을 운영하는데 퇴직 전에 퇴직을 앞둔 직원이 후임자를 교육시킨다. 공식적으로 멘토라는 역할이 주어지면 더 열심히 성심성의껏 후배를 가르치기 마련이다. 그렇다고 회사에 정식 멘토링 프로그램이 없다고 해서 멘토가 될 수 없는 것은 아니다. 본질적으로 멘토링은 개인적인 인간관계에 바탕을 둔다. 후배와 좋은 관계를 유지하고 있다면, 그들이 당신이 회사를 떠난 뒤에도 잘 해낼 수 있도록 비공식적으로 도움을 주는 것이 어떤가? 젊

멘토링의 세 가지 유형

심리학자 마이크 제이는 멘토링의 핵심 유형을 소개했다. 직업과 사람에 따라 당신의 직장에 적합한 멘토링 유형은 달라진다. 유형에 상관없이 멘토링을 통해 당신은 자신이 여전히 쓸모 있는 사람이라는 사실을 확인할 수 있을 것이다.

1 가르치기
멘토는 멘티에게 일하는 요령을 가르쳐주고 방향을 제시한다.

2 개인적인 지지
멘토는 멘티가 자존감을 쌓을 수 있도록 돕는다. 직장 후배에게만 국한할 필요는 없다. 인생을 살아가는 데 어려움으로 고민하는 젊은이는 경험이 많은 노련한 노인의 지혜와 충고에서 많은 것을 배울 수 있다.

3 조직적 개입
멘토는 필요할 때 멘티를 보호하고 필요한 자원을 손에 넣을 수 있도록 돕는다. 추천서나 칭찬의 말을 통해 멘티를 도와줄 수 있을 만한 사람들에게 추천한다.

은 사람들에게 도움이 된다는 생각은 퇴직자에게 상당한 심리적 보상이 된다.

20%
나를 멘토로 만드는 사람들

2014년에 비즈니스 정기 간행물 「HR 매거진」에 실린 여론 조사에 따르면, 응답자의 20%가 멘토링 프로그램에 참여하기를 원했다.

당신의 자리를 대신하는 사람에게

내가 남긴 유산이 계속 이어질 수 있을까?

당신은 회사에 어떤 유산을 남기고 싶은가? 무사히 정년을 채워 퇴직하기를 원하는가? 아니면 후임자를 직접 뽑을 수 있는 지위에 있기를 원하는가? 만약 후임자를 직접 뽑을 권한이 있다면, 어떤 사람이 당신의 빈자리를 채우는 것이 맞을까?

회사 내에서 적당한 사람을 당신의 후임으로 앉힐 권한을 가지고 있다고 가정하자. 당신의 뒤를 이을 사람으로 한 번에 생각나는 사람이 있을 수도 있고 없을 수도 있다. 기업가 패트릭 이바라는 단계별로 후임자를 물색할 것을 추천한다(오른쪽 도표 참조).

아니면 후임자를 뽑을 때, 절대 협상이 불가능한 사항과 양보할 수 있는 사항에 대하여 생각해보라. 예를 들어 당신의 회사는 윤리 강령이 엄격하고 이 부분에 대하여 당신은 강한 자부심을 느껴왔다. 이런 경우 아무리 노련하고 일을 잘 한다고 할지라도 생활이 문란하다면 당신의 후임자로는 탈락이다. 당신의 디자인 덕분에 회사 제품이 대히트를 쳤다. 유능한 후임자가 이 디자인을 수정하려고 한다면 당신은 어떻게 할 것인가? 당신의 디자인을 신성불가침 영역이라 선포하겠는가? 아니면 그들의 제안을 받아들이겠는가? 그게 일이든 사람이든 아름다운 디자인이든, 대상이 무엇이든지 '떠나보내는 것'은 어려운 일이다. 그러나 자잘한 세부 내용보다 당신이 해온 일 속에 담긴 정신이 계속 이어질 수 있도록 하는 데 집중한다면, 당신은 더 행복한 노년을 보낼 수 있을 것이다.

멘토와 멘티

당신의 후임자도 자신들의 방식으로 당신이 해오던 일을 잘 해낼 수 있다. 심리학적인 관점에서 말하면, 권한을 행사할 수 있는 자리를 하루아침에 포기하는 일은 굉장히 힘들다. 대신 후임자가 업무에 잘 적응할 수 있도록 도움을 주면 후임자도 좋고 퇴직자도 좋은 '누이 좋고 매부 좋은' 상황이 만들어진다. 멘티의 성취는 멘토인 당신의 성취나 마찬가지다. 멘티는 대리인으로서 당신의 성취를 대신한 것이다. 그러나 단순한 후임자의 성공에 대해서는 이렇게 개인적인 애착이 생기지 않는다. 당신의 뒤를 이을 사람이 당신의 멘티가 되느냐와 단순한 후임이 되느냐는 후임자를 대하는 당신의 태도에 달려 있다.

목표 가속 효과

물론 당신의 후임으로 온 사람이 항상 요령 있고 센스 있지는 않다. 미국의 심리학자 해리 레빈슨과 제리 월포드는 사람은 목표에 가까이 다가갈수록 동기 수준이 높아지게 된다고 주장했다. 이른바 '목표 가속 효과(goal gradient effect)'다. 마라톤 선수가 마지막 순간에 스퍼트를 내는 것과 같다. 목표에 가까워질수록 사람들은 아직 목표에 도

두뇌 유출

미국 인적 자원 관리학회의 2015년 조사에 따르면, 기업의 1/3이 노련하고 전문지식을 지닌 나이가 많은 직원들이 퇴직을 하면서 인력 충원에 어려움이 생길 것으로 예상하고 있었다.

업무 인수인계 프로세스

퇴직 전에 업무를 후임자에게 넘겨줄 때, 기업가 패트릭 이바라는 다음 단계를 밟을 것을 조언한다.

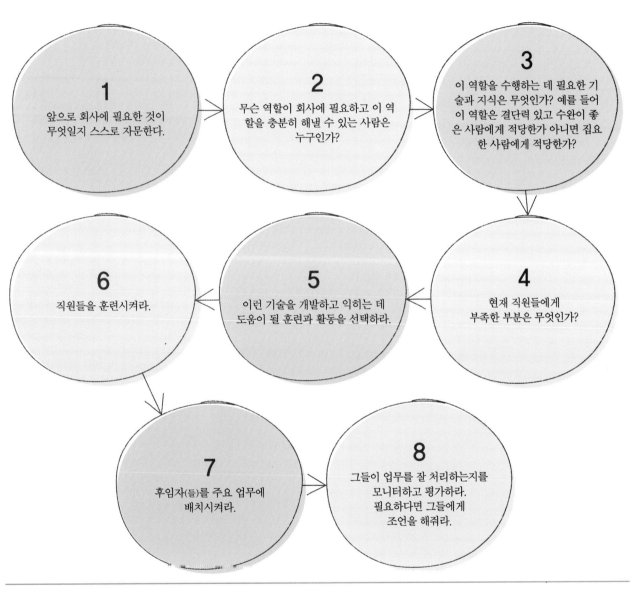

1. 앞으로 회사에 필요한 것이 무엇일지 스스로 자문한다.

2. 무슨 역할이 회사에 필요하고 이 역할을 충분히 해낼 수 있는 사람은 누구인가?

3. 이 역할을 수행하는 데 필요한 기술과 지식은 무엇인가? 예를 들어 이 역할은 결단력 있고 수완이 좋은 사람에게 적당한가 아니면 집요한 사람에게 적당한가?

4. 현재 직원들에게 부족한 부분은 무엇인가?

5. 이런 기술을 개발하고 익히는 데 도움이 될 훈련과 활동을 선택하라.

6. 직원들을 훈련시켜라.

7. 후임자(들)를 주요 업무에 배치시켜라.

8. 그들이 업무를 잘 처리하는지를 모니터하고 평가하라. 필요하다면 그들에게 조언을 해줘라.

달하지 못했다는 사실에 조바심을 느끼고 작업 속도를 끌어올려 일을 빨리 마무리 지으려는 충동을 느낀다. 퇴직을 앞둔 사람들은 목표 가속 효과의 영향을 크게 받는다. 퇴직이 얼마 남지 않았으니 빨리 업무를 후임자에게 넘겨주기를 원한다. 그러나 아직

퇴직은 먼 나라 이야기나 다름없는 후임자는 자신의 페이스대로 업무를 이해하고 넘겨받기를 원한다. 이런 경우는 갈등으로 이어질 수 있다. 그러나 퇴직을 앞둔 사람은 양보할 부분은 양보하고 후임으로 오는 사람이 업무를 하루라도 빨리 배우려고 하지

않는 것이 결코 불성실해서가 아님을 인지하고 있어야 한다.

당신이 떠난 자리를 채워줄 사람을 찾는 것은 쉬운 일이 아니다. 그러나 인내심을 갖고 신중히 살펴보면 당신이 만족할 만한 사람을 찾을 수 있을 것이다.

안녕히…

작별의 기술

퇴직을 결심한 당신은 곧 회사를 떠난다. 회사에 남겨질 동료들에게 어떻게 작별인사를 하고 떠나야 좋을까? 마음이 잘 맞았던 동료들도 있을 테고 사사건건 부딪혔던 동료도 있을 것이다. 직장 동료를 어떻게 생각하고 있느냐는 중요하지 않다. 무릇 사람은 떠나는 뒷모습이 아름다워야 한다. 멋진 모습으로 무대에서 내려오는 데도 전략이 필요하다.

인류학자 크리스탈 드코스타는 작별인사 'goodbye(안녕히 계십시오[가십시오], 안녕)'는 누군가의 안전을 기원하는 'God be with ye(you)(하느님이 당신과 함께하시기를)'의 줄임말임을 강조했다. 다시 말해, 누군가에게 작별인사를 하는 것은 헤어짐을 알릴 뿐만 아니라 상대방이 앞으로 잘 지내기를 바라는 우리의 소망을 큰소리로 전달하는 행위다. '안녕히'라는 말은 작별인사를 받는 사람만큼 작별인사를 하는 사람에게도 큰 울림으로 다가온다. 직장을 떠나면서 당신은 수도 없이 '안녕히'라는 말을 되뇔 것이다. '안녕히'는 당신에게 과연 어떤 의미로 다가올까?

제대로 작별인사를 해라

직장 동료들과 친하게 지내고 그들과 함께 보낸 시간이 소중하다면 그들에게 작별인사를 하고 회사를 떠나는 순간은 매우 고통스러운 일이 될 것이다. 심지어 현재의 직장보다 더 좋은 직장으로 이직을 한다고 할지라도 말이다. 영원히 지속될 탄탄한 우정을 동료들과 쌓았다 할지라도, 매일 함께 일하면서 느낀 끈끈한 유대감을 앞으로 나누지 못할 것이다.

함께 협력해서 프로젝트를 수행하는 것은 사회적으로 중요한 의미가 있다. 심리학에서 이것을 상위목표라고 부른다. 상위목표란 혼자서는 절대 달성할 수 없는 것으로 이것을 달성하기 위해서는 자기 생각은 접고 다른 사람과 협력을 해야 달성할 수 있는 목표를 말한다. 상위목표는 아주 성향이 다른 사람들을 하나로 묶는 힘이 있다. 목표를 달성하기 위해 함께 노력하고 일한 사람이 친구라면, 그들에게 작별인사를 하고 떠날 때 엄청난 상실감을 느낀다. 물론 그들과 여전히 가깝게 지낼 수는 있다. 하지만 그들

무슨 말을 할까?

말을 청산유수처럼 잘 하는 사람들이 있지만 대부분의 사람들은 회사를 떠날 때 무슨 말을 어떻게 해야 할지 감을 잡지 못한다.
동료 한 명 한 명에게 뭐라고 작별인사를 할 것인가? 여기 좋은 인상을 남기고 회사를 떠나는 데 도움이 될 팁이 있다.

대상	작별인사
퇴사하고 나서 친구로 지내고 싶은 동료	· 서로 응원하고 도와가며 함께 일했던 시간들이 정말 즐거웠다고 말해라. · 구체적인 계획을 세워라. 애매하게 '연락하면서 지내요'라는 말은 인사치레에 불과하다. '다음 달에 점심식사 어때요?'처럼 의사를 분명히 전달해라.
좋아하지만 작별할 준비가 된 동료	· 과거 함께 일하면서 즐거웠던 추억을 중심으로 함께 일해서 정말 즐거웠다고 말해라. 이렇게 말하면 상대방의 감정이 상하지 않게 즐거웠던 추억을 뒤로하고 회사를 떠나게 되어 기쁘다는 의사를 전달할 수 있다. · 앞으로 하는 일이 잘 되기를 바란다고 행운을 빌어줘라. '신이 당신과 함께하시기를'이라고 작별인사를 하면, 직접 그들의 인생에 개입하는 대신 운명에 그들을 맡기겠다는 의도를 솔직하고 예의 바르게 전달할 수 있다.
싫어하는 동료	· 의례적인 작별인사를 해라. 이렇게 작별인사를 건넨다고 당신을 비난할 사람은 아무도 없다. 작별인사로 어떤 말을 할지 고민을 할 필요가 없으니 얼마나 고마운 사람들인가! · 그들에 대한 감정보다는 미래에 대하여 더 많은 이야기를 해라. '행운을 빕니다'와 '모든 일이 잘 되기를 바랍니다'는 그렇게 진심이 아닌 것처럼 들리지 않을 것이다. 시간이 지나면 이 말이 진심으로 변하지 않을까?
존경하는 동료	· 구체적으로 작별인사를 해라. 그들에게 당신의 귀감이었고 많은 것을 배울 수 있어서 고마웠다고 말해라. 자신이 당신에게 매우 중요한 사람이었음을 정확하게 알려라.

과 머리를 맞대고 일을 하면서 우정을 나누었던 시간에는 작별을 고하게 되는 것이다. 그러니 시간을 두고 천천히 그리고 제대로 작별인사를 할 필요가 있다.

잉금을 털고 작별인사를 건네라

일을 하면서 사사건건 대립했던 동료가 있다면 회사를 떠나면서 마지막으로 한 번 쏘아붙이고 싶을지도 모른다. 이 유혹을 이겨내고 다정하게는 아니더라도 정중하게 작별인사를 하고 회사를 떠나는 편이 낫다. 단

지 더 큰 어른이 되라는 의미가 아니다(물론 어른답게 성숙한 행동을 하는 것이 좋다). 이렇게 행동하는 편이 당신에게 이득이기 때문이다. 이제 더 이상 마음에 들지 않는 동료와 함께 일할 필요가 없으니, 당신은 그들에게서 스트레스를 받을 일이 앞으로 없다. 그들과 악

❯❯

수하면서 '행운을 빕니다'라고 말할 수 있다면, 말 그대로 그리고 상징적으로 당신의 심장 건강에 도움이 될 것이다.

'잘' 이별하기

질문 하나를 해볼까 한다. 당신은 불편한 감정에 어떻게 대처하는가? 툴툴 털어버리는 편인가? 아니면 꽁 하게 가슴에 담아두는 편인가? 정이 듬뿍 든 누군가 혹은 무언가를 떠나보내야 하는 순간이 오면 우리는 상실감에서 자신을 보호하기 위해 방어벽을 친다. 심리학에서 이런 행위를 '긍정적인 심리의 비활성화'라고 한다. 별로 중요한 사람이 아니라고 생각하거나 그들이 자신에게 잘 못한 일을 억지로 찾아내 그들과의 애착관계를 끊으려고 하는 것이다.

약간의 긍정적인 심리의 비활성화는 앞으로 다시 볼 일이 없는 사람과의 이별의 아픔을 극복하는 데 도움이 된다. 주의할 점은 소중한 직장 동료와 정을 떼기 위해서 의도적으로 그들이 당신에게 불만이나 적개심을 품도록 만들어서는 안 된다. 당장 그들과 헤어지는 데는 도움이 될지 모르나, 그들과의 관계를 되돌릴 수 없는 지경에 이르게 할 수도 있다.

❓ 송별회를 열 것인가 말 것인가, 그것이 문제로다

회사를 떠나는 직원을 위해 거창한 송별회를 열어주는 회사가 있고 마지막 날 조용하게 술잔을 기울이며 석별의 정을 나누는 회사도 있다. 당신이 다니고 있는 회사는 어떤 유형에 속하는가? 퇴직하는 날, 송별회를 열지, 아니면 조용히 술을 마시며 도란도란 이야기를 나눌지는 당신이 선택할 일인가? 만약 당신이 선택할 수 있다면, 어떤 식으로 회사에서의 마지막 날을 기념하고 싶은가?

모든 직장 동료들이 당신의 마지막 날을 기리기 위해서 큰 송별회를 준비하고 있을 수도 있고 아닐 수도 있다. 어쨌든 시간을 길게 두고 가깝게 지냈던 동료들 한 명 한 명과 식사를 하면서 작별인사를 하는 것이 좋다. '일을 잘 마무리 지었다'는 느낌을 당신과 동료에게 줄 수 있기 때문이다. 이것은 다양한 팀의 팀원들과 가깝게 지냈던 사람이나 내성적인 사람에게 맞는 방식이다. 많은 사람에게 둘러싸이지 않고 오붓하게 상대방에게 당신이 정말 하고 싶었던 이야기를 할 수 있다. 친하게 지냈던 동료와 단 둘이서 또는 서너 명이 함께 점심식사를 하거나 가볍게 술을 마시면서 작별인사를 나누면, 당신이 그들을 얼마나 특별하고 소중하게 생각하고 있는지 정확하게 알릴 수도 있다.

대규모 송별회는 어떨까? 많은 사람들에게 둘러싸이면 자기 자신이 특별한 사람이 된 듯한 느낌이 든다. 더욱이 퇴직 송별회는 '무언가 마무리 된다'는 느낌이 들고 일을 매듭짓는 의식처럼 느껴진다. 여러 사람들에게 둘러싸여 있으면 '거울 뉴런(mirror neurons)'이 활성화된다. 거울 뉴런은 '보는 것'을 자신이 '하는 것'과 똑같이 받아들이는 신경세포다. 누군가 슬퍼하는 모습을 보고 가슴이 찢어지거나 다른 사람의 웃음소리를 듣고 함께 웃어본 적이 있을 것이다. 이게 전부 거울 뉴런 때문에 일어나는 일이다.

당신의 송별회에 모인 직장 동료들이 긍정적인 기분을 공유할 수 있도록 음악을 틀어라. 말하자면, 파티는 모인 사람들이 감정 주파수를 일치시켜 축하하고 기념하는 분위기를 만들기 위해서 열리는 것이다. 이것이 퇴직 송별회와 무슨 상관일까? 당신의 퇴직 송별회에 모인 동료들이 얼마나 쉽게 감정적으로 동기화되느냐에 따라, 퇴직 송별회가 즐거운 시간이 될 수도 있고 어색한 시간이 될 수도 있다.

그 누구도 편안하게 쉬는 것이 어려운 예의범절을 엄격히 따지는 직장이고, 당신이 그다지 친절하고 호감 가는 직원이 아니었다면 송별회가 어색함과 서먹서먹함으로 가득 찰 가능성이 크다. 반면 잘잘못을 따지지 않는 친밀감이 가득한 직장이었다면 긍정적인 감정이 당신의 송별회를 채울 가능성이 크다.

당신의 송별회에서 동료들이 어떤 생각과 감

긴장을 푸는 데 유용한 팁

송별회에서 고별사를 낭독해야 하는데, 많은 사람들 앞에서 말하는 장면을 상상만 해도 움츠러드는가? 떨리는 순간에 사람들이 보이는 몇 가지 일반적인 증상이 있다. 커뮤니케이션학 교수 폴 위트가 제안하는 방법을 이용하면 이런 증상들을 완화하는 데 도움이 될 것이다.

증상	처방	증상	처방
입이 마른다.	곁에 물컵이나 물병을 둬라.	다리가 후들거린다.	스트레칭을 해서 근육의 긴장을 풀고 무게 중심을 살짝 이동시켜라.

정을 당신에 대하여 가지고 있는지 확인할 수 있을 것이다. 확인하고 싶지 않더라도 당신의 거울 뉴런 때문에 그들의 감정과 생각을 느낄 수 있다. 퇴직 송별회가 실망감을 안겨줄지 아니면 선물 같은 멋진 시간이 될지 곧 판단할 수 있을 것이다.

우울하고 지루한 송별회가 될 것 같은 생각이 들면, 모든 사람이 즐거워할 수 있는 이벤트를 준비하는 것도 좋다. 당신은 분명 좋은 기분으로 회사를 떠나고 싶을 것이다. 그러니 당신이 좋은 기분으로 회사를 떠날 수 있게 해줄 사람들과 마지막을 함께해라.

Q 기념사진

기념사진을 남기고 싶은가? 그럼 망설이지 말고 기념사진을 찍어라. 과연 이 기념사진들이 나중에 당신에게 어떤 의미로 다가올까? 사진은 사진을 찍었을 때의 기분이나 심리학자 누아르 알사더가 말한 '감정적 관점(emotional perspective)'을 불러일으킨다. 쉽게 말해, 사진은 찍힌 장면만을 보여주지 않는다. 프레임에 잡힌 장면과 생략된 공간을 통해 이 사진을 찍을 때 우리가 무엇을 생각하고 있었는지를 보여준다. 카메라가 향하고 있는 방향과 사진 속 우리가 바라보고 있는 것은, 당신과 우리의 중심에 무엇이 있었는지 보여준다. 눈을 크게 뜨고 나중에 지금 이 시간을 그대로 떠오르게 할 순간을 포착해 카메라에 담아보라.

증상
손이 덜덜 떨린다.

처방
손을 꽉 움켜쥐어라.

증상
목소리가 떨린다.

처방
심호흡하고 살짝 미소 지어라. 웃으면서 말하면 목소리를 가다듬는 데 도움이 된다.

증상
식은땀이 난다.

처방
땀을 흘리고 있다는 사실을 무시해라.

CHAPTER 4

은퇴 적응기 I

은퇴 후, 생활에 적응하기

주중에 집에서 보내는 일상

새로운 일상에 적응하기

인습에 얽매이지 않고 자유롭게 사는 사람들에게도 정해진 일상은 편안함과 안정감을 준다. 퇴직자들은 퇴직 후 얼마 동안을 완전히 새로운 일상을 만드는 데 보내게 된다. 새로운 일상을 만드는 이 며칠이 퇴직자들에게는 힘든 시간이 되기도 한다.

직 장생활이 사람에게 심리적으로 지대한 영향을 미친다는 사실을 많은 이들이 대수롭지 않게 여긴다. 반복적이고 체계적으로 흘러가는 직장에서의 생활은 우리의 일상에 안정감을 가져다준다.

실제로 미국의 범죄 예측 전문가인 가빈 드 베커는 사회적으로 큰 문제를 일으킬 소지가 있는 직원을 해고할 때는 금요일 오후에 하라고 조언했다. 베커의 말에 따르면 문제 직원을 예를 들어 월요일에 해고하면 화요일에 회사로 쳐들어와 난동을 부릴 수도 있으니, 해고되었다는 사실을 받아들이고 분노를 참을 수 있는 시간을 가질 수 있도록 금요일에 해고통보를 하는 것이 좋다고 한다. 이렇게 하면 주중에 회사로 쳐들어와 누군가를 다치게 할 가능성이 실제로 현저하게 줄어들었다고 한다.

출근하지 않고 집에서 맞이하는 새로운 일상은 처음에는 조금 낯설고 어색할 것이다. 그렇다면 이런 상황을 현명하게 대처하는 방법은 무엇일까?

허전함을 채워줄 새로운 사람들을 찾아라

직장에서 함께 일한 사람들이 가장 가깝고

37%

전체 인생에서 퇴직한 후 살아가야 할 인생

평균적으로 65세에 퇴직을 한다면, 아직 당신에게는 앞으로 살아가야 할 나머지 37%의 인생이 있다.

> 어수선한 책상을 보면
> 지금 무언가 정리가 안 돼
> 마음이 심란하다는 사실을
> 알 수 있다.
> 그렇다면 텅 빈 책상이
> 말해주는 것은 무엇인가?
>
> – 알베르트 아인슈타인

 정리 정돈

많은 사람들이 퇴직 후 특별한 프로젝트를 계획한다. 이런 프로젝트를 진행하는 데 사무실이나 작업공간이 필요할 수도 있다. 모든 사람이 침실이 20개 딸린 으리으리한 저택에 살고 있지는 않다. 그러면 어떻게 공간을 확보할까?

남는 방이 있을 수도 있고 책상 하나 놓을 공간만 있을 수도 있다. 어쨌든 공간을 확보하기 위해서 안 쓰는 물건들을 정리해야 할 것이다. 문제는 소중한 추억을 담고 있는 정이 듬뿍 든 물건들을 어떻게 정리하느냐다. 싹 버려야 할까?

요즘 사용하지 않는 물건들을 집에 쌓아두지 않고 그때그때 정리해서 처리하는 것이 유행이다. 그러나 이런 행동은 심리적으로 상충되는 결과를 낳는다. 2013년 미네소타 대학교에서 진행된 연구에 따르면, 다소 어수선하고 지저분한 환경이 창의력과 상상력을 자극했다. 그러나 다른 연구에 따르면, 깨끗한 환경에서 생활하는 사람들이 이성적으로 행동할 가능성이 높았다. 그들이 기부할 확률도 높았고 사과와 초콜릿 중 하나를 고르라고 했을 때 몸에 좋은 사과를 선택할 확률도 높았다.

그래서 주변 정리를 하라는 건가, 말라는 건가? 당신이 퇴직 후 어떤 종류의 프로젝트를 계획하고 있느냐에 따라 달라질 것이다. 그러나 주변을 어느 정도 정리 정돈하는 것이 좋지 않을까? 한꺼번에 전부 치우는 것이 부담스럽다면 매일 15분씩 정리 정돈을 하자. 아인슈타인이 말했듯, 티끌 하나 없는 깨끗한 공간보다 어느 정도 정돈된 공간이 당신의 업무 능률을 높이는 데도 도움이 될 것이다.

친하게 지낸 사람들이 아닐 수도 있다. 그러나 당신은 직장을 다니면서 '친하고 가깝다'고 생각한 사람들보다 그들을 더 많이 보고 함께 시간을 공유했다. 작가이자 심리학자인 로버트 본스타인은 퇴직 직후 주변에 친구가 한 명도 없는 것처럼 느껴지는 것은 지극히 당연한 일이라고 말했다. 이것은 주위 사람들이 당신을 싫어한다는 의미가 절대 아니다. 지구촌 시대에 '진짜' 친구들은 직장 때문에 다른 도시나 다른 나라로 떠났을 수도 있다. 그리고 일단 퇴직을 하면 시간이 많이 생기기 때문에, 직장을 다닐 때처럼 아주 가끔 친구들을 보러 가는 것으로는 당신의 그리움을 채우기에 부족할 수 있다.

그렇다면 어떻게 해야 할까? 옛 동무들과 다시 연락을 주고받는 것은 아주 좋은 생각이다(112~113페이지 참조). 가까이 살고 있는 사람과 친구가 되는 것도 좋다. 같은 동네나 지역에 사는 사람들이 만든 동호회를 찾아보라. 물론 모든 동호회 회원이 마음에 들지는 않을 것이다. 모든 직장 동료가 마음에 들고 좋았던 것은 아니었지 않은가. 그냥 어쩌다 보니 같은 직장에서 함께 일한 것뿐이다. 옛 친구든 새 친구든 가깝게 지내며 마음을 터놓을 친구를 찾는 데는 시간이 걸린다. 꿈에 그리던 이상적인 집단은 아니지만

당신의 허전함과 공허함을 채워줄 수 있는 사람들을 찾는 것이 훨씬 빠르다.

퇴직 후, 아내의 집안일을 도와라

네덜란드 인구통계 연구소의 2005년 조사에 따르면, 여성이 남성보다 퇴직 후 바뀐 일상에 적응하는 데 더 큰 어려움을 호소했다. 왜 일까? 연구팀은 두 가지 가설을 제시했다. 첫째, 여성이 남성보다 자신이 힘겨운 시간을 보내고 있다는 사실을 더 쉽게 인정하고 고백한다. 둘째, 퇴직 후에도 의무적으로 해야 할 일들이 대부분 그대로

남아있다. 이것은 주로 가사노동을 담당하는 사람들의 경우에 해당하는데, 대부분의 여성이 집안일을 돌본다. 일상생활의 변화가 휴식만큼 신선하고 좋다. 그러나 퇴직이 일상생활과 가사노동을 병행했던 대부분 여자들의 일상을 크게 바꿔놓지는 않는다. 그래서 퇴직이 여성들에게 신선하게 다가오는 경우가 남성들보다 적은 것이다. 결혼을 했다면, 남편이 아내와 집안일을 함께 하는 것이 좋다.

감정의 롤러코스터를 타다

퇴직 후 행복한 여생을 보내는 법

인생에 큰 변화가 생기면 기분이 좋았다가 나빴다가 하루에 수십 번도 왔다갔다 한다. 이것은 새로운 생활에 적응하는 데 피할 수 없는 통과의례다. 퇴직도 마찬가지다. 그렇다면 기분이 우울하고 나쁜 날은 어떻게 보내야 할까?

사람이 마냥 기분 좋을 수는 없다. 어떤 날은 유달리 자기 자신이 싫고 짜증난다. 이것이 인생이고 특히 큰 변화를 겪고 있는 인생의 과도기에 이런 날이 많아진다. 살다 보면 우울하고 짜증나는 날이 있다는 사실을 받아들이면 그런 날이 실제로 닥쳤을 때 잘 대응할 수 있다. 퇴직을 앞두고 혹은 퇴직한 후에 혼란스러운 것은 당연하다. 혼란스럽고 심난하다고 무언가 잘못 되고 있다는 의미는 아니다. 그러나 분명 이런 감정과 나날은 즐겁지 않다. 자, 이런 감정을 어떻게 해야 잘 조절할 수 있을까?

행복의 다섯 가지 조건

심리학자 이베뜨 게레로는 사람이 행복감을 느끼는 다섯 가지 조건을 소개했다. 만족스러운 관계, 정신건강과 신체건강, 재정적 안정감, 젊은 마인드, 타인에게 베푸는 친절이다. 이 다섯 가지 조건에 부합할수록 그 사람은 행복하고 성공적인 인생을 살 가능성이 크다. 그러니 이 조건들을 모두 충족할 수 있도록 노력하는 게 어떨까? 예를 들어 지금 몸에 붙은 군살 때문에 몸매가 엉

☀ 손바닥도 마주쳐야 소리가 난다

은퇴한 부부가 행복하게 사는 방법은 무엇일까? 70대의 심리학자 월러드 헬리는 배우자와 철저히 합의한 상태에서 집에 새로운 친구들을 초대하거나 새로운 일에 도전하라고 조언한다. 두 사람이 모두 만족할 수 있는 결과를 얻기 위해서 협상이 필요하겠지만, '당신의 모든 행동이 배우자에게 영향을 준다'는 사실을 잊어서는 안 된다고 헬리는 조언한다. 두 사람이 모두 만족할 수 있는 은퇴생활을 찾아내는 것은 신선하고 서로에게 충실한 결혼생활을 하는 것만큼 힘든 일이다.

감각을 깨우자

우울한 하루를 보내고 있는가? 그렇다면 당신의 우울한 나날에 빛을 밝힐 감각을 깨워라. 임상 심리학자 바바라 세라니는 주변 환경에서 받아들이는 감각적 정보가 뇌를 깨운다고 말한다.

기분 좋은 향기

기분 좋거나 즐거운 생각을 떠오르게 하는 향기가 긍정적인 기억과 감정을 불러일킬 수 있다. 후각을 담당하는 뇌 영역인 '후각신경구(olfactory bulb)'가 감정과 연상학습을 처리하는 '대뇌변연계(limbic system)'의 일부분이기 때문이다.

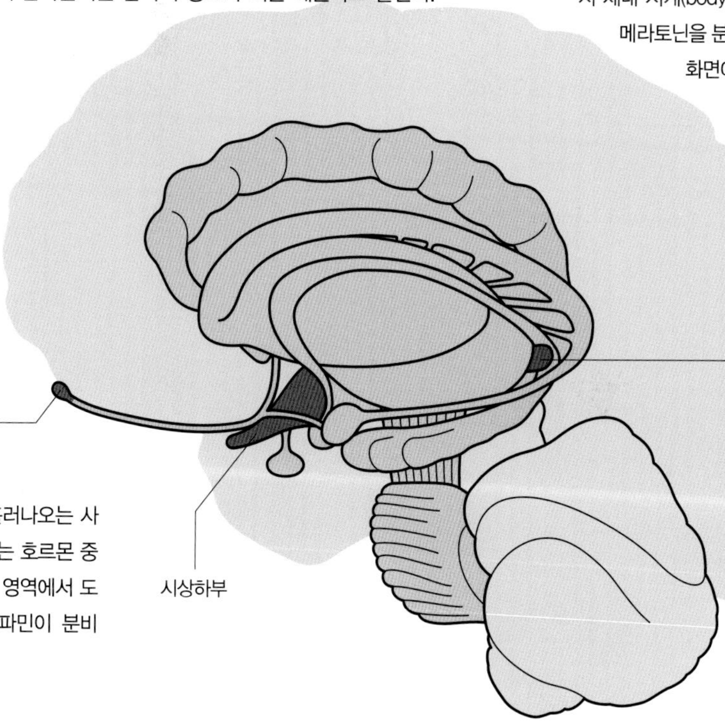

음악과 목소리

음악과 대화, 라디오, 오디오북에서 흘러나오는 사람의 목소리를 들으면 기분을 좋게 하는 호르몬 중 하나인 도파민이 분비된다. 뇌의 여러 영역에서 도파민이 분비되고, 시상하부에서도 도파민이 분비된다.

자연광

낮과 밤은 시상하부와 솔방울샘(pineal gland)에서 체내 시계(body clock)를 관장하는 호르몬인 메라토닌을 분비시킨다. 스마트폰과 컴퓨터 화면에서 나오는 인공조명은 우리 뇌를 교란시켜 신체 리듬을 깨뜨린다.

후각신경구

시상하부

솔방울샘

대뇌변연계

망이라면 매일 만 보씩 걸어보라. 단기간에 살을 빼겠다고 킥복싱을 등록해 과도한 운동으로 다음 날 몸져눕는 것보다 현명한 선택이다. 우선 달성할 수 있는 목표를 설정하고 서서히 목표치를 높이는 것이 현명한 사람들의 행동이다.

죽기 전에 하고 싶은 일

작가이자 영감을 불어넣는 연설가인 존 스트레리키는 저서 『내 인생의 빅파이브』에서 퇴직 후 인생을 되돌아봤을 때 스스로 행복하고 성공적인 인생을 살았다고 느낄 수 있도록, 하고 싶은 일 다섯 가지를 찾으라고 조언한다. '그랜드캐넌 가기'처럼 끝이 있는 목표일 수도 있고 '자식들에게 무한한 사랑을 주는 부모 되기'처럼 죽을 때

까지 지속적으로 노력해야 하는 목표일 수도 있다. 한 가지 정도는 죽을 때까지 추구해야 하는 목표를 설정하는 것이 좋다. 그렇지 않으면 다섯 가지 목표를 모두 달성한 후 공허함과 허전함을 느낄 수 있다. 퇴직은 자신이 행복한 인생을 살았는지 가늠할 수 있는 좋은 시기다. 죽기 전에 하고 싶은 일 다섯 가지 목록을 작성해두면 퇴직 후에도 계속 도전해야 할 일이 남아 있다는 사실을 기억할 수 있어 우울하고 심난한 날을 견디는 데 도움이 된다.

퇴직 후 반복적으로 하는 일을 만들자

계획이 완벽하고 최선을 다하더라도 '여생을 어떻게 보내야 행복하게 살았다고 자신할 수 있을까?'라는 생각에 침울해지는 날

이 있다. 이런 날에 당신은 어떻게 하루를 보낼 것인가?

기분전환이 되도록 긍정적인 감정을 불러일으키는 뇌 영역을 자극해라(위 그림 참조). 우울한 나날을 보내고 있다면, 안정감을 느낄 수 있도록 매일 반복적으로 하는 일을 만드는 것도 좋다. 작가이자 행복 전문가인 그레첸 루빈은 "매일 반복적으로 하는 일이 가끔 한 번씩 하는 일보다 더 중요하다"라고 말했다. 반복적인 일상은 인생의 예측 가능성과 일관성을 높여 불안감을 낮춘다. 매일 해야 하는 일이 몇 가지 있으면, 퇴직 후 혼란스러운 상황 속에서 페이스를 잃지 않고 안정된 일상을 유지할 수 있다.

하늘을 날 듯 기쁜가?

은퇴의 허니문 기간은 짧다

지루하게 반복되던 직장생활과 작별한 지금, 당신은 엄청난 흥분감에 휩싸여 있을지도 모른다. '마침내 자유다!'라고 속으로 쾌재를 부를지도. 물론 만족스럽고 행복한 노년을 보내고 싶지 않은 사람이 누가 있겠는가. 그렇지만 '즐거움'이 독이 될 수도 있지 않을까?

인생은 대부분의 사람들에게 어느 시기부터 일괄적으로 의무를 부여한다. 예를 들어 때가 되면 초등학교에 입학하는 것처럼 말이다. 일단 이런 의무가 주어지면 하고 싶은 일을 마음껏 하면서 쉴 수 있는 시간은 방과 후나 퇴근 후처럼 제한적으로 주어진다. 이렇게 주어지는 제한적인 휴식시간을 우리는 '방학' 또는 '휴가'라고 부른다. 방학을 의미하는 영어 단어인 'vacation'은 '텅 빈' 또는 '자유로운'이란 의미를 지닌 라틴어 'vacationem'에서 나왔고 휴가를 의미하는 영어 단어인 'holiday'는 '성스러운 날'이란 의미의 'holy day'에서 유래했다. 우리는 바쁜 일상 중에 얻은 자유를 축제를 열어 즐겁게 축하해야 할 대상으로 여긴다. 그러니 퇴직 후 원하는 일을 마음대로 하면서 자유롭게 보낼 수 있는 남은 인생을 생각하면 아찔한 흥분감에 휩싸이는 몇몇 사람들을 보며 놀랄 것 없다.

마냥 즐거울 수는 없다

심리학자들은 허니문 기간이 있지만(96~97페이지 참조), 얼마 안 가 끝이 난다고 말한다. 정말 휴식이 필요한 사람들에게 퇴직 후 하는 일 없이 '잉여인간'처럼 하루를 보내는 것은 즐거운 일이지만, 얼마 지나지 않아 곧 지루함과 무료함을 느낄 것이다. 반면 퇴직 후 한꺼번에 많은 일을 벌이는 사람들이 있다. 자신을 옭아매던 직장에서 벗어난 해방감에 취한 채, 노후자금 등은 고려하지도 않고 하고 싶은 일을 닥치는 대로 하려고 할 수 있다. 퇴직 후, 직장을 다니는 동안은 시간이 없어서 못했던 일을 마음껏 하면서 시간을 보내는 것은 며칠간 즐거울 수 있다. 그러나 주말과 휴일을 위해 아껴뒀던 이 흥분되고 짜릿한 일들이 평범한 일상이 되는 데는 그리 오래 걸리지 않을 것이다.

당신은 어떤 은퇴생활을 보내고 있나?

퇴직자들이 자신들의 퇴직생활, 새로운 계획과 활동 등을 설명하거나 묘사할 때 사용하는 단어와 문구를 바탕으로 네 가지 은퇴모델을 2011년 발표했다. 일부 모델은 다른 모델에 비해 소비지향적이었다. 네 가지 은퇴모델에 대하여 살펴보자.

은퇴 후 시간은?	은퇴란?	나의 은퇴모델은?	계속 일할 가능성은?	지출 규모는?
새로운 일에 도전하는 시간이다	변화, 이정표 또는 부흥기	진취적이다. 새로운 미래를 향해 나아가는 시기다.	낮다.	높다. 새로운 일에 도전하기 위해 돈을 쓸 가능성이 크다.
인생의 의미를 찾는 시간이다	상실 또는 해방	정적이다. 과거와 현재에 집중한다.	보통이다. 잠깐 동안 유급으로 일할 가능성이 있다.	낮다.
받은 것을 되돌려주는 시간이다	현재 생활 패턴을 유지하거나 느긋하고 여유롭게 살기	미래에 집중하지만 안정된 생활을 바란다.	보통이다. 유급이나 무급으로 일할 가능성이 있다.	낮다.
휴식시간이다	해방감 또는 느긋하고 여유롭게 살기	노력의 보상을 누리며 현재를 즐긴다.	낮다.	보통이다. 은퇴는 열심히 일한 나의 수고에 대한 보상이다. 느긋하게 휴식을 취할 수 있는 여가활동에 돈을 많이 쓸 것이다.

저게 좋을까, 이게 좋을까?

한꺼번에 많은 일을 시도했을 때, 우리는 '선택 피로증(Decision Fatigue)'에 시달릴 수도 있다. 선택 피로증에 대하여 연구를 진행한 미국의 심리학자 진 트웬지는 매력적인 옵션이 너무 많을 경우 인간은 그중 어느 하나를 제대로 선택하지 못 하고 포기해버린다는 사실을 발견했다. 미래를 설계하는 퇴직자에게 이런 연구결과가 달갑지 않다. 퇴직을 한 지금, 그들은 많은 옵션들을 고민하고 선택해야 하기 때문이다. 한꺼번에 지나치게 많은 것을 결정하려고 하다가 잘못된 선택을 하지 않기 위해서 시간을 두고 하나씩 경험하는 것이 좋다. 예를 들어 활동을 하는 데 드는 비용이 실제로 출금되는 날짜나 새로운 활동에 등록하는 날짜에 일정한 간격을 두는 것이다. 경험적으로 결정해야 할 일들이 산더미처럼 쌓이면 최악의 선택을 할 가능성이 크다.

허니문 기간을 넘어서

영국에서 발표된 2013년 여론 조사에 따르면, 퇴직자들은 평균적으로 퇴직생활 10개월로 접어들면 지루함을 느꼈다. 응답자의 1/3이 '하나도 다를 것 없는 똑같은 나날을 보내고 있다'고 말했고 많은 응답자들이 직장에서 느꼈던 동지애가 그립다고 말했다. 이런 기분이 들지 않도록 은퇴의 허니문 기간이 끝나고도 즐겁게 시간을 보낼 수 있는 계획을 세워라.

퇴직과 수면

뜬눈으로 밤을 지새우는 나날

다음 날 제대로 생활을 하려면 간밤에 잠을 푹 자야 한다. 이것은 모두가 잘 알고 있는 사실이다. 그러나 퇴직을 하고 새로운 일상에 적응하는 시기에는 '푹 잔다'는 것은 어떤 의미일까?

직장을 다닐 때는 규칙적인 생활을 하기 때문에 간밤에 푹 자는 것이 쉽다. 출근하기 위해서 아침 일찍 일어나고 다음 날 업무에 지장을 주지 않으려고 퇴근 후 일찍 잠자리에 든다. 쉬는 날에는 평일에 부족한 수면을 보충하려고 한두 시간 늦게 일어나기도 한다.

그러나 퇴직 후에는 마음만 먹으면 하루 종일 잘 수도 있다. 그런데 놀랍게도 이것이 우리를 더 피곤하고 짜증스럽게 만든다. 퇴직을 하면 출근할 필요가 없기 때문에 아침에 일어나는 시간과 밤에 잠자리에 드는 시간이 불규칙하게 변한다. 그렇다면 퇴직 후 수면 계획은 어떻게 짜야 할까?

7시간의 수면시간을 유지하자

충분한 수면을 취하면 심리적으로 안정될 뿐만 아니라 건강에도 좋다. 2012년 알츠하이머학회 국제학술대회에서 소개된 연구에 따르면, 퇴직자들에게 적당한 수면시간은 7시간이다. 하루에 7시간 자는 퇴직자들은 수면시간이 5시간 미만이거나 9시간 이상인 퇴직자들보다 집중력과 기억력 테스트에서 높은 점수를 기록했다. 그리고 수면시간이 7시간 이상인 퇴직자들이 그렇지 않은 퇴직자들보다 인지 감퇴 속도가 더디게 나타났다.

물론 환경에 따라 불안감과 피곤함을 더 많이 느끼는 사람들이 있다. 오른쪽에 있는 퇴직자들의 평균적인 수면 패턴을 보여주는 그래프를 살펴보자. 수면장애에 시달리고 있는 사람들은 일반적으로 모든 일이 마무리되었다는 안도감에 퇴직 직후에 수면의 질이 향상된다. 그러나 퇴직 후 몇 년이 지나면, 다시 수면의 질이 떨어지기 시작한다.

잠 못 드는 밤

퇴직 후 잠 못 이루는 밤이 지속되고 있다. 과연 이것이 걱정할 일일까? 「행동의학 저널」에 실린 연구에 따르면, 밤에 잠을 못 자서 때때로 짜증스러울 수 있지만, 퇴직자들은 밤에 잠을 이루지 못하더라도 상당히 편안한 생활을 유지할 수 있었다.

연구팀은 실험 참가자들을 숙면을 취하는 A그룹(실험 참가자의 절반이 해당된다), 수면의 질이 낮고 스트레스 수준이 높은 B그룹, 수면의 질이 낮고 스트레스 수준이 낮은 C그룹으로 분류했다. C그룹은 간밤에 잠을 푹 못 자도 스트레스를 많이 받지 않는 사람들로 A그룹과 웰빙 수준이 비슷했다.

A그룹과 B그룹은 하루에 7시간 숙면을 취해야 한다고 생각했다. A그룹은 7시간 동안 숙면을 취했지만, B그룹은 그러지 못했다. 그러나 C그룹은 하루에 7시간 동안 숙면을 취하는 것을 원치 않았다. 연구팀은 C그룹이 하루에 4~5시간만 자도 충분히 피로를

10~35%

뜬눈으로 밤을 새우는 퇴직자들

65세 이상 중 10~35%가 수면부족으로 인한 불편함을 호소한다.

회복하는 타고난 '쇼트 슬리퍼(short sleeper)'일 것이라 추측했다.

특히 퇴직을 앞두고 업무를 마무리하면서 긴장되고 바쁜 나날을 보냈다면 퇴직 직후 며칠간은 그동안 부족했던 수면을 보충하고 싶을 것이다. 그러나 연구결과가 보여주듯이, 새로운 생활 패턴을 만들기 시작한 지금 수면시간을 7시간으로 유지하는 것이 정신건강과 신체건강을 유지하는 데 좋다. 7시간 수면이 부족하고 수면부족으로 많은 스트레스를 받는다면 불안감 수준을 확인

해볼 필요가 있다(134~135페이지 참조). 당신도 모르는 다른 심각한 원인이 있을 수도 있기 때문이다.

당신의 잠은 안녕한가?

2009년 퇴직 전과 후 몇 년간의 수면 패턴을 알아보는 연구가 전 세계 15,000명의 퇴직자를 대상으로 진행되었다. 조사결과, 업무에 대한 걱정이 사라진 직후 수면장애에 시달리는 비율이 급격히 하락했지만 시간이 지나면서 다시 증가했다.

수면장애를 앓고 있는 퇴직자 비율

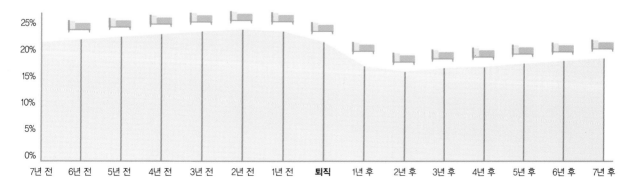

평정심 유지

변화와 불안감 다루기

직장을 떠나기 전부터 불안감이 엄습한다. 퇴직을 하는 순간 이 불안감은 증폭된다. 이전에는 일하느라 바빠서 신경 쓰지 못한 일들이 커다란 걱정거리가 되어 갑자기 다가온다. 불안한 심리를 잘 다루는 것은 건강을 유지하는 데 매우 중요하다. 퇴직을 앞두고 평정심을 유지할 수 있는 방법은 무엇일까?

변화와 불안감

불안감은 모르는 것에 대한 두려움에서 생겨난다. 퇴직은 인생에 큰 변화를 일으킨다. 거의 한평생을 보낸 직장을 떠나 미지의 세계로 들어간다. 더욱이 직장은 사회적으로, 재정적으로 큰 힘이 되어주던 곳이다. 이렇게 알 수 없고 낯선 환경에 맞닥뜨렸을 때 불안감을 느끼는 것은 지극히 자연스러운 반응이다. 잠시 시간을 가지고 이 불안감의 정체를 파악할 필요가 있다. 매일 자신을 괴롭히는 알 수 없는 불안감에 시달리지 말고 불안한 감정을 잘게 쪼개서 없애버려라.

불안감 없애기

퇴직을 앞두고 남은 인생을 살아가기에 충분할 정도로 재정적으로 준비가 되었는지 걱정될 수 있다. 도대체 당신이 정말 걱정하는 것은 무엇인가? 걱정과 불안감을 달래기 위해서 어떻게 해야 할까? 재정 상태를 점검하고 평가하기 위해서 전문가의 도움을 받아보라. 가족관계가 걱정이라면 전화를 해서 소식을 묻거나 함께 저녁식사를 하자고 모두 집으로 초대하는 것은 어떤가? 이런 불안감을 없앨 수 있는 지름길은 없다. 서서히 현재 어떤 상황에 처했는지 파악하여 자신의 인생에 대한 통제력을 다시 찾는 것만이 평정심과 웰빙을 다시 얻을 수 있는 방법이다.

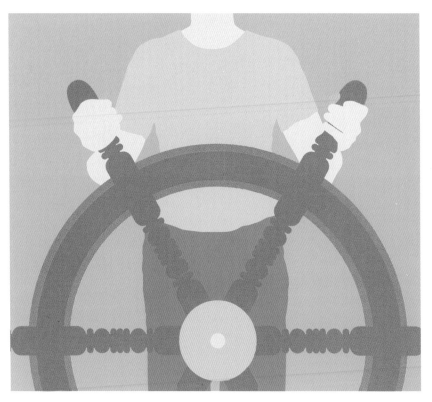

큰 변화와 그로 인한 불확실한 미래에 대하여 침착함과 냉정함을 유지할 수 있는 사람은 거의 없다. 이런 상황이 되면 모두가 불안하고 초조해진다. 이제 퇴직이 당신의 인생에 큰 변화를 몰고 와 미래를 불확실하게 만들 것이다. 어떻게 해야 할까?

불안감을 악화시키는 것들

불안감을 달랠 수 있는 방법은 무엇일까? 심리학자 테리 콜은 불안감을 심하게 만드는 네 가지를 소개했다.

· **카페인** 각성제다. 다시 말해, 카페인을 섭취하면 신경이 활발하고 빠르게 움직이기 시작한다. 초조하고 불안하다면 신경을 안정시켜야 한다.

· **탈수** 몸에 수분이 부족하면 우리의 몸과 뇌는 제 기능을 수행하지 못한다. 이런 이유 때문에 우리는 항상 충분한 수분을 섭취해야 하고 이것이 건강을 유지하는 수많은 비결 중 하나다.

· **알코올** 많은 사람들이 불안하고 초초할 때 '알코올의 힘'을 빌린다. 그러나 술을 마시면 체내 수분과 산소가 부족해져 몸이 제대로 기능하는 데 상당한 부담을 받게 된다. 물론 술을 마시면 잠깐 동안 불안감을 누그러뜨릴 수는 있다. 그러나 이것은 임시방편에 불과하다. 장기적으로 불안감을 없앨 수 있는 다른 더 좋은 방법을 찾아야 한다.

· **수면부족** 휴식은 굉장히 중요하다. 우리가 잠을 자는 동안 우리의 뇌도 휴식을 취하며 기능을 회복시킨다(132~133페이지 참조).

통제 불가능할 정도로 불안하다면?

평소 스트레스를 잘 받는 편인가? 단순한 걱정과 불안장애는 분명히 다르다. 단순한 걱정은 시간이 지나면 사라지지만, 불안장애는 스스로 통제할 수 없고 만성적으로 지속된다. 임상 설문지를 통해 자신이 불안장애가 있는 것은 아닌지 확인해볼 수 있다. 인터넷에서 자신이 범불안장애(GAD; Generalized Anxiety Disorder)를 앓고 있는지 알 수 있는 평가표를 쉽게 찾을 수 있을 것이다. 북미만 해도 680만 명의 성인이 현재 범불안장애를 앓고 있는 것으로 조사되었다.

물론 불안감을 느끼는 것은 불편한 경험이지만, 절대 이 불안감이 당신의 삶을 지배하도록 내버려둬서는 안 된다. 불안감은 우선 당신의 삶의 질을 갉아먹기 시작할 것이다. 그러니 비이상적으로 불안감이 지속된다는 생각이 들면 곧장 의사의 도움을 받아야 한다.

마음의 평화를 찾아서

당신은 한때 히피족이었나 아니면 한 평생 이성에 따라 살아왔나? 어느 쪽이든 명상이 불안감 완화에 큰 효과가 있다는 사실이 과학적으로 밝혀졌다.

세계적인 사회심리학 학술지인 「성격 및 사회심리학지」에 명상이 퇴직자의 웰빙과 수명에 미치는 영향을 연구한 논문이 실렸다. 매일 명상을 해 마음을 나스렸던 실험 참가자들은 기대수명이 올라갔을 뿐 아니라 인지능력, 혈압, 정신건강이 개선되었다. 이 연구결과를 놓고 보면 정말 우리를 더 행복히고 건강하게 만드는 효과가 명상에 있는 것 같다.

 불안감을 달래는 임시방편

불안감을 해소하는 것은 새로운 환경에 적응하면서 추진해야 하는 장기 프로젝트다. 불안장애를 앓고 있다면 의사의 도움을 반드시 받아야 한다. 그렇지 않다면 새로운 생활이 어느 정도 안정될 때까지 잠시나마 불안감을 달래는 데 도움이 되는 두 가지 방법이 있다.

1 운동
온 신경을 곤두세우고만 있지 말고 몸으로 할 수 있는 일이라면 그게 무엇이든지 한번 해보라. 심지어 가벼운 운동조차도 신경안정 호르몬인 엔도르핀을 분비시킨다. 꾸준히 운동을 하는 사람들은 불안장애에 걸릴 확률이 최대 25% 낮다는 사실이 연구를 통해 밝혀졌다.

2 신체 접촉
인간은 사회적인 동물이고 무리를 이루며 살아간다. 노스캐롤라이나 대학교에서 실시한 연구에 따르면, 손을 잡고 사랑하는 사람과 포옹을 할 때, 심장박동수와 혈압이 떨어졌다. 당신이 아끼고 사랑하는 사람들과 함께하는 시간, 특히 그들과 가볍게 신체 접촉을 하면 힘든 순간에도 안정감과 평온함을 느낄 수 있다.

대화의 중요성

인간관계

무슨 일이든 대화로 해결하는 것이 가장 좋다는 것은 모두 알고 있다. 그런데 퇴직을 하고 나면 '대화'가 이전보다 더욱 중요해진다. 자, 어떻게 대화를 통해 사람들과 좋은, 더욱 단단한 관계를 맺을 수 있을까?

직장을 떠나는 것은 일종의 문화충격이다. 직장은 이제 더 이상 당신의 일차적인 사회집단이 아니다. 이제 사랑하는 사람들과 많은 시간을 보내고 자주 대화를 해야 할 때다. 어떤 일이 있더라도 항상 당신의 편에 서서 당신을 응원해주고 지지해주는 사람들과 함께한다는 것은 심리적으로 큰 안정감을 준다. 곧 가족이 당신의 심리적 안정망이 되어줄 것이다.

자녀들에게 부담이 되기 싫은가?

주로 자녀와의 관계에서 정서적 욕구를 충족시켜 왔다면, 퇴직을 했다고 그들에게 기대고 의지해서 심리적으로 부담이 되고 싶지 않을 것이다. 부모는 아이들을 돌보는 사람이지 아이들에게서 보살핌을 받는 존재가 아니라고 생각할 수 있다. 그러나 퇴직을 한 당신의 상황에 '사회적 자본'의 개념을 적용해보면 어떨까? 미국의 심리학자 토니 앤토누치가 소개한 개념이다. 중년에 사람들은 주변 사람들 특히 자녀와 어린 친구들에게 애정과 관심을 '투자'하고 우리가 투자하는 것보다 적은 애정과 관심을 돌려받는다. 그러나 나이가 들고 자녀와 어린 친구들이 독립할 수 있을 정도로 성장하면 상황은 역전된다. 우리가 '저축'한 애정과 관심을 이자를 붙여 그들이 돌려준다. '감정은행계좌(Emotional Bank Account)'가 만기가 돼서 큰 수익으로 돌아오려면 자녀와의 관계가 좋아야 한다. 그래야 그들이 당신이 기대한 것 이상의 관심과 애정으로 당신을 보살필 가능성이 크다. 사회적 교환이 어느 정도 균형을 맞출 때, 사람들은 더 큰 안정감을 느끼는 경향이 있다. 자녀들도 자신들이 받은 애정과 관심을 자신들의 부모에게 돌려줘야 제대로 된 사람이라는 안정감을 느낄 수 있는 것이다.

자신들의 보살핌을 받는다고 부모의 역할을 포기할 필요는 없다. 인간 개발학 교수 수잔나 스미스는 '자녀에게 무언가 주는 것은 영원한 부모의 역할'이라고 말했다. 부모는 계속 자녀에게 애정을 쏟으면서 장성한 자녀들에게 보살핌을 받는다는 것이다. 일반적으로 자녀에게 지혜를 빌려주고 힘이 되어줄 때 우리는 더 큰 만족감을 느낀나. 장성한 자녀들에게 의지하고 기댄다고 해서 부모 노릇을 제대로 못하고 있다는 의미는 절대 아니다.

적을수록 더 좋다?

모든 사람들이 자식이나 조카아들과 조카딸 또는 친구처럼 힘들 때 항상 곁에서 힘이 되어주고 기댈 수 있는 사람들이 있는 것은 아니다. 이게 문제가 될까? 실제로 일반

Q 남자들은 절대 도움을 요청하지 않는다?

남자는 도움을 구할 줄 모른다는 선입견이 있다. 그러나 이 선입견을 살짝 뒤집는 연구결과가 나왔다. 2007년 미국에서 한 연구팀은 퇴직자들에게 얼마나 사람들과 접촉을 하고 도움을 받는지에 관한 설문지를 작성하도록 했다. 남성 참여자들은 처음에 도움을 요청하는 것을 주저했지만 서서히 도움을 요청하는 비율이 여성 참여자들의 비율을 따라잡더니 결국 비슷한 수치를 기록했다.

지금 필요한 지원은 어떤 유형인가?

영국의 심리학자 데릭 밀른은 사람과 사람이 주고받는 지원의 하위영역 네 가지를 소개했다. 퇴직자는 다른 시기에 네 가지 하위영역에 해당하는 지지가 모두 필요할 것이다. 퇴직 초기에는 정서적 지지와 동료의식이 특히 필요하다. 만약 지금 당장 필요한 사랑하는 사람들이 주위에 있다면 인생의 과도기를 잘 통과하는 데 도움이 될 것이다.

동료의식

아무 말 없이
그냥 곁에 있어준다.

정서적 지원

당신의 이야기를 경청하고
보살핌을 보낸다.

실질적 지원

실질적인 문제들을
극복하는 데 도움을 준다.

정보 지원

지금 당장 꼭 알고 있어야
하는 것들에 무엇이 있는지
가르쳐준다.

적으로 퇴직자들은 작은 인간관계를 형성하고 있다. 이게 꼭 나쁘다는 것은 아니다. 심리학자 로라 카스텐센은 '사회정서적 선택(socioemotional selectivity)'의 필요성에 대하여 역설했다.

나이가 들면 인생의 유한성과 허무함을 느끼면서 더욱 더 삶의 중요한 분야에 관심을 갖게 된다. 그 결과 삶의 통찰력이 생기고, 인간관계는 더 깊어지면서 더 큰 행복에 도달할 수 있다는 것이다. 동료 심리학자 프리더 랭과 함께 진행한 연구에서 카스텐센은 나이 든 사람들은 젊은 사람보다 친구가 적지만 친한 친구의 수는 동일했다고 결론지었다.

지금까지 힘이 되어주는 사람들과의 인간관계의 중요성에 대하여 이야기했다. 그러나 여러 인간관계가 넓어야 한다는 의미는 아니다. 실제로 대부분의 퇴직자들은 자신들이 진정 신뢰하는 소수의 사람들과 깊은 인간관계를 맺고 있었다. 한마디로 '양보다 질'이 인간관계에도 통하는 것이다.

친구

많은 퇴직자들에게 자녀와 손자손녀는 퇴직 후 인간관계에서 가장 중요한 부분을 차지한다. 그러나 혈연관계로 맺어지지 않은 사람에게서도 자식이나 손자녀의 역할을 기대할 수 있다. 자손이 없는 사람은 친구들과의 관계에 더 많은 것을 투자한다. 퇴직 후에 친구들에게 많은 의지를 하게 된

다. 심리학자 모 왕과 사회학자 케네 헨켄스와 한나 판 솔린게는 2001년 논문에서 퇴직자들은 자원봉사활동이나 배우자를 통해 사회적 관계를 형성한다고 했다. 다시 말해, 퇴직 후에 여러 방면으로 사회활동을 해서 친구를 사귈 수 있다는 말이다. 이제 막 퇴직생활을 시작했다면 주위를 둘러보고 남은 인생을 함께 보내고 싶은 사람들에게 집중해라.

스트레스에 시달리는 당신에게

스트레스를 관리하자

퇴직을 앞둔 시기는 적응하기 쉽지 않다. 이 시기에 나타나는 스트레스 증상을 기록해두면 스트레스를 해소하는 데 도움이 된다. 어느 정도 불안감을 느끼는 것은 정상적인 반응으로 이 과도기에 긍정적인 면을 찾아내면 이 불안감은 보통 자연스럽게 사라진다.

스트레스를 프로파일링하자
퇴직 직후 대다수의 사람들에게 불안감의 강도가 급증하다가 서서히 완화된다. 오른쪽의 '스트레스 일지'를 작성하여 매달 어느 정도의 불안감에 시달리고 있는지 평가하는 것이 불안감을 해소하는 데 많은 도움이 될 것이다.

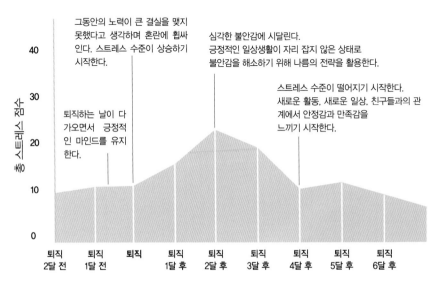

그동안의 노력이 큰 결실을 맺지 못했다고 생각하며 혼란에 휩싸인다. 스트레스 수준이 상승하기 시작한다.

심각한 불안감에 시달린다. 긍정적인 일상생활이 자리 잡지 않은 상태로 불안감을 해소하기 위해 나름의 전략을 활용한다.

스트레스 수준이 떨어지기 시작한다. 새로운 활동, 새로운 일상, 친구들과의 관계에서 안정감과 만족감을 느끼기 시작한다.

퇴직하는 날이 다가오면서 긍정적인 마인드를 유지한다.

높음 ← 스트레스 점수

40
30
20
10
0

퇴직 2달 전 / 퇴직 1달 전 / 퇴직 / 퇴직 1달 후 / 퇴직 2달 후 / 퇴직 3달 후 / 퇴직 4달 후 / 퇴직 5달 후 / 퇴직 6달 후

인생의 큰 사건인 퇴직은 스트레스를 유발한다. 퇴직을 앞두고 많은 사람들은 정체성 혼란, 목적과 공동체 상실에 시달리고 건강과 돈에 대하여 걱정한다. 퇴직 후 목적을 달성해 성취감을 느끼는 만족스러운 생활을 하기 위해서는 자신이 스트레스를 받고 있다는 사실을 인식하고 스트레스를 해소하는 방법을 찾아내야 한다. 어디서 불안감이 오는지를 스스로 분석하여 '스트레스 지도'를 그리는 것이 스트레스를 해소하는 데 체계적으로 도움이 될 것이다.

평생을 다닌 직장을 떠나야 한다는 생각은 스트레스를 유발할 수밖에 없다. 서서히 스트레스를 받기 시작하면 '현재 스트레스를 받고 있음'을 알리는 징후와 증상이 나타난다. 스트레스를 받고 있다는 생각이 들면 스스로를 옭아매는 부정적인 생각과 같은 크기의 긍정적인 생각을 떠올리려고 노력해라. 예를 들어 퇴직을 독립적으로 살고, '잃어버린 나'를 다시 찾고, 일하느라 바빠서 미뤄두었던 꿈과 야망을 실현할 제2의 인생의 시작이라고 생각하는 것이다.

나는 얼마나 스트레스를 받고 있을까?

예일 대학교의 라지타 신하 교수는 스트레스를 자가 진단하는 '스트레스 일지'를 고안했다. 퇴직을 앞두고, 퇴직 후 매달 스트레스 일지를 작성하면 그동안 얼마나 많은 스트레스에 시달려왔는지 알 수 있다. 각 항목에 0~4점으로 점수를 기록하고 모두 합해서 총점을 구하는 방식으로 작성하면 된다.

점수

0 스트레스를 전혀 받지 않는다.
1 스트레스를 거의 받지 않는다.
2 스트레스를 가끔 받는다.
3 스트레스를 자주 받는다.
4 스트레스를 거의 매일 받는다.

계산방식

점수를 모두 합산하라. 총점이 높을수록 스트레스를 많이 받고 있다. 20점 이상을 받은 사람은 매우 높은 스트레스를 받고 있다. 스트레스 일지를 매달 작성하여 스트레스 수준이 매달 어떻게 변하는지 체크하라. 또는 그래프에 나타내는 것도 좋은 방법이다(왼쪽 그래프 참조).

심리적 징후

자신에게 중요한 일들을 통제할 수 없다는 생각이 얼마나 자주 들었는가? ☐

개인적인 문제를 해결할 자신이 없다는 생각이 얼마나 자주 들었는가? ☐

마음대로 되는 일이 하나도 없다는 생각이 얼마나 자주 들었는가? ☐

감당할 수 없을 정도로 힘든 일뿐이라는 생각이 얼마나 자주 들었는가? ☐

신체적 징후

특히 퇴직과 관련하여 숨이 차고 가슴이 답답해 생각을 분명하게 말로 전달할 수 없었던 경우가 얼마나 자주 있었는가? ☐

불안감에 잠 못 들고 뜬눈으로 밤을 지새운 적이 얼마나 자주 있었는가? ☐

위경련, 두통이나 근육경련이 얼마나 자주 발생했는가? ☐

흡연, 음주, 또는 폭식을 하고 싶은 충동에 얼마나 자주 시달렸는가? ☐

24%

감정기복에 시달리는 퇴직자들

미국에서 퇴사한 지 8년 이상이 지난 퇴직자들을 대상으로 얼마나 스트레스를 받고 있는지를 알아보는 조사가 진행되었다. 조사결과, 24%의 응답자들이 때때로 스트레스를 받는다고 응답했다.

✒ 부정적인 생각을 뒤집자

퇴직이란 말을 들었을 때 떠오르는 부정적인 이미지만큼 긍정적인 이미지도 있다.

· 퇴직을 하면 직장 내 지위, 직위 또는 권한도 사라진다. 그러나 이것은 독립적인 자아를 다시 찾을 수 있다는 의미이기도 한다.
· 가족, 친구들과 더 많은 시간을 보낼 수 있다.
· 퇴직으로 소득이 줄어들지만 비물질적인 가치를 추구할 수 있는 기회가 된다.
· 목적이 사라지지만 새로운 프로젝트를 통해 다시 목적의식을 가질 수 있다.
· 자신의 능력과 도움이 직장에서 거부당했다는 기분이 들지만, 퇴직으로 쳇바퀴 돌듯 지루한 일상과 어깨를 무겁게 짓누르는 업무에서 해방이다.

퇴직에 대한 부정적인 이미지를 긍정적인 이미지로 해석해보라. 현재의 상황을 다르게 표현하는 것도 스트레스와 우울감을 날려버리는 데 꽤 효과적이다.

퇴직과 성장

건전한 사고방식을 기르자

지금까지 인생과 비교하면 퇴직 후 인생은 공허하게 느껴진다. 퇴직을 앞둔 거의 모든 사람들이 상실감과 불안감에 시달리게 된다. 이런 때일수록 마음가짐을 다잡을 필요가 있다. 이런 불안한 시기를 극복하는 데 도움이 되는 마음가짐에 대하여 소개하고자 한다.

지금까지 벽에 부딪혀 앞으로 나아갈 수 없을 때, 어떻게 대응해왔나? '이건 내가 잘 할 수 있는 일이 아니었어. 그리고 내 능력으로 부족하고 어려운 부분들도 분명히 있었어. 하지만 더 많이 준비해서 다시 도전하면 다음번에는 분명 좋은 결과가 있을 거야.' 이것은 심리학자 캐롤 드웩 교수가 주장한 지능과 능력을 믿고 도전을 통한 발전을 회피하는 '고착형 사고방식(fixed mindset)'과 자신의 기본적인 자질은 아직 훌륭하지 못하고 미흡하지만 지속적인 발전 가능성이 있다고 믿는 '성장형 사고방식(growth mindset)'의 차이다. 고착형 사고방식과 성장형 사고방식 이론은 단지 난관을 극복하는 방식의 차이를 설명하는 단순한 이론이 아니다. 건설적인 사고방식은 의구심과 도전을 통해 형성된다. 이것이 알 수 없는 미래를 마주할 때 대단한 차이를 만들어낸다.

성장형 사고방식 vs 고착형 사고방식

성장형 사고방식을 지닌 사람들은 자신의 자질, 능력, 재능이 완전하지 않지만 노력을 통해 성장하고 발전할 수 있다고 믿는다. 간단한 말로 들리겠지만, 이것은 인생관에 아주 큰 차이를 만들어낸다. 드웩 교수는 성장형 사고방식과 고착형 사고방식을 설명하기 위해서 한 가지 사례를 들었다.

홍콩 대학교 학생들에게 무료로 영어 수업을 들을 수 있는 기회가 제공되었다. 거의 모든 경제활동이 영어로 이뤄지는 홍콩에서 영어는 필수다. 성장형 사고방식을 지닌 학생들은 두 번 생각할 것도 없이 무료 영어 강좌를 신청했지만, 고착형 사고방식의 학생들은 거절했다. 그들은 언어 학습 능력이 뛰어나지 않다면, 잃을 것이 아무 것도 없고 어쩌면 인생을 살아가는 데 아주 큰 도움이 될 수도 있는 무료 강좌라 할

당신은 어떤 사고방식을 가지고 있나?

가령 퇴직한 지 얼마 안 된 당신은 힘겨운 나날을 보내고 있다. 현재 살고 있는 지역의 환경 정책을 널리 알리는 캠페인에 참여할 생각으로 첫 모임에 참여했지만 당신의 이야기에 관심을 가지는 사람이 아무도 없는 것 같다. 이런 상황에서 성장형 사고방식을 지닌 사람과 고착형 사고방식을 지닌 사람의 대처 방식은 어떻게 다를까? 예상대로 성장형 사고방식의 사람이 생산적이고 캠페인에 도움이 되는 회원이 될 가능성이 크다.

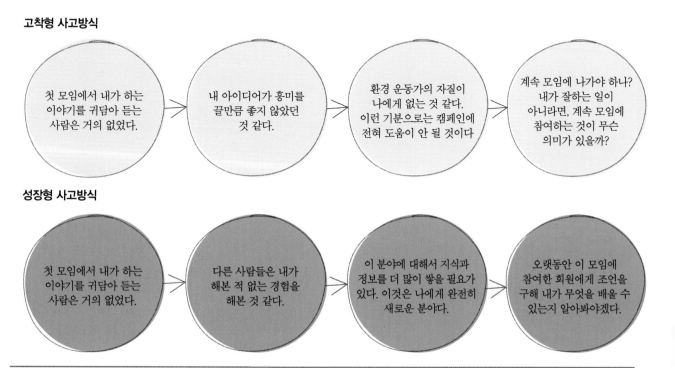

고착형 사고방식

첫 모임에서 내가 하는 이야기를 귀담아 듣는 사람은 거의 없었다. → 내 아이디어가 흥미를 끌만큼 좋지 않았던 것 같다. → 환경 운동가의 자질이 나에게 없는 것 같다. 이런 기분으로는 캠페인에 전혀 도움이 안 될 것이다 → 계속 모임에 나가야 하나? 내가 잘하는 일이 아니라면, 계속 모임에 참여하는 것이 무슨 의미가 있을까?

성장형 사고방식

첫 모임에서 내가 하는 이야기를 귀담아 듣는 사람은 거의 없었다. → 다른 사람들은 내가 해본 적 없는 경험을 해본 것 같다. → 이 분야에 대해서 지식과 정보를 더 많이 쌓을 필요가 있다. 이것은 나에게 완전히 새로운 분야다. → 오랫동안 이 모임에 참여한 회원에게 조언을 구해 내가 무엇을 배울 수 있는지 알아봐야겠다.

지라도 수업을 들어봤자 아무 의미 없다고 생각했다.

성장형 사고방식 기르기

다른 사람들 앞에서 우스꽝스러운 존재가 되기를 바라는 사람은 아무도 없다. 이것은 실패할 가능성이 있으면 사람들은 시도조차 하지 않으려는 경향이 강하다는 의미다. 그러나 드웩 교수는 자신의 능력을 얼마나 정확하게 평가하고 있는지 알아보는 테스트에서 성장형 사고방식의 사람들이 자기 자신을 놀라울 정도로 정확하게 알고 있다는 사실을 발견했다. 여러 가지 면에서 성장형 사고방식은 '자기실현 예언'의 힘을 지닌다. 된다고 생각하고 능력을 찾아내려고 노력하면 믿는 대로 된다.

드웩 교수는 사람들에게 자신이 똑똑하다고 느낄 때가 언제인지 물었다. 고착형 사고방식의 사람들은 실수를 하지 않을 때라고 답했고, 성장형 사고방식의 사람들은 무언가 새로운 것을 배울 때라고 대답했다.

퇴직은 새로운 무언가를 배우는 기회를 종종 제공한다.

당신은 'PIG'형인가 'SET'형인가?

인지행동요법은 'PIG'와 'SET'를 이용해 난관에 봉착했을 때 우리의 사고과정을 설명한다.

Permanent: 항상 이런 식일 것이다.
Internally created: 나 때문에 일어난 일이다.
General: 이게 세상이 돌아가는 방식이다.

Specific: 이유가 있어서 이런 일이 일어났다.
External: 나 때문에 일어난 일이 아니다.
Temporary: 상황이 바뀔 것이다.

나의 역할은 무엇인가?

역할변화에 대응하기

지금 혹은 이전에 다니던 직장이 전부가 아니다. 그러나 심리학적인 관점에서 말하면, 소속된 다양한 집단에서 차지하고 있는 지위는 우리에게 중요하다. 퇴직을 하면 지위가 달라진다. 이런 상황에 어떻게 대응할까?

심리학적 개념인 '역할 이론'은 1990년대 이후부터 개발되었다. 역할 이론이란 인간은 일련의 역할을 맡으면서 정체성을 찾아간다는 것이다. 여기서 말하는 역할은 일과 관련된 것과 관련되지 않은 것을 모두 포함한다. 그러나 대부분의 사람들에게 자신의 직업이 만들어낸 역할은 삶에서 중요한 부분을 차지한다. 퇴직이 힘든 이유는 '개인적인 나'와 '사회적인 나'를 이런 직업이 만들어낸 역할을 통해 형성하기 때문이다. 퇴직은 단지 직업을 손에서 떠나보내는 것이 아니라 새로운 역할에 맞게 자아를 재조정하는 것이다.

'새로운 나'를 찾아서

퇴직 후 모든 것이 새로운 일상에 적응할 때, 불편한 감정 없이 낡은 역할을 한 번에 털어내기를 바라는 것은 과욕이다. 스스로 확립한 자아 정체성은 인간의 심리에 지대한 영향을 미친다. 그러나 자신에게 어울리는 새로운 역할을 찾고 거기에 맞게 자아 정체성을 '조정'하는 것이 훨씬 건강하고 장기적으로 새로운 일상에 적응할 수 있는 방법이다.

'낡은 나'에 대한 애착이 강하면 '새로운 나'를 찾는 것이 힘들지 않을까? 꼭 그렇지는 않다. 2007년부터 미국에서 시작된 조사에 따르면, 놀랍게도 직업에 대한 애착으로 퇴직 후 삶에 대한 만족도를 정확하게 예측할 수 없었다. 실제로 직업이 자신을 정의하는 데 매우 중요한 기준이었던 사람들도 행복한 노년을 보내고 있었다. 한 가지 역할에 깊게 몰입하는 사람은 새로운 역할을 찾아내고 전만큼 이 새로운 역할에 몰입하고 애착을 가지는 것으로 나타났다.

퇴직을 앞둔 시점에서 주어진 옵션들을 살펴보면 문득 두 가지 궁금증이 생길 것이

새로운 역할과 사회적 관계

좋은 사회적 관계는 역할 조정에 필수 요소다. 그러나 새로운 역할을 받아들이고 적응하는 데 지나치게 하나의 사회적 관계에 기대고 의지하려고 해서는 안 된다. 연구에 따르면 퇴직자가 의지하고 확장시킬 수 있는 사회적 관계에는 네 가지 유형이 있었다(아래 그림 참조). 각 유형마다 장점이 있으니 적절히 잘 혼합해야 한다.

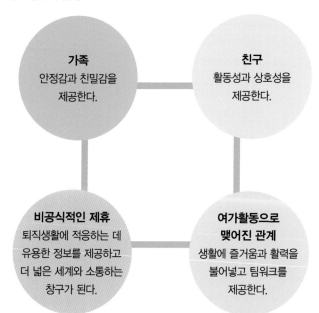

새로운 역할을 받아들이는 마음가짐

미국의 콜롬비아 의과대학과 코넬 의과대학은 역할 변화에 적응하는 데 유용한 네 가지 팁을 발표했다.

1 새로운 사람을 많이 만나라
누군가의 친구가 되는 것은 매우 중요한 역할이다.

2 놀아라
타인과 경쟁을 하는 게임을 통해 활동성을 유지하고 노닥거리면서 새로운 아이디어가 만들어라.

3 창의력을 발휘해라
역사에 이름을 남길 위대한 작품을 창조해내는 예술가가 될 필요는 없다. 아마추어라 할지라도 음악가나 공예가처럼 창의력을 발휘할 수 있는 역할을 맡는 것은 정신건강에 매우 좋다.

4 평생 배움의 끈을 놓지 마라
새로운 관심사나 새로운 전문 영역이 생기면 자신이 항상 새롭게 다가온다.

다. 첫째, 직업 이외에 부모, 친구, 취미생활, 이웃 등 '나'를 정의하는 데 기준이 될 만한 역할에는 무엇이 있을까? 둘째, 이런 역할들에서 얻지 못한 것 중 무엇을 직업이 나에게 줬을까?

자아상의 상실은 특정 역할의 상실보다 우리에게 심리적으로 더 큰 타격을 준다. 직업을 통해 스스로 리더십 있는 사람이라는 생각이 들었다면, 퇴직 후 드는 궁금증은 '다른 역할이 나에게 리더십을 발휘할 기회를 제공할까? 그렇지 않다면 어디서 이런 기회를 얻을 수 있을까?'가 될 것이다. 이것은 '직업에서 정을 떼기 위해서'라기보다 '새로운 역할에 정을 붙이기 위해서' 고민하게 되는 질문이다.

직업에 대한 애착을 큰 스트레스 없이 끊어내려면, 직업이 사라진다는 사실을 원망하지 말고 직장 이외의 장소에서 새로운 역할을 찾아내 직업의 자리를 대신할 수 있도록 키우는 것이 가장 현명한 방법일 것이다. 자신만의 방식으로 바뀐 환경에 맞게 자아를 조정하는 것은 퇴직생활이 주는 가장 보람된 기회다.

자신감 키우기

퇴직생활에 유난히 잘 적응하는 사람들이 있다. 심리학자 메리 앤 타일러-카터와 켈리 쿨은 퇴직으로 인해 바뀐 역할에 적응하는 데 특히 도움이 되는 두 가지 요인을 발표했다. '내적 통제위(internal locus of control)'와 '퇴직 자기효능감(retirement self-efficacy)'이다. 내적 통제위는 스스로 자신의 삶을 통

제할 수 있는 힘이 있다는 믿음이고(146~147페이지 참조), 퇴직 자기효능감은 직장생활을 통해 여생을 살아가는 데 필요한 지식과 기술을 이미 습득했다는 믿음이다. 퇴직 자기효능감은 학습을 통해 강화되지만(140~141페이지 참조), 내적 통제위는 상시적으로 노력해야 얻을 수 있다. 스스로 인생을 통제하고 바꿀 수 있는 힘이 있다는 믿음이 강할수록 퇴직으로 인한 새로운 환경과 새로운 역할에 쉽게 적응할 수 있다.

모든 가능성을 열어라

이사를 갈까?

혹시 새로운 인생을 새로운 집에서 시작하고 싶지는 않은가? 아니면 지금 살고 있는 집에서 남은 인생을 보내고 싶은가? 퇴직자들은 직장을 다니는 사람들에 비해서 '이동의 자유'가 많으니 이 문제에 대해서 한번 생각해보는 것도 좋지 않을까?

퇴직생활에 익숙해질 때쯤이면, '지금 살고 있는 곳에서 앞으로도 계속 지낼지' 아니면 '푸르른 초목이 있는 전원으로 이사를 갈지' 고민이 생긴다. 이사는 최고의 선택일 수도 있고 최악의 선택일 수도 있다. 그러니 이사와 지금 살고 있는 동네에서 계속 사는 것에 대하여 진지하게 고민하고 결정을 내려야 후회하지 않을 것이다.

정서적인 문제

전원주택으로 이사할 생각을 하고 있다면 다음의 중요한 질문에 대하여 고민할 필요가 있다.

· 현재 만나는 사람이 있는가? 이사 가는 곳이 당신과 상대방의 욕구를 모두 만족시키는가? 둘 중 한 사람이 행복하지 않다면 나머지 한 사람도 행복할 수 없다.
· 가족과 친구들과 가까운 곳인가? 외로워지면 아름다운 풍경도 의미가 없어질 것이다. 먼 거리를 오가는 것이 친구들에게

체력적으로 부담이 될 수도 있고 자녀들이 바빠서 멀리 살고 있는 당신을 만나러 자주 못 올 수도 있다. 당신을 만나러 가는 것이 체력적으로나 재정적으로 부담이 되어서는 안 된다. 전원생활보다 가족 모임을 열 수 있게 지금보다 더 큰 집을 원하는 것인지도 모른다.

· 당신이 사랑하는 사회적 네트워크와 환경을 버리고 떠날 수 있는가? 이웃과 잘 알고 지내는 것은 생활을 윤택하고 편하게 만든다. 실제로 살아보기 전까지 새로운 장소가 이전에 살던 곳처럼 편안하고 행복하게 느껴질지 알 수 없다. 그러니 특히 지금 사는 곳과 아주 멀리 떨어진 곳으로 이사 갈 생각이라면 맛보기 차원에서 잠깐만 지내보는 것도 좋다.
· 지금 살고 있는 집에 정이 듬뿍 들었을 것이다. 좋은 기억도 있고 분명 나쁜 기억도 있을 것이다. 이 모든 것을 뒤로 한 채 떠날 수 있겠는가?

현실적인 문제

노년을 보내는 데 필요한 것과 시설 등 현실적인 문제에 대해서도 고민해야 한다.

· 1년 내내 거기서 행복한 생활을 보낼 수 있을까? 겨울날씨가 온화한 곳은 보통 여름이 굉장히 무덥다. 생기 넘치는 여름 휴양지는 비수기가 되면 텅 비어버릴 것이다. 다시 생각해보라.
· 홍수, 폭풍 또는 지진처럼 기상이변이나 천재지변이 생길 가능성은 없는가?
· 생활비는 얼마나 들까? 집값만 생각해서는 안 된다. 부동산세, 지방세, 식료품처럼 생필품에 드는 비용도 있다. 특히 연금에 부과되는 세금이 있다면 얼마나 부과되는지도 따져봐야 한다.
· 이사비용은 얼마나 들까?
· 원하면 파트타임으로 일하거나 자원봉사 활동을 할 수 있을까?
· 필요한 모든 것을 쉽게 구할 수 있을까? 3킬로미터 정도 떨어진 곳에서 쇼핑을 하는 것이 지금은 괜찮을지 몰라도 시간이 지나면 체력적으로 부담이 될 것이다. 만성질환이 있다면 괜찮은 의료시설이 가까이 있는지도 중요한 문제다.

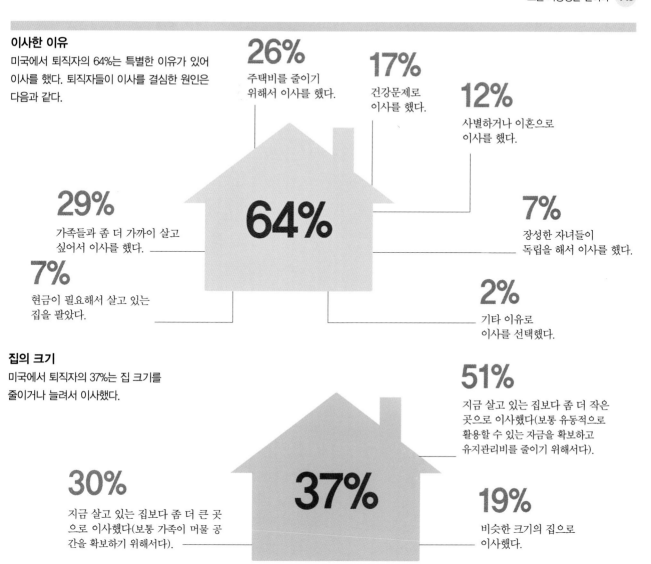

이사한 이유
미국에서 퇴직자의 64%는 특별한 이유가 있어 이사를 했다. 퇴직자들이 이사를 결심한 원인은 다음과 같다.

26%
주택비를 줄이기 위해서 이사를 했다.

17%
건강문제로 이사를 했다.

12%
사별하거나 이혼으로 이사를 했다.

29%
가족들과 좀 더 가까이 살고 싶어서 이사를 했다.

64%

7%
장성한 자녀들이 독립을 해서 이사를 했다.

7%
현금이 필요해서 살고 있는 집을 팔았다.

2%
기타 이유로 이사를 선택했다.

집의 크기
미국에서 퇴직자의 37%는 집 크기를 줄이거나 늘려서 이사했다.

51%
지금 살고 있는 집보다 좀 더 작은 곳으로 이사했다(보통 유동적으로 활용할 수 있는 자금을 확보하고 유지관리비를 줄이기 위해서다).

30%
지금 살고 있는 집보다 좀 더 큰 곳으로 이사했다(보통 가족이 머물 공간을 확보하기 위해서다).

37%

19%
비슷한 크기의 집으로 이사했다.

· 전문적인 도움을 받을 수 있는 믿을 만한 가게나 사람이 근처에 있나? 가깝게 지냈던 자동차 정비공, 회계사, 변호사 또는 동네 미용사가 그리워지지는 않을까?
· 노인들을 위해 조성된 마을도 있다. 이런 마을로 이사를 가면 노년에 필요한 각종 시설이 구비되어 있고 다른 퇴직자들과 소통할 기회가 많다는 좋은 점이 있지만, 분명 생활수칙이 있을 것이다. 미리 어

떤 규칙과 제한사항이 있는지 살펴봐라.

별장을 구입할 생각이라면
풍경 좋고 조용한 곳에 별장을 살 생각이라면, 확인할 사항에는 무엇이 있을까? 앞서 살펴본 내용과 상당 부분 비슷하지만 추가적으로 생각해볼 문제가 있다.

· 얼마나 자주 별장을 방문할까? 별장을 어

떻게 관리할까?
· 별장에 머무르지 않을 때 렌트한다면, 과세소득에 어떤 영향을 줄까?
· 마지막으로 입지가 좋아서 가족모임을 열 수 있는가?

대처능력

장기적인 문제에 대비하자

퇴 직 전과 후에는 필연적으로 난관에 부딪히게 되어 있다. 직장생활을 열심히 할 때보다 체력이 많이 떨어질 것이고 재정난에 대응하는 능력이 아마도 줄어들 것이다. 합리적으로 생각하고 고민해서 계획한 새로운 목표와 프로젝트를 완수하고 자신을 응원해주고 지지해주는 사람들과 함께 열심히 살아가려고 노력하겠지만, 인생은 뿌연 안개에 휩싸여 있고 일은 뜻대로 풀리지 않을 수 있다. 치밀하게 계획을 세울 때뿐만 아니라 탄력성을 키우기 위해서도 최선을 다해야 한다. 설령 치밀하고 꼼꼼하게 세운 계획이 어긋나더라도 잘 대처할 수 있도록 말이다.

내 인생의 주인은 누구인가?

내적 통제위를 지닌 사람들이 대처능력이 뛰어나다는 사실이 여러 연구를 통해 증명되었다. 내적 통제위는 상황을 바꿀 수 있는 힘이 자기 자신에게 있다는 믿음이다. 스스로 운명의 노예가 되거나 다른 사람들에게 휘둘린다면 그 사람은 상황을 바꿀 힘은 자기 자신에게 있지 않고 외부에 있다고 믿는 외적 통제위를 지니고 있는 것이다. 반면 자

아무 문제없이 퇴직할 수 있기를 모든 사람들이 원한다. 그러나 사람 뜻대로 안 되는 게 인생이다. 퇴직을 앞두고 적어도 약간의 걱정과 불안감이 엄습할 것에 대하여 대비해야 한다. 그렇다면 어려운 상황에 대비해 어떤 마음의 준비가 필요할까?

80%

건강문제로 고민한다?

건강문제로 고민하는 사람이 당신 혼자는 아니다. 미국의 65세 이상 인구의 80%가 적어도 한 가지 이상의 만성질환에 시달리고 있는 것으로 조사되었다.

> 물론 예외는 있지만, 원인에 집중해서 해결책을 모색하면 건강을 개선하는 데 큰 도움이 된다.
>
> – 로리에나 얀큐라 박사와 캘로라인 알드윈 박사

신의 행동과 노력으로 상황을 바꿀 수 있다고 믿는다면 그 사람은 내적 통제위를 지니고 있는 것이다.

내적 통제위와 외적 통제위는 이것 아니면 저것의 양자택일이 아니다. 내적 통제위가 더 높으냐 아니면 외적 통제위가 더 높으냐의 상대적 강도의 문제다. 자신의 능력과 힘에 대한 평가는 사람마다 다르다. 그러나 내적 통제위가 높은 사람은 예상치 못한 상황이나 난관에 외적 통제위가 높은 사람보다 더 잘 대처한다는 사실이 연구를 통해 증명되었다. 내적 통제위가 높은 사람은 긍정적으로 행동하고 강한 자의식을 지니고 있을 가능성이 높다.

사고의 틀을 바꾸자

사고방식을 바꾸는 것이 굉장히 어렵다. 그러나 인생을 바꿀 수 있는 조금의 힘이 자신에게 있다는 믿음은 불확실한 미래로 인한 걱정과 불안감을 해소하는 데 어느 정도 도움이 될 수 있다. 스스로 작지만 달성 가능한 수준의 프로젝트를 몇 가지 계획해서 프로젝트가 완료될 때마다 자신의 어떤 행동이 어떻게 긍정적인 결과를 낳았는지 목록을 작성해보라. 이런 식으로 자신의 힘으로 작지만 무언가를 해냈다는 사실을 반복적으로 확인하다 보면 인생을 바꿀 힘이 자신에게 있다는 믿음이 점점 강해질 것이다.

상황이 스스로 통제할 수 없는 방향으로 흘러간다면, 다양한 방법으로 이런 상황에 대응할 수 있다(오른쪽 참조). 성인이 되면 사람들은 문제 자체에 집중해서 해결책을 찾도록 훈련을 받는다. 그러나 심리학자 로리에나 얀큐라 박사와 캘로라인 알드윈 박사는 문제 자체에 집중해서 해결책을 찾으면 해결할 수 없는 문제가 퇴직자들에게 종종 발생한다고 지적한다. 예를 들어 건강문제와 사별 등은 퇴직자 스스로 어떻게 할 수 없는 문제들이다. 이런 경우에는 의학의 힘이나 종교의 힘이 오히려 문제를 해결하는 데 더 효과적일 수 있다.

사고방식을 바꾸는 '인지적 재구성(cognitive reframing)'을 통해 아주 심각한 질환으로 인한 스트레스도 줄일 수 있다는 연구결과가 나왔다. 감정과 행동을 잘 조절하는 사람들이 역경 속에서도 좌절하지 않고 긍정적인 마음가짐을 잘 유지하는 것으로 조사되었다.

잘살기 위해서 적어도 어떤 상황들은 통제할 수 있지만 모든 상황을 통제할 수는 없

다고 생각해라. 퇴직을 하면 스스로 해결할 수 있는 상황과 있는 그대로 인정하고 받아들여야 할 상황이 동시에 생긴다. 인정하고 받아들이는 것은 절대 인생에 굴복하는 것이 아니다. 합리적인 사고를 통해 상황을 냉철하게 분석한 결과일 뿐이다.

 퇴직자들의 스트레스 대처법

퇴직자들이 어떻게 스트레스에 대응하는지 살펴보면서 심리학자 로리에나 얀큐라 박사와 캐롤라인 알드윈 교수는 다섯 가지 방법을 찾아냈다.

1 문제 집중형
문제를 일으킨 실질적 원인을 공략한다.

2 감정 집중형
문제가 생겼을 때 감정을 다스린다. 예를 들면 문제에 너무 집착하지 않으려고 노력한다.

3 사회 지원형
동조와 도움을 구한다.

4 종교 의존형
저 높은 곳에 있는 존재에게 도움을 요청한다. 난관을 극복할 수 있는 방법이나 힘을 달라고 기도한다.

5 인지적 재구성형
문제에서 긍정적인 면을 찾아내려고 애쓴다. 또는 상황을 재해석하여 상황을 이해하고 충분히 참을 수 있다고 자신을 다독인다.

Q 웃어넘길 수 있는 여유

카운슬러 데이비드 보챠드와 패트트리샤 도노호 교수는 저서 『은퇴의 즐거움(The Joy of Retirement)』에서 퇴직자들에게 '유머감각'을 기르라고 말한다. 고전 희극에도 재앙이 등장한다. 섬뜩한 일들이 등장인물에게 생긴다. 그러나 결국에는 모든 사람들이 함께 역경을 이겨내고 행복을 맞이한다. 때로 하늘이 우리를 시험에 들게도 한다. 그러나 고통 받고 있는 순간이 아니더라도 나중에 고통스러운 순간이 지나고 당시를 회상했을 때 웃어넘길 수 있는 힘과 여유를 가질 수 있다면, 난관에 부딪혔을 때 스스로 추스르고 다시 일어설 수 있는 힘을 가질 수 있을 것이다.

인터넷 사용기

인터넷이 퇴직생활에 어떤 도움이 될까?

새로운 친구 인터넷을 소개합니다! 요즘 은퇴 세대들은 대부분의 시간을 오프라인에서 보냈기 때문에 인터넷이 낯설 수 있다. 그러나 인터넷을 제대로 배우고 활용하면 깜짝 놀랄 만큼 노년이 풍요로워질 것이다.

일반적으로 나이 든 사람들은 온라인보다 오프라인에 더 익숙하다. 그러나 현재 인터넷을 사용하는 노인의 수가 꾸준히 증가하고 있다. 그러니 당신이라고 이 무리에 동참하지 못하라는 법은 없다. 직장에서 업무를 보면서 자연스럽게 인터넷을 사용하는 것이 익숙해졌을 수도 있다. 아마 여태껏 인터넷을 업무를 보는 데만 사용해왔을 것이다. 그렇다면 퇴직을 하면 인터넷은 전혀 쓸모없는 것이 돼버리는 것일까? 대답은 '아니오'다! 인터넷을 통해 노년생활에 유용한 수많은 정보를 찾고 많은 사람들을 만날 수 있다.

인터넷에서 무엇을 얻고자 하는가?

인터넷을 사용하는 데 가장 어려운 점은 인터넷에 정보가 무한하다는 것이다. 필요한 정보를 찾는 것은 '한양에서 김서방 찾기'고 시스템을 이해하는 것도 만만치 않다(수많은 온라인 쇼핑몰에서 필요한 물건을 찾는 것도 쉽지 않다). 다 연습이 필요하다. 인터넷 바다를 헤엄치는 것은 새로운 언어를 배우는 것과 같다. 일단 언어에 능숙해지면 원하는 대로 언어를 사용할 수 있게 된다. 그러나 이 지점에 도달할 때까지 언어에 익숙해져야 한다. 인터넷도 마찬가지다.

어디서 시작할까?

인터넷을 어떻게 사용하는지 가르쳐줄 사람이 필요하다. 다행히도 생각보다 쉽게 도와줄 사람을 찾을 수 있을 것이다. 젊은 세대들은 인터넷을 아주 능숙하게 사용하고 언제든지 당신에게 인터넷을 가르쳐줄 준비가 되어 있을 것이다. 컴퓨터를 구매하거나 컴퓨터를 사용하는 데 조언을 구하고자 한다면 다음을 고려해보라.

? 인터넷으로 무엇을 할까?

인터넷으로 진짜 무엇을 하고 싶은가? 인터넷 채팅? 인터넷 쇼핑? 온라인 학습? 인터넷 동호회? 여기 고민에 빠진 당신에게 도움이 될 몇 가지 팁을 소개한다.

1 친구와 가족과 연락하기

이메일은 굉장히 유용하다. 그리고 소셜 네트워킹은 태어난 지 얼마 안 된 손자손녀의 사진을 볼 수 있고 심지어 다른 나라에 살고 있는 사랑하는 사람들이 어떻게 생활하고 있는지 속속들이 알 수 있다. 멀리 살아서 손자손녀가 자라는 모습을 지켜보지 못한다면 온라인을 통해 아쉬움을 달랠 수 있다.

2 세상이 어떻게 돌아가는지 알기

대부분의 신문사는 웹사이트를 가지고 있다. 특종이 있으면 지면에 실리기 전에 인터넷 홈페이지에 제일 먼저 공개할 것이다.

3 온라인 쇼핑하기

크리스마스 선물부터 장보기까지 거의 모든 경제활동을 온라인 쇼핑몰을 이용해서 할 수 있다. 집에 무거운 장바구니를 들고 오는 것이 힘에 부치기 시작하거나 동네 시장에서 원하는 물건을 찾을 수 없다면 인터넷이 큰 도움이 될 것이다.

4 동호회 가입하기

정원관리? 목공예? 수놓기? 관심 분야가 있다면 인터넷 동호회에 가입해라. 인터넷에는 서로 마음이 잘 맞고 같은 관심사를 공유하면서 정보를 주고받고 함께 프로젝트를 진행하는 동호회를 쉽게 찾을 수 있다. 또는 인터넷에 학습 동영상을 올리는 사람들도 있다. 다른 사람들이 찍어 올린 동영상을 보면서 새로운 기술을 배울 수 있다.

5 지역사회 활동에 참여하기

주변에서 진행되고 있는 캠페인이나 프로젝트에 관한 소식을 온라인 소식지를 통해 받아보고, 활동에 직접 참여하거나 온라인 청원 활동에 참여할 수도 있다.

6 온라인 후기와 블로그 읽기

예를 들어 맛있는 음식을 먹는 것이 퇴직 후 새로 생긴 취미라면 맛집 추천 블로그나 식당 후기 등을 찾아보면 어느 집이 진짜 맛있는 집인지 알 수 있다.

7 여가생활하기

음악과 영화 온라인 스트리밍 서비스를 이용하면 동네 비디오 가게나 음반 가게보다 다양한 영화와 음악을 쉽게 즐길 수 있다. 게다가 아쉽게 놓친 TV 프로그램의 다시보기와 라디오 방송의 다시듣기를 제공하는 사이트들도 많다. 일반 사람들이 가정에서 직접 찍어 올린 재미있는 동영상들도 인터넷에 넘쳐난다(어떤 동영상은 전문가가 만든 것보다 훨씬 더 완성도도 있고 재미있다).

8 뿌리 찾기

가족의 뿌리가 어디에서 시작되었는지 온라인을 통해 알 수 있다. 족보학은 수십억 달러에 달하는 온라인 산업으로 성장했다. 그리고 많은 사람들이 자신의 뿌리를 찾기 위해 인터넷을 이용한다.

» · 당신이 사용하기에 적당한 랩톱, 태블릿, 데스크톱을 가족과 친구에게 추천해달라고 부탁하라. 키보드나 마우스를 사용하는 것이 어려운 사람은 터치스크린이 훨씬 편할 것이다.

· 컴퓨터를 구입할 때 할인의 유혹에 넘어가지 마라. 필요하면 언제든지 소프트웨어를 구입할 수 있다.

· 컴퓨터를 가르쳐줄 사람을 찾기가 쉽지 않다면 지역 커뮤니티, 학교, 대학교에서 제공하는 컴퓨터 초보를 위한 단기 강좌를 알아보는 것도 좋다.

· 컴퓨터 강좌를 들은 손자손녀에게서 배우든 '컴퓨터 전원은 어떻게 키니?' 등 아주 기본적인 것을 물어보는 걸 부끄러워할 필요가 없다.

선택적인 인터넷 사용

정신이 번쩍 드는 이야기가 있다. 2012년 세계 최대의 소셜네트워크서비스인 페이스북은 미국의 코넬 대학교 연구팀과 공동으로 689,003명의 사용자들을 대상으로 '감정조작' 실험을 은밀하게 진행했다. 페이스북은 무작위로 선정한 사용자에게 제공되는 뉴스피드에서 긍정적 게시물과 부정적 게시물의 비율을 변경했다. 이 실험결과 사용자의 뉴스피드에 긍정적 단어가 많이 들어간 포스트나 사진을 내보냈을 때, 사용자가 '좋아요'를 누르거나 긍정적인 내용의 글을 적는 경우가 늘었고, 반대로 부정적 단어가 많이 들어간 뉴스피드를 내보냈을 때, 사용자는 '좋아요'를 누르지 않거나 부정적인 내용의 글을 적는 경우가 늘어났다. 직접 얼굴을 마주하거나 대화를 하지 않더라도 온라인에서의 상호작용만으로 감정이 전염된다는 사실이 확인된 것이다.

문제는 부정적인 감정이다. 2013년 중국 베이징에서도 온라인에서의 감정 전염에 대한 실험이 진행됐다. 인터넷에서 가장 빠르게 확산되는 감정은 분노라는 사실이 이 실험을 통해 확인할 수 있었다. 사람들은 자신들을 격노하게 만드는 대상을 공유했고 분노의 대상에게 조롱 섞인 비난을 퍼부었다. 심지어 상대편 사람에게 모욕적이고 악의적인 메시지를 보내는 것도 서슴지 않았다.

같은 해에 했던 또 다른 실험에서 사람들은 신경을 거스르는 대상에 화풀이를 하는 동안에는 카타르시스를 느끼지만, 장기적으

언제 인터넷이 유용하다고 또는 쓸모없다고 느끼나?

2013년 「컴퓨터 저널」에 인터넷이 정말 유용하다는 생각이 들 때와 아무 쓸모가 없다는 생각이 들 때가 언제인지를 노인들에게 조사한 결과가 실렸다. 남성과 여성은 특히 인터넷이 쓸모없다고 생각되는 순간에 대하여 비슷한 답변을 내놓았다.

그룹	유용하다	쓸모없다
남성	· 채팅방을 통해 다양한 사람들과 커뮤니케이션 할 때 · 이메일을 주고받을 때 · 뉴스를 읽을 때	· 온라인 게임을 할 때 · 은행 계좌를 확인할 때 · 금융거래를 할 때
여성	· 영화를 볼 때 · 뉴스를 읽을 때 · 음악과 라디오를 들을 때	· 은행 계좌를 확인할 때 · 금융거래를 할 때
남성과 여성	· 영화를 볼 때 · 음악과 라디오를 들을 때 · 뉴스를 읽을 때	· 온라인 게임을 할 때 · 은행 계좌를 확인할 때 · 금융거래를 할 때

로 봤을 때 이런 행위는 전혀 도움이 안 된다는 사실을 확인할 수 있었다. 인터넷상에서 화를 내는 사람들은 갈수록 더 화를 냈다. 공동 논문 저자인 라이언 마틴 교수는 "화를 내는 사람들은 갈수록 분노를 억누르지 못했다"라고 말했다.

스크린에서 불쾌하고 모욕적인 단어를 보면 사람들은 그 단어를 절대 용납할 수 없는 것으로 간주하고 보복한다. 그러지 말고 그 자리를 벗어나 자신이 좋아하고 즐거운 곳을 찾아라. 온라인 말싸움에서 진정한 승리자는 없다(팁: 기사나 영상에 달린 댓글을 읽는 것에 대하여 신중해져라. 멍청이는 멍청한 말만 한다. 읽지 말고 그냥 넘어가는 것이 당신 혈압에 더 좋을지도 모른다).

하루 종일 인터넷을 하면서 시간을 보내는 것은 위험하다. 정말 필요할 때만 인터넷을 사용하는 것이 현명하다. 필요한 정보를 찾으면 온라인 세상에서 탈출해라.

? 비밀번호 설정

온라인 쇼핑을 하고, 영화 사이트에 접속을 하고, 웹사이트의 게시글을 읽으려면 비밀번호가 필요하다. 구글에서 소개하는 '안전한 비밀번호 만들기' 팁을 살펴보자.

1 중요한 계정마다 비밀번호를 따로 만들어라. 그러면 다른 계정의 비밀번호가 유출되더라도 나머지 계정의 보안을 유지할 수 있다.

2 비밀번호를 안전한 곳에 적어둬라. 절대 비밀번호를 컴퓨터에 저장해두지 마라. 도둑을 맞거나 컴퓨터가 해킹당할 수도 있기 때문이다. 만약 비밀번호를 종이에 적어두었다면, 비밀번호가 적힌 종이를 책상 위에 두지 마라.

3 비밀번호를 길게 만들고 예측하기 어려운 조합으로 설정해라. '12345'나 'password'는 해커들이 컴퓨터를 해킹할 때 제일 먼저 입력해보는 비밀번호들이다. 단어, 숫자, 대문자, 소문자를 조합하여 비밀번호를 설정해라. 오직 당신만 알 수 있는 내용을 비밀번호에 담아라. 만약 원예에 관심이 많다면, 'go2Gard3n2day(Go to garden today, 오늘 정원에 가자)'를 비밀번호로 사용할 수 있다.

4 복구옵션을 최신 상태로 유지해라. 비밀번호가 기억나지 않는다면 비밀번호 찾기 기능을 이용하여 비밀번호를 쉽게 찾을 수 있다. 이런 경우, 임시 비빌번호나 잊이미린 비밀번호가 가입할 때 등록한 이메일이나 휴대전화로 전송되기 때문에 계속 사용하고 있는 이메일 주소와 휴대전화 번호를 등록해야 한다.

33%

엄밀히 따지면 인터넷도 친구다

2014년 진행된 한 연구에 따르면 인터넷을 적극적으로 이용하는 퇴직자들이 우울증에 걸릴 확률이 그렇지 않은 퇴직자들에 비하여 33% 낮았다. 그러나 다른 연구에서도 이와 동일한 결과가 나온 것은 아니다. 2012년 헬스케어 정보과학 연구의 메타분석에 따르면 인터넷을 사용한다고 해서 임상적인 우울증 완화나 예방 효과가 있는 것은 아니었다.

그러나 실제로 인터넷 사용은 외로움을 완화시키는 효과가 있었다. 퇴직자들은 주로 가족과 친구들과 연락을 주고받을 때 인터넷을 사용했다. 만약 가족이나 친구와 멀리 떨어져서 살고 있다면, 인터넷을 통해 외로움을 달래줄 사람들을 쉽게 찾을 수 있다. 그래서 인터넷이 곁에 있으면 우울하지 않다고 퇴직자들이 느끼는 것인지도 모른다.

Q 성 중립적 아이디

만약 당신이 여성이고 채팅방이나 온라인 게임에 가입할 계획이라면, 성 중립적인 아이디를 사용해라. 오프라인에서 그 누구에게도 관심 받지 못하는 남자들의 대부분이 온라인 세상으로 빠져든다. 그래서 여성적인 아이디를 사용하면, 성적인 코멘트를 받거나 성희롱을 당하거나 심지어 스토킹의 피해자가 될 수도 있다. 그러므로 난처한 상황에 처하지 않기 위해서라도 성 중립적인 아이디를 사용하는 것이 좋다.

여행을 떠나자

즐거운 추억을 만들 시간이다

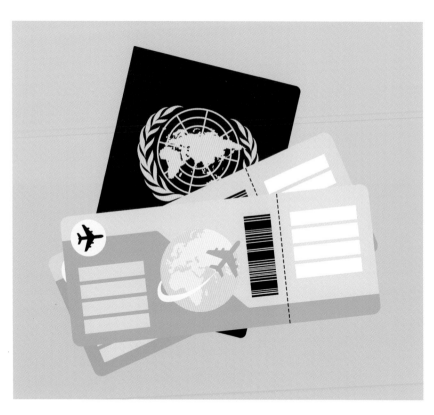

건강이 허락한다면 은퇴는 오랫동안 계획했던 대단한 모험을 떠날 가장 좋은 기회다. 없어서 아쉬웠던 시간이 차고 넘치기 때문이다. 무엇을 망설이고 있는가? 어서 세상 구경하러 떠나라.

은퇴는 한 시대가 막을 내리고 새로운 시대가 시작되는 축제날이다. 평생 꿈꿔왔던 모험을 떠나거나 일주일이나 이주일 동안 따뜻한 태양 아래 해변에 누워 편히 여유를 즐기는 등 당신이 원하는 일을 마음껏 할 수 있는 기회가 찾아왔다. 항상 하고 싶었지만 일 때문에 바쁘다는 핑계로 미뤄뒀던 일에 착수하는 것은 심리적으로 직장인에서 퇴직자로 넘어가는 기점이 될 것이다.

어디로 여행을 떠날까?

당신은 모험심이 강한 사람인가? 어떤 사람들은 탁 트인 길을 끝없이 달려 미지의 세계를 경험하기를 원하는 반면, 어떤 사람들은 익숙한 장소에 머무르는 것을 선호한다. 이는 당신이 어디에 살고 있느냐에 따라 달라진다. 연구에 따르면 도시에 사는 사람들이 시골에 사는 사람들보다 지금 살고 있는 곳을 떠나 먼 곳으로 여행하는 것을 좋아했다.

사람들은 가장 이상적인 휴가지로 집에서 적당히 먼 곳을 꼽았다. 당신에게 집에서 적당히 먼 곳은 어디인가? 자신에게 가장 적합한 휴가지를 선택해라.

누구와 여행을 떠날까?

배우자와 함께 여행을 떠나게 된다면, 이 여행은 제2의 허니문이 될 수 있다. 친구들과 가볍게 여행을 떠나는 것도 좋다. 그러나 비슷한 시기에 퇴직을 하지 않는다면, 친구들끼리 여행 날짜를 잡기가 어려울 것이다. 홀로 여행을 떠나고 싶지만 어디로 무엇을 보러 어떻게 가는 것이 좋을지 모르겠다면, 여행사에서 제공하는 패키지 여행이 좋을 수도 있다. 패키지 여행을 떠나면 여행계획을 짜고 항공권, 숙박 등을 예약하는 골치 아픈 일을 여행사가 전부 해결해줄 것이다. 설사 몸이 불편하거나 체력이 안 돼서 여행일정을 소화하지 못할까봐 걱정할 필요 없다. 나이 든 여행객들과 함께 여행을 많이 다닌 여행 가이드가 체력 등을 고려해 여행 프로그램을 조정할 것이기 때문이다.

언제 여행을 떠날까?

보통 봄(4~5월)과 가을(9~10월)에 해당하는 성수기와 비수기 사이에 여행을 떠나는 것이 좋다. 이 시기에 날씨는 온화하고 여행객들도 많지 않고 항공권과 숙박이 상당히 저렴하다. 자유롭게 시간을 쓸 수 있다는 이점을 최대한 이용하고 원하는 만큼 외국에 나가 있는 것도 좋다.

🔍 스마트한 여행객 되기

퇴직자들은 다음 사항들을 생각하면서 여행계획을 세우는 것이 좋다.

· 깨알 같은 글씨를 읽고 복잡한 지도를 자세히 보기 위해서 돋보기와 작은 손전등을 챙겨라.
· 메모할 노트를 챙겨라.
· 상품명이 붙은 용기에 담긴 약을 챙기고 휴대용 가방에 보관해라.
· 여행을 떠나기 전에 운전할 수 있는 연령제한을 확인해라.
· 노인할인이 되는지 항상 물어보라.

대탈주

어떤 순간에 여행을 떠나고 싶다는 생각이 드는가? 해외여행을 가면 거기서 무엇을 하고 싶은가? 2008년 이스라엘에서 은퇴한 여행객들에게 이 두 가지 질문을 던졌다. 은퇴한 여행객들이 한 대답에는 다섯 가지 공통된 테마가 있었다.

1 **은퇴는 기회다.** 맡은 의무가 적어진다는 것은 그만큼 자유가 많아진다는 것을 의미한다. 그래서 퇴직자들은 은퇴를 새로운 영역을 탐험할 좋은 기회로 생각한다.

2 **짧고 굵게 여행을 즐긴다.** 건강문제, 돈문제, 기타 해결해야 할 일 때문에 여행을 떠나기가 힘든 경우가 있다. 짧은 휴식이나 흥미진진하게 휴일을 보내는 것으로 장기여행을 대체한다.

3 **여가생활을 위해 여행을 떠난다.** 퇴직자들은 보통 자신의 특정 취미생활을 하기 위해서 여행을 떠난다. 여행계획을 세우는 것 자체가 취미가 될 수도 있다.

4 **여행을 통해 오랫동안 관심 있었던 영역을 탐구한다.** 여행은 새로운 것을 배우는 기회로 여겨진다. 그러나 퇴직자들은 가지고 있던 일과 관련되거나 일과 관련되지 않은 관심사를 추구하는 한 방법으로 여행을 생각하기도 한다.

5 **여행을 떠나 사랑하는 사람들과 즐거운 시간을 보낸다.** 퇴직자들이 여행을 떠나는 가장 큰 원인은 주로 가족과 친구다(왼쪽 그림 참조).

사랑하는 사람들과 여행 떠나기

여행을 통해 사랑하는 사람들과의 관계를 더욱 끈끈하고 돈독하게 만들 수 있다. 2008년 한 연구에서 사랑하는 사람들과 여행을 떠나는 세 가지 방법을 공개했다.

자녀와 손자손녀와 함께 여행을 떠난다.

지구 반대편에 살고 있는 친구와 가족을 만나러 간다.

별장을 임대하거나 구입하여 사랑하는 사람들을 초대한다.

CHAPTER 5

은퇴 적응기 II

자신과 배우자의 건강관리

거울 속의 나

몸 튼튼, 마음 튼튼

모두가 건강하게 노후를 보냈으면 한다. 퇴직을 하면 원하는 대로 일정을 조절할 수 있을 것이다. 건강하고 행복한 노년을 위해서 건강관리를 고정 스케줄로 집어넣는 것은 어떤가?

정신적으로, 신체적으로 건강하면 노년이 훨씬 편안해질 것이다. 세월 앞에 장사 없다고 가는 세월 막을 수는 없지만 기본적인 수준의 건강을 유지하는 것만으로도 노후가 훨씬 편해진다.

헬스클럽 다니기

가벼운 산책, 운전 대신 자전거 타기, 수영, 댄스, 손자손녀와 놀아주기 등 가벼운 운동도 건강관리에 상당히 도움이 된다. 심지어 정원관리나 집안일도 약간 땀이 날 정도로 하면 운동이 된다. 온몸이 땀에 흠뻑 젖을 정도의 강도 높은 운동에 도전하는 것은 어떨까? 분명 가벼운 운동보다 더 큰 보람을 느끼리라. '헬스클럽'이라고 하면 어떤 장면이 제일 먼저 떠오르는가? 음악을 들으며 가볍게 러닝머신을 뛰고 있는 나이 지긋한 노인들로 가득한 편안한 곳? 아니면 숨이 턱까지 차오를 정도로 전력을 다해 러닝머신을 뛰는 근육질의 20대로 가득한 생각만 해도 주눅 들고 부담스러운 곳?

만약 후자에 해당하는 이미지가 가장 먼저 떠오른다면, 여기 희소식이 있다. 많은 헬스클럽에서 건강에 관심이 많은 퇴직자들을 대상으로 하는 다양한 프로그램을 내놓고 있다. 꽤 영리한 행보다. 퇴직자들은 운동할 시간도 많고 건강에 대한 관심과 걱정도 많다. 헬스클럽에 훌륭한 소비층이 될 수 있다.

노인 전용 프로그램을 운영하는 헬스클럽을 찾아보는 것은 어떤가? 오전 9~11시, 오후 2~4시처럼 상대적으로 조용하고 한가한 시간에 운동 프로그램을 제공하는 헬스클럽들이 있다. 주중에 직장을 다니지 않는 퇴직자들이 널찍하게 운동하기에 굉장히 좋은 시간대다. 그리고 이런 시간대에 운영되는 프로그램은 노인들이 하기에 부담이 없는 것들이 대부분이다.

힘이 넘치는 젊은이들 틈에서 운동을 하고 싶은 노인은 없을 것이다. 무거운 역기를 가볍게 들어올리는 젊은 사람들을 보면 나이 들고 왜소한 자기 자신이 초라하게 느

껴지고 서글퍼질 수도 있다. 다행히도 이 사실을 간파한 많은 헬스클럽들이 노인들만을 위한 운동 프로그램을 제공하고 있다. 그러니 잘 찾아보면 본인에게 꼭 맞는 프로그램을 운영하는 헬스클럽을 생각보다 훨씬 쉽게 찾을 수 있을 것이다.

건강검진

신경 써서 관리해야 하는 만성질환을 앓고 있거나 그렇지 않다 하더라도 병원을 정기적으로 방문하여 건강상태를 점검하는 것이 노인들에게 좋다. 정신과 전문의와 상담 약속을 잡는 것도 추천한다. 「정신의학 소식지」의 편집장인 제프리 보렌스타인은 "정신건강검진은 신체건강검진만큼 중요하다"라고 말한다. 정신과 전문의들은 표준 검사지를 이용해서 우울증이나 불안장애와 같은 일반적인 정신질환을 검사한다. 그러니 정신건강 상태도 확인해보고 혈압도 틈틈이 관리해라. 몇몇 이상 징후는 '퇴직을 했으니까' 또는 '나이를 먹으니까'라는 식으로 대수롭지 않게 넘어가기 쉽다. 감정 기복이 심하고 정신적으로 이상 징후가 나타난다면, 그러려니 생각하지 말고 전문가와 상의해보라.

Q 몸과 마음이 건강해야 행복하다

신체활동, 정신활동, 사회활동은 건강하고 행복한 삶에 지대한 영향을 미친다. 비영리기구 로드 스콜라의 부회장 피터 스파이어스는 브랜다이스 대학교의 심리학 교수와 55세 이상을 대상으로 어떤 연구를 진행했다. 그들은 인터뷰에 응한 사람들을 다섯 가지 그룹으로 나누었다.

'상어형'과 '돌고래형'에 해당하는 퇴직자들이 가장 행복한 사람들이었다. 인터뷰에 응한 사람의 절반 정도가 이 두 유형에 속했고 스파이어스의 프로그램에서 가장 높은 비중을 차지했다.

두 유형의 공통점은 무엇일까? 두 유형 모두 정원 가꾸기, 예술활동, 수공예, 운동, 자원봉사활동, 음악활동, 교육적 여행 등 새로운 사람을 만나거나 몸을 움직이거나 무언가를 만들어내는 활동으로 자신들이 관심 있는 활동을 하는 데 많은 시간과 에너지를 투자하고 있었다.

사교활동

친구와 가족과 소통하고 밖으로 나가 새로운 사람들을 만난다.

몸 움직이기

넓널히 말하면 '운동'이지만 정원 가꾸기나 걷기 등 자연스럽게 몸을 움직여야 하는 활동을 의미한다.

창작활동

예술, 글쓰기뿐만 아니라 새로운 악기를 배우거나 창의력을 자극하는 활동을 의미한다.

행복감은 신체적인 부분과 정신적인 부분으로 이뤄져 있다. 그러니 몸과 마음을 건강하게 유지하는 것이 행복한 인생의 비결이다.

좋은 습관과 은퇴

직장에서 스트레스에 시달리면서 건강한 생활을 하는 것은 어렵다. 일단 퇴직을 하면 시간을 유연하게 사용할 수 있기 때문에 건강관리가 더욱 수월해진다. 다음은 2014년 미국에서 26,000명 50세 이상을 대상으로 조사한 결과를 분석한 것이다. 흡연 경험이 있는 응답자의

69%

가 퇴직 직전에도 여전히 담배를 피우고 있었다. 이 중에서 오직

56%

만이 퇴직 직후에도 담배를 피웠다.
퇴직 후에도 여전히 일을 하고 있다고 대답한 응답자의

48%

는 규칙적으로 운동을 하고 있었다.
퇴직 후 여러 해가 지난 응답자들의

52%

가 규칙적으로 운동을 하고 있었다.

여기서 주목할 점은 나쁜 습관을 가장 많이 개선한 사람들이 은퇴를 선택한 사람들이었다는 점이다. 자신의 인생을 스스로 결정하고 통제하고 있다고 느끼는 사람들은 더욱 긍정적이고 적극적으로 인생을 살려고 노력한다(146~147 페이지 참조).

은퇴의 혜택

2014년 「인적 자원 저널」에 실린 보고서에 따르면 은퇴는 신체건강과 정신건강에 상당히 좋은 영향을 미치는 것으로 나타났다.

새로운 세상을 두려워 마라

유용한 최첨단 기기와 기술

당신은 타고난 이과생인가? 아니면 기계는 젬병인 문과생인가? 건강에 문제가 있다면 몇몇 기술이 당신의 생활을 더 안전하고 자유롭게 만들어줄 수 있다.

조금씩 자신이 나이 들고 있음을 느껴지기 시작하면, 하나둘씩 걱정거리도 늘어난다. 조금만 걸어도 숨이 차고, 돋보기가 없으면 신문을 읽기가 힘들다. 누군가의 도움 없이 생활하는 게 점점 힘들어지고 있다는 생각을 하면 누구나 서글퍼지고 심란해질 것이다. 그 누구의 도움을 받지 않고 집에서 최대한 오랫동안 자유롭게 생활할 수 있기를 모두가 바란다. 여기 당신의 걱정을 덜어주고 바람을 이뤄줄 다양한 기기가 있다.

본인은 건강하지만 건강이 나쁜 누군가를 돌봐야 할 상황에 처해 있을 수도 있다. 병든 부모나 배우자를 보살펴야 하는 퇴직자들도 많다(178~179페이지 참조). 아픈 누군가를 보살피는 데 도움이 되는 무언가가 있으면 삶이 훨씬 쉬워지지 않을까?

누군가의 도움이 필요하다면 앞으로 최첨단 기술이 당신의 가장 좋은 친구가 되어 줄 것이다. 건강 상태를 체크하고, 심지어 위험한 상황에 처했을 때 도움을 요청하기가 갈수록 쉬워지고 있다. 덕분에 24시간 누군가의 보살핌을 받을 필요도 없어졌다. 일상생활을 하는 데 큰 무리는 없지만 생활하는 데 불편할 수 있는 건강상의 문제가 있다면, 일부 최첨단 기기가 앞으로 당신의 삶의 질을 개선하는 데 큰 도움이 될 것이다.

기술이 답이다

이런 기술들은 '보조공학(assistive technology)'이라고 불린다. 보조공학은 텔레헬스(tele-health)와 텔레케어(telecare)로 구성된다.

텔레헬스는 집안에 설치된 센서를 이용해 당신의 신체활동을 모니터한다. 만약 신체적인 변화가 일어나면 센서가 이 변화를 재빠르게 감지하고 이 정보는 데이터베이스

생명을 구하는 기술: 텔레헬스와 텔레케어

영국 보건부는 집에 텔레헬스(원격 환자 모니터링 시스템)와 텔레케어(알람 시스템)가 설치되어 있는 수천 명의 사람들을 대상으로 조사를 실시했다. 이 두 시스템을 사용하고 있다면, 조사결과가 매우 흥미롭게 다가올 것이다. 사망률이

45%

하락했다. 응급상황으로 병원에 입원하는 횟수가

20%

줄었다. 응급실을 찾는 횟수가

15%

줄었다.

로 전송한다. 정보를 분석한 결과 건강에 이상이 생겼다고 판단되면 주치의에게 정보를 전송하고, 주치의는 이 정보에 맞게 건강관리계획을 짠다. 원격의료 시스템도 센서를 기반으로 작동된다. 그러나 원격의료 시스템의 센서는 주로 알람 역할을 한다. 당신이 텔레케어를 작동시키면, 텔레케어는 경보를 울려 도움을 요청한다.

　지나친 사생활 침해가 아니냐고 반문할 수 있다. 무언가에게 '감시'당하는 것은 그다지 유쾌한 경험이 아니다. 그러나 위급한 상황에 주위에 아무도 당신을 도와줄 사람이 없다면 어떻게 하겠는가? 기술이 답이 될 수 있다.

노후에 유용한 전자기기

집에서 생활하는 데 도움이 필요하거나 집에서 조용하게 지내고 싶은 퇴직자들에게 상당히 유용한 기기들이 많이 있다. 친구들에게 추천해달라고 부탁하는 것도 좋지만 새로운 헬스케어 기기에 대하여 최신 정보를 가지고 있는 헬스케어 전문가들과 직접 상담해보는 것도 좋다.

'텔레헬스'와 '텔레케어'

위급상황이 발생했을 때 도움을 요청할 수 있는 센서와 기기를 집안에 설치할 수 있다. 텔레헬스는 혈압, 체내 산소포화도, 몸무게의 변화를 모니터한다. 그래서 텔레헬스는 만성신부전증, 당뇨, 만성 폐쇄성 폐질환, 간질처럼 꾸준한 관리가 필요한 만성질환을 앓고 있는 사람에게 굉장히 유용하다.

낙상 위험 경보기

목에 걸 수 있도록 디자인되어 항상 몸에 지니고 다닐 수 있다. 과거에는 무선 주파수를 이용했기 때문에 사용 가능 범위가 집안으로 제한되어 있었다. 그러나 이제는 낙상 위험 경보기와 알람 시스템이 탑재된 휴대전화를 구매하여 어디든지 들고 다닐 수 있게 되었다.

로봇 진공청소기

관절이 예전 같지 않다면 집안 곳곳을 스스로 알아서 돌아다니면서 청소를 하는 **로봇 진공청소기**는 하늘이 내려준 축복 같을 것이다.

약 먹는 시간을 알려주는 애플리케이션

약상자 기능뿐만 아니라 문자 메시지, 이메일 또는 경고음을 내보내 약을 복용할 시간임을 알려준다.

GPS가 부착된 신발

가족 중에 알츠하이머를 앓고 있는 사람이 있다면, 잠깐 한눈을 판 사이에 그들이 사라질 수도 있다는 것을 잘 알 것이다. 이제 걱정할 필요 없다. 반경 10m를 벗어나면 자동으로 경보음이 울리는 GPS가 부착된 신발이 당신의 수고와 걱정을 덜어줄 것이다.

슈퍼노인 증후군에서 벗어나라

바쁜 노년의 삶이 정말 좋을까?

은퇴에 대한 수많은 책들은 우리에게 퇴직 후 활동적이고 바쁘게 생활하라고 충고한다. 심지어 이 책도 이 같은 충고를 하는 데 많은 페이지를 할애하고 있다. 은퇴 생활을 새로운 일에 도전하면서 바쁘게 보내고 싶지 않지만, 비활동적이고 사색적인 생활을 부정적으로 보는 시각 때문에 마지못해 여러 가지 활동에 참여해 바쁜 노년을 보내고 있는 퇴직자들이 있다.

바쁨의 윤리

1950년대 이후로 노년의 삶을 다양한 활동으로 가득 채워 활기차고 창의적으로 보내야 한다는 연구들이 쏟아졌다. 의학기술의 발달로 기대수명이 증가하면서 생산적으로 노년을 보내는 노인들이 많아졌다. 그 결과 노년의 삶 역시 다양한 활동으로 채워져야 한다는 기대를 하게 되었고, 또한 사람들은 사색적이거나 비활동적인 노년의 삶의 방식을 부정적으로 바라보게 되었다. 미국의 노년학자 데이비드 에커트는 이런 현상을 '바쁨의 윤리(busy ethic)'라고 칭했다. 바쁨의 윤리는 굉장히 간단한 이론이다. 어떤

퇴직 후 활동적이고 의욕적으로 생활하자. 그럴듯하게 들리기는 하지만 굳이 무리할 필요가 있을까? 물론 지루한 생활과 쓸모없다는 느낌을 원하는 사람은 아무도 없다. 그러나 사회학자들은 하루하루를 바쁘게 살아가는 것만이 능사가 아니라고 말한다.

> 퇴직자들은
> 다양한 활동으로 채워진
> 노년의 삶을
> 가치 있게 여기는
> '바쁨의 윤리'에 시달린다.
>
> — 데이비드 에커트(사회학자)

🔍 누가 바쁨의 윤리를 조장하나?

사회학자 데이비드 에커트는 주로 세 가지 그룹이 '바쁨의 윤리'를 퇴직자들에게 주입시킨다고 말한다. 그렇다고 가급적 활동을 피하라는 의미는 아니다. 그러나 지금 활동적이고 바쁘게 생활해야 한다는 압박에 시달리고 있다면, 왜 이런 일이 발생하고 있는지 이해할 수 있을 것이다.

기관
노인을 대상으로 제품과 서비스를 제공하는 기업은 당신이 계속 쇼핑을 하게 만드는 데 관심이 있다. 퇴직 후에도 당신을 활동적으로 생활하게 만드는 것이 사업을 유지하는 데 이롭다.

퇴직자 자신
'바쁨의 윤리'에 얽매인 퇴직자들은 자신의 생활에 대하여 설명해보라는 요청을 받으면 자신들이 얼마나 다양한 활동을 하면서 열심히 살고 있는지 적극적으로 피력한다. 어떤 경우에는 자신들이 실제로 하고 있는 일보다 '바쁘게 생활하고 있다는 사실'에 무게를 두는 사람들도 있다.

친구, 지인 그리고 동료
은퇴를 한 뒤 무슨 일을 하며 지내는지에 상당한 관심을 보이는 사람들이 있다. 그리고 그들은 은퇴를 하고 나서도 바쁘게 지내는 것이 좋다고 말한다. 이런 사람들은 '바쁨의 윤리'에 해당된다. 그들은 바쁜 은퇴생활을 통해 직장을 나와도 또 다른 인생이 있다고 무의식적으로 자신을 안심시킨다.

문화가 특정 가치들을 소중하게 여기기 시작하면 사람들은 이 가치들을 재평가하지 않고 그대로 받아들이는 경향이 있다. 사람들은 생산성과 활동성, 젊음을 유지하는 노후생활이 바람직하다고 생각하고 이와 다른 모습은 인정하지 않는다. 실제로 여가활동이 일하는 것만큼 긴장감과 스트레스를 발생시켜도 활동적이고 젊은 노년의 생활을 위해 위험을 감수하는 것이 당연하다고 여긴다.

바쁨을 위한 바쁨
왜 우리는 '바쁨의 윤리'에 집착할까? 에커트는 네 가지 동기유발인자를 찾아냈다.

· **여가활동을 정당화한다** — 보통 아무것도 안 하고 빈둥거리는 사람들을 보면 불편해진다. '바쁨의 윤리'의 관점에서 보면 엄밀히 말해 노동이 아니라도 여가활동을 하는 당신은 부지런하고 바쁘게 생활하는 것이 된다.

· **'늙지 않았다'는 느낌을 준다** — 활동적이고 바쁜 노년을 보내면, 스스로가 여전히 이팔청춘인 것처럼 생각된다.

· **쉽게 해준다** — 주중에 규칙적으로 참여하는 활동이 있다면 주말에는 죄책감에 시달릴 것 없이 푹 쉴 수 있다.

· **대부분의 사람들이 소중하다고 여기는 가치에 어울리는 노년의 삶을 만들어준다** — 뻔뻔하게 아무것도 안 하고 가만히 쉬기만 하는 퇴직자는 다른 사람들에게 좋은 본보기가 안 될 것이라고 많은 사람들이 생각한다. 바쁨의 윤리는 살아 있는 동안에는 바쁘고 부지런하게 살아야 한다고 젊은 세대에게 말해준다.

무언가에 몰입하는 것은 전혀 잘못된 것이 아니다. 지루함이 득이 되는 사람은 없지만 의무적으로 바쁘게 살아야 한다는 생각은 버려라. 바쁘게 살기 위해서 바쁘게 사는 것은 어리석은 짓이다.

행복한 노부부

부부관계의 변화에 대처하기

동시에 퇴직을 한 당신과 배우자는 마침내 많은 시간을 함께 보낼 수 있게 되었다. 옛날에 연애하던 시절의 감정이 되살아나서 설레는가? 그러나 이것은 보이지 않는 '영역 다툼'의 시작일 수 있다. 어떻게 집안의 평화를 유지하면서 서로에 대한 사랑을 활활 타오르게 할까?

부부가 직장생활을 하느라 바빠서 함께 보낼 수 있는 시간이 많지 않았다면, 두 사람은 퇴직 후 많은 시간을 함께 보내는 날을 손꼽아 기다릴 수 있다. 그러나 장시간 붙어 있으면, 서로에 대한 애틋한 감정과 사랑만으로 부술 수 없는 벽에 부딪히게 될지도 모른다. 옛날에는 귀엽게 보고 넘길 수 있었던 배우자의 단점들이 눈에 보이기 시작한다. 상대방에 비해서 자신이 집안일을 더 많이 한다는 생각이 들 수도 있다. 무언가를 결정할 때 서로 의견이 잘 안 맞는다는 사실이 어느 순간 피부로 확 느껴질지도 모른다. 모든 일에는 노력이 필요하다. 행복한 은퇴 노부부가 되고 싶다면 노력해라.

은퇴와 부부관계

은퇴 초기에는 두 사람 모두 힘들다. 2001년 코넬 대학교 연구팀의 연구에 따르면 은퇴한 직후 부부싸움의 빈도가 가장 높았고 결혼생활에 대한 만족도가 가장 낮았다. 그러나 은퇴한 지 2년 이상이 지난 노부부는 결혼생활에 대하여 가장 높은 만족도를 보였다. 그렇다면 어떻게 해야 세상에서 가장 행복한 은퇴 노부부가 될 수 있을까?

대화

은퇴 전문가 롭 파스칼과 루이스 프리마베라 박사는 부부가 서로 상의해서 은퇴계획을 세우라고 조언한다. 만약 혼자서 저녁식사를 준비하고 싶거나 혼자만의 영역으로 작업실을 원한다면, 은퇴계획을 세울 때 분명히 말해야 한다. 집안일을 함께하기로 했다면 그렇게 해라. 그러나 상대방에게 어떤 일을 맡아서 하고 싶은지 스스로 선택하도록 해서 집안일에 대한 책임감과 함께 집안일을 하고 있다는 생각이 들도록 만들어야 한다.

☼ 행복한 노부부가 되는 7단계

수백 명의 사람들과 인터뷰를 한 뒤, 작가이자 컨설턴트인 미리암 굿맨은 행복한 노부부가 되기 위한 7단계를 공개했다. 먼저 홀로 7단계를 짚어보고 난 뒤, 배우자와 함께 한 단계씩 차근차근 살펴보기를 권한다. 약속했던 일이 제대로 지켜지지 않는다고 느껴질 때 7단계를 되짚어보면 어디서 잘못 되었는지 파악하는 데 도움이 될 것이다.

1

바뀐 환경에 적응할 시간을 가져라
곧장 배우자와 함께 계획했던 모든 일을 할 필요는 없다. 서로가 퇴직 후 바뀐 생활에 적응할 때까지 인내심을 갖고 기다려줘라.

4

책임을 함께 나눠라
두 사람이 함께 집에서 보내는 시간이 많아졌으니 공평하게 집안일을 분담해야 한다. 한 사람만 불공평하게 집안일을 많이 떠맡게 되면 부부 사이에 불화가 발생할 수 있다.

3

외부 세계와 소통해라
친구들과 어울리거나 자원봉사활동을 하거나 동호회에 가입하는 등 외부 세계와 소통해라. 이런 사회활동은 당신에게 숨 쉴 구멍을 줄 것이다.

2

솔직하게 말해라
만약 배우자가 당신이 싫어하는 일을 하고 싶어 한다면, 솔직하고 분명하게 의사를 밝혀라. 앞으로 점점 더 많은 시간을 함께하게 될 것이다. 그러니 참았던 불만이 원망으로 바뀌기 전에 미리 솔직하게 털어놔라.

5

함께 여러 가지 활동에 도전해라
함께하는 사람이 있으면 운동계획을 지키는 것이 훨씬 수월해질 것이다. 그리고 운동을 함께하다 보면 전에는 몰랐던 공통 관심사를 발견할 수도 있다.

6

혼자만의 시간을 가져라
부부가 각자 혼자만의 시간을 별도로 잡아두는 것이 좋다.

7

계획을 짜라
시간을 내서 함께 휴가를 떠나거나 새로운 일에 도전하는 등의 계획을 짜라. 욕심을 내서 너무 많은 활동을 계획에 집어넣지 마라.

모두가 배우자와 친밀한 관계를 맺기를 원한다. 그러나 영역의 경계를 허물고 완전히 하나가 되는 것은 불편할 수 있다. 서로가 상대방의 공간을 인정해주면서 친밀함을 유지하는 관계가 최고의 부부관계일 것이다.

심리학자 메리언 반데벨드는 '평행놀이'의 비결을 기억할 것을 조언한다. 다시 말해 각자 독립된 관심사를 추구하면서 서로 곁에 있는 것을 편안하게 느끼는 것이 최고의 부부관계다. 친밀하게 지내면서 상호의존적인 관계가 되지 않는 것은 평생의 숙제

다. 은퇴한 노부부는 친밀하지만 종속적이지 않은 관계를 꾸려야 하는 시험에 들게 될 것이다. 성공적으로 시험을 통과하면 두 사람 모두 행복하고 만족스러운 노년을 함께 보내게 될 것이다.

퇴직에도 동반자가 필요하다

부부의 퇴직 시기가 다르면 어떤 문제가 생길까?

모든 부부가 아무런 갈등 없이 행복한 관계를 유지하는 것은 아니다. 이유가 무엇이든지 간에 부부 중 한 명만 퇴직을 하여 지내는 시간이 분명히 있을 것이다. 부부 중 한 명은 일하고 다른 한 명은 퇴직을 한 기간이 몇 달이 될 수도 있고 몇 년이 될 수도 있다. 이런 기간을 어떻게 보내야 할까?

부부의 퇴직 시점은 다를 수 있다. 나이 차이로 인해 나이가 많은 쪽이 먼저 퇴직을 할 수도 있고, 두 사람이 동시에 퇴직을 해서 수입이 사라지는 것을 막기 위해 부부가 퇴직 시점을 달리하여 퇴직할 수도 있다. 아니면 부부 중 한 명이 정리해고를 당하거나 건강상의 문제로 계속 회사를 다닐 수 없수도 있다. 배우자가 일 욕심이 있어 퇴직을 미뤄서 퇴직 시점이 달라질 수도 있는 것이다(특히 여자들은 어린 자녀를 돌보기 위해 일을 쉬었다가 자녀들이 어느 정도 성장하면 다시 직장으로 복귀한다. 이런 경우 여자들은 가능하면 오랜 기간 직장을 다니며 자신의 경력 공백을 채우기를 원한다). 이유가 무엇이든지 간에 부부가 다른 시기에 퇴직하는 것은 아주 흔히 일어날 수 있는 일이다. 문제는 이런 상황이 부부간 갈등의 씨앗이 될 수도 있다는 점이다.

비슷한 시기에 퇴직하라

가능하면 두 사람이 비슷한 시기에 퇴직하는 것이 좋다. 나이 차이가 많이 나는 부부라면 연상인 쪽이 가능한 오랜 시간 직장을 다니길 원할 가능성이 크다. 그러나 너무 무리해서 본인의 신체건강과 정신건강을 해쳐서는 안될 것이다.

돈 문제

부부싸움의 가장 큰 원인 중 하나가 경제적 문제, 즉 '돈'이다. 돈은 사람을 말 그대로 '치사하게' 만든다. 예를 들어 남편은 퇴직을 했고 아내는 계속 직장을 다니고 있다고 치자. 아내가 가장으로서 가정에서 더 큰 권력을 행사하고 대우받기를 원하지 않는다 할지라도, 두 사람 사이에 갈등과 불화가 생길 수 있다(직장을 다니는 쪽은 가장으로서 대우받기를 원해서는 절대 안 된다. 반대로 퇴직을 한 쪽은 상대방이 돈을 번다고 유세 떤다고 오해하지 마라. 돈 때문에 싸우는 것은 아주 치사하고 어리석은 짓이다).

진짜 문제는 맞벌이로 살아온 부부에게 수입원이 하나로 줄어든 상황이 당황스럽고 스트레스일 수 있다는 것이다. 이런 경우 재무 설계사나 전문가를 찾아서 상담을 하면 문제를 의외로 쉽게 해결할 수 있다(100~101페이지 참조). 어느 한쪽으로 치우치지 않은 공정한 의견을 구하면, 개인감정을 억제하고 이성적으로 가정경제에 관한 이야기를 이끌어갈 수 있다.

상대방의 입장에서 생각하기

퇴직한 남편은 계속 직장을 다니는 아내를 보고 '저 사람에게는 인생이 있지만, 나에게는 아무것도 없어'라는 생각이 들지도 모른다. 퇴직을 해서 거의 대부분의 시간을 집에서 보내게 된 남편은 하루가 너무 지루하고, 자신이 아무짝에 쓸모없다는 생각에 우울해진다. 자신이 아직 쓸모 있는 인간임을 보여줄 수 있는 유일한 방법은 집안일밖에 없다고 생각할 수도 있다.

반대로 직장을 다니는 아내는 집에서 기다리는 남편 걱정에 일찍 퇴근을 해야 한다는 생각에 스트레스를 받고 심지어 불만까지 쌓일 수 있다. 부부가 완전히 다른 삶을 사는 것은 두 사람 모두에게 큰 부담과 스트레스가 된다.

그럼 해결책에는 무엇이 있을까? 남편이 건강이 나빠져서 하는 수 없이 퇴직을 했다면 아내는 직장을 다니면서 병든 남편을 간호해야 한다. 이게 너무 힘들고 부담스러우면 본인이 퇴직할 때까지라도 간병인을 고용하면 된다(178~179페이지 참조). 그러나 퇴직한 남편이 건강하고 생활하는 데 전혀 불편하지 않다면 아내가 직장에 가 있는 동안 할 수 있는 취미활동 등을 찾아서 하는 것이 해결책일 수 있다(거동이 불편해서 야외활동이 힘들다면, 집에서도 즐겁게 할 수 있는 활동을 하면 된다).

퇴직에도 동반자가 필요할까?

미국 퇴직자 협회의 2008년 조사에 따르면, 절대 다수의 퇴직자들이 자신의 배우자도 퇴직을 해서 자신과 함께 많은 시간을 보내기를 원하고 있었다. 약간의 강도 차이는 있었지만 대부분의 퇴직자들이 배우자에게 퇴직을 권유한 경험이 있다고 응답하였다. 이것은 우리가 함께 퇴직생활을 할 동반자를 원하고 있다는 것을 보여준다.

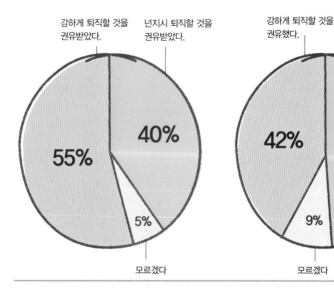

퇴직한 배우자에게 얼마나 강하게 퇴직 권유를 받았는가?

강하게 퇴직할 것을 권유받았다.
넌지시 퇴직할 것을 권유받았다.
55%
40%
5%
모르겠다

배우자에게 퇴직하라고 얼마나 강하게 권유했는가?

강하게 퇴직할 것을 권유했다.
넌지시 퇴직할 것을 권유했다.
42%
49%
9%
모르겠다

148~151페이지 참조).

부부가 서로 다른 시점에 퇴직을 하는 것이 오히려 좋을 수도 있다. 먼저 퇴직한 사람이 갑자기 바뀐 생활에 적응하면서 새로운 취미활동이나 관심사를 찾아 노년을 즐길 방법을 익힌다면, 뒤이어 퇴직하는 사람이 퇴직생활에 적응하는 데 큰 도움을 줄 수 있다. 직장생활을 하는 배우자가 퇴직을 해서 여러 가지 시도를 하는 배우자의 수고와 노력을 알아차리고 존중해준다면, 두 사람의 관계는 더욱 돈독해지고 긍정적인 방향으로 변할 것이다.

20% 미만

동시 퇴직

보스턴 대학교 은퇴연구소의 2013년 연구에 따르면, 같은 해에 은퇴를 한 부부는 20% 미만이었다.

노인과 성

노부부는 플라토닉 사랑에만 만족해야 하는가?

우리는 심리적으로 배우자와 가까워지기를 원한다. 그리고 육체적으로 배우자와 친밀한 관계를 유지하는 것 역시 결혼생활에서 중요한 부분을 차지한다. 퇴직을 계기로 배우자와 정신적으로 그리고 육체적으로 더욱 친밀해질 수 있다.

나이가 들어 성적 욕구가 예전 같지 않을 수 있다. 성관계를 맺는 것에 관심이 현저히 줄어들었을 수도 있고, 성적 욕구는 변함없지만 몸이 따라주질 않을 수도 있다. 아니면 두 사람이 원하는 것이 다를 수도 있다. 성적 욕구가 줄어들거나 신체능력이 떨어지는 것은 결혼생활에 부정적인 영향을 줄 수 있다. 그러나 나이가 들어도 만족스러운 성관계를 즐길 수 있는 비결이 있으니 걱정하지 마라.

수많은 연구를 통해 '만족스러운 부부관계'가 건강과 퇴직생활의 만족감과 강한 상관관계가 있음이 증명되었다. 퇴직을 하면 두 사람이 함께하는 시간이 많아지기 때문에 부부가 성관계를 맺을 시간이 많아진다.

남성, 노화, 그리고 섹스

남성의 성적 욕구는 10대에 정점을 찍은 뒤 서서히 줄어든다고 흔히 생각한다. 실제로 나이가 많을수록 남성은 성적 흥분감에 도달하는 데 더 오래 걸리고 성적 흥분감을

🔍 성관계가 없어도 괜찮아

만약 당신이 성관계를 중요하게 생각하고 배우자와 신체적인 사랑을 많이 나누기를 바라지만, 배우자는 더 이상 능력이 안 된다면?

쉐필드 대학의 2003년 조사에 따르면, 이런 상황에 처한 부부들은 부부생활에서 성관계가 차지하던 비중과 중요도를 줄이고 노화의 자연스러운 현상으로 받아들이고 있었다. 당신이나 배우자가 '만족스러운' 성관계를 맺는 것이 힘들어졌다고 해서 신체접촉을 완전히 포기하지 마라. 성관계를 맺지 않아도 친밀함을 유지할 수 있다(169페이지 참조).

60%

함께 있어서 행복해

1989년 조사에서 노부부의 60%가 남편이 퇴직한 이후 성관계에 대한 만족도가 높아졌다고 응답했다.

덜 느끼는 것으로 나타났다. 그러나 나이가 많을수록 남성은 더 감각적이고 성적 자극을 받아들이는 성감대가 다양해져 성관계를 맺는 데 능숙해진다. 그래서 배우자를 쉽게 만족시킬 수 있고 정서적으로 더 친밀한 관계를 맺을 수 있다.

나이든 남자 7명 중 한 명이 전립선암을 앓고 있고 전립선암 수술로 성적 능력이 떨어진 것으로 조사되었다. 나이가 들어 정력이 떨어지면 남자는 수치심과 당혹감을 느낀다. 이런 주제에 대하여 누군가와 이야기한다는 사실이 불편하고 마음에 안 들 수도 있다. 의사의 성별을 직접 선택해서 상담할 수도 있으니, 이런 사실을 숨기지 말고 의사를 찾아가 상담해라.

1998년 발기부전 치료제 비아그라가 개발된 이후, 이 문제에 대하여 도움을 요청하는 남자들의 수가 증가했다고 의사들은 입을 모았다. 증상을 설명하는 것보다 자신이 원하는 약의 이름을 대는 것이 심리적 부담을 덜어주는 효과가 있기 때문이다(비아그라가 가장 많이 알려져 있기는 하지만 시중에는 다양한 발기부전치료제가 있다). 신체기능의 저하는 정력 감퇴 원인의 오직 한 부분에 지나지 않는다.

비현실적인 기대감이 성관계를 어렵게 만든다

자신감은 개인의 성생활에 큰 영향을 미친다(168~169페이지 참조). 그러나 배우자에 대한 기대 수준에 따라 성생활의 만족도가 달라질 수 있다. 2008년 몬트리올에서는 노부부의 성생활에 대한 인터뷰가 진행되었다. 인터뷰를 통해 노부부들이 성생활을 어렵게 느끼는 이유에 대하여 몇 가지 가설을 세울 수 있었다.

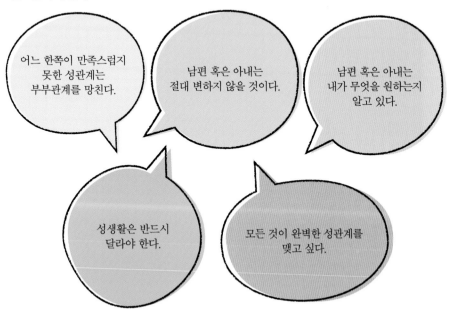

부부가 성관계에 대하여 터놓고 이야기하는 것은 절대 두 사람의 성생활에 문제가 있다는 의미가 아니다. 오히려 이런 솔직함은 두 사람이 모두 만족할 수 있는 성관계를 맺는 데 큰 도움이 된다. 긴장을 푼 상태에서 편안하게 성관계를 맺을수록, 만족도가 높아진다. 연구진은 부부가 부담없이 각자가 생각하는 이상적인 부부관계에 대하여 이야기할 수 있도록, 무뎌진 성감각을 되찾는 운동을 고안하거나 부부의 성적 판타지를 이해하도록 권장하는 등 성교육을 실시했다. 심지어 연구진은 부부가 성생활을 새로운 시각에서 바라보고 접근할 수 있도록 성에 대한 근본적인 사고의 틀을 재구성(cognitive reframing)하기도 했다(146~147페이지 참조). 그 결과, 실험 참가자들의 성적 욕구가 크게 증가하거나 줄어들지는 않았지만, 실험에 참여한 부부들은 자신들의 성생활에 대하여 이전보다 더 만족했다. 성생활에 대하여 솔직하게 자신의 생각을 털어놓는 것이 행복한 성생활의 비결이다.

「국제발기부전연구저널」에 실린 보고서에 따르면, 노화에 따라 성적 반응과 성적 능력이 어떻게 변하는지를 잘 이해하고 있는 부부일수록 약물 치료가 더 효과적인 것으로 나타났다. 정력 감퇴의 이유가 무엇이든지 간에, 퇴직 후 노인들의 성생활에 대하여 성교육을 받는 것도 굉장히 좋은 생각이다.

여성, 노화, 그리고 섹스

적어도 한두 가지 갱년기 증상에 시달리는 중년 여성은 75%에 달한다. 그렇다고 갱년기 증상이 있으면 무조건적으로 성적 욕구와 만족도가 떨어진다고 판단해서는 안 된다. 대부분의 연구가 갱년기 증상이 있는 중년 여성들을 대상으로 진행되고 있어 섹스와 갱년기를 넘긴 중년 여성에 대하여 객관

≫ 적인 연구결과가 나오기 어렵기 때문이다. 그리고 여성의 경우 나이가 들수록 전희시간이 길어지고 더 부드럽게 성교를 맺기를 원한다. 이런 경우 시중에 판매되는 윤활제가 성관계에 도움이 된다. 이런 점을 염두에 두면 퇴직한 노년의 여성들이 배우자와의 성관계가 주는 기쁨을 포기할 이유가 전혀 없다. 자위행위도 마찬가지다.

여성의 자궁절제술이 부부간 성관계에 영향을 줄 수도 있다는 점을 알아야 한다. 미국 여성의 30~40%가 평생 한 번 자궁절제술을 받는 것으로 조사되었다. 특히 문제가 되는 것은 음핵 또는 클리토리스가 여성의 성감대로서 오랫동안 과소평가되고 있다는 점이다.

로열 멜버른 대학의 비뇨기과 교수 헬렌 오코넬은 1998년 발표한 논문에서 클리토리스에는 이전까지 알려진 것보다 훨씬 많은 신경으로 이뤄져 있고, 자궁절제술을 집도하는 의사들은 건드려서는 안 되는 신경이 무엇인지 잘 모른다고 주장했다. 자궁절제술이 여성이 느끼는 성적 쾌감에 어떤 영향을 미치는지 단정적으로 말하기 어렵다. 자궁절제술로 성적 쾌감이 커질 수도 있고 줄어들 수도 있고 아무런 변화가 없을 수도 있다. 만약 자궁절제술을 받은 이후 그전에 느껴졌던 것들이 느껴지지 않는다면 벙어리 냉가슴 앓듯 혼자서 끙끙 거리지 말고 의사와 상담해보라.

노인의 성은 아름답지 못하다?

대부분의 성행위는 육체적인 것보다 섹스에 대한 태도에 관한 것이다. 그래서 기대감이 성행위에 상당한 영향을 준다. 사회적 동물인 인간은 주변 사람들의 시선을 많이 신경 쓴다. 남들이 하기를 바라는 행동을 하고 하지 않기를 바라는 행동은 안 한다. 예를 들어, 나이에 상관없이 남자는 평생 성적으로 활발해야 한다고 여기는 사회에서는 남자들은 실제로 나이가 들어도 성적으로 활발하기를 바라는 경향이 있다.

한편, 여성들은 사회적 시선을 남성들보다 더 많이 의식한다. 나이 든 사람은 매력적이지 않고 매력적이지 않은 사람은 '섹시하지 않다'는 통념에 여성들은 매우 취약하다. 특히 나이 들어서도 자위를 즐기는 여성이라면 이것은 매우 슬프고 의미 없는 결론이다. 섹스에는 연령 제한이 없다. 나이가 많든 적든 대부분의 사람들은 계속해서 자신들이 좋아하는 방식으로 섹스를 즐기고, 또 그래야 한다.

섹스와 노인에 대한 고정관념을 깨부수고 '그 나이가 되면 당연히 해야 하는 것'이 아니라 '개인적으로 원하는 것'에 집중하려고 최선을 다하는 것이 더욱 만족스럽고 행복한 성생활로 가는 첫 걸음이다.

과연 노인들은 섹스를 얼마나 할까?

다음은 맨체스터 대학교가 실시한 노인과 성에 관한 설문조사 결과다.

70세 이상 남성의

54%

가 젊은이들과 다름없이 섹스를 즐기고 있었다.

70세 이상 여성의

31%

가 젊은이들과 다름없이 섹스를 즐기고 있었다.

이들 중 1/3이 자주 섹스를 한다고 응답했고 여기서 '자주를 섹스를 한다'는 한 달에 적어도 2회 이상 섹스를 하는 것을 의미한다.

Q 노인들이 섹스를 꺼리는 이유

두려움과 걱정 때문에 사람들은 종종 행복할 권리를 포기해버린다. 두려움 때문에 섹스의 즐거움을 포기하고 있지는 않은지 생각해보라.

· **심리적 부담**
불안감과 우울증처럼 심리적 스트레스는 성적 욕구와 배우자와의 성적 교감에 영향을 줄 수 있다.

· **부정적인 신체 이미지**
주름살이나 옆구리 살을 신경 쓰기에는 그동안 너무 바빴다면 자신의 벗은 모습에 자신이 없어 성관계를 맺는 것을 주저할 수 있다.

· **낮은 자존감**
인생의 큰 변화는 정체성에 부정적인 영향을 줘서 스스로가 매력적이지 않다고 느낄 수 있다.

· **'성행위'에 대한 걱정**
성관계에 능숙할지 아니면 배우자가 자신을 매력적으로 느낄지에 대한 걱정은 두 사람의 성적 흥분감에 찬물을 끼얹을 수 있다.

섹스는 단순히 즐겁기만 한 것일까?

섹스가 즐겁다는 것은 다 알지만, 즐거움을 제외하고 섹스의 좋은 점은 무엇일까?
섹스를 하면서 느끼는 유희는 생활의 면면에 긍정적인 영향을 준다는 것이 연구를 통해 증명되었다.

건강을 증진시킨다

섹스는 훌륭한 운동이 될 수 있다. 성적 흥분은 심장박동수를 높이고 오르가즘에 도달하면 심장박동수는 정점을 찍는다. 나이가 들면서 섹스 빈도를 늘리면 남성과 여성의 성기를 강화하는 데 효과가 있다.

기분을 좋게 만드는 호르몬인 엔도르핀을 분비한다

성행위를 하면 뇌에서 엔도르핀이 분비되어 흥분과 쾌감을 느끼게 된다.

부부관계를 강화한다

만족스러운 성관계는 배우자와의 유대감을 더욱 깊고 공고하게 만든다.

섹스가 전부는 아니다

사람들이 자주 간과하는 부분이 있다. 신체적 친밀감이 실제 성교를 의미하는 것은 아니다. 섹스에서 가장 좋은 점은 스킨십이다. 가벼운 스킨십은 건강 상태에 상관없이 누구나 가능하다. 섹스가 아닌 새로운 방식으로 배우자와 친밀감을 나누고 싶다면, 다음 몇 가지 스킨십을 시도해보는 것이 도움이 될 것이다.

· 로맨틱한 음악을 들으며 오랫동안 포옹한다.
· 깃털, 털, 실크 등 다양한 질감의 물건으로 상대방의 피부를 부드럽게 문질러준다.
· 상대방의 눈을 오랫동안 지그시 바라본다.
· 서로 마사지를 해준다.
· 서로 몸단장을 해준다. 머리를 빗겨주거나 목욕을 함께하거나 향기로운 비누와 로션을 서로 발라주면 장난을 치는 것도 좋다.
· 사랑을 고백하는 연애편지를 주고받는다.

'사랑하는 사람과의 사랑을 나누는 방법'에 대하여 이야기했다. 섹스는 사람에게 있어서 큰 쾌감과 기쁨의 대상이고 사랑은 우리에게 가장 필요하고 원하는 것이다. 침대에서 부드럽게 배우자를 어루만지기도 하고 격렬하게 키스를 하고 싶을 것이다. 나이가 들어 섹스가 부담스럽다고 사랑하는 사람과의 가벼운 신체적 접촉을 완전히 단념하지 마라. 결국 중요한 것은 두 사람이 함께 있고 함께 즐거워한다는 사실이다.

원숙미

여기 당신의 성생활을 더욱 즐겁게 해줄 팁이 있다.

√ 연륜을 자랑스럽게 여겨라

사람들은 나이가 들수록 자존감이 높아진다. 자신의 힘으로 인생을 살아가고 자기 자신에게 자신감이 있는 사람은 섹시하다.

√ 변화를 인정해라

나이가 들면서 변하는 것은 필연적이다. 그러니 지금 성생활과 10년 전 성생활을 비교하지 마라.

√ 자기 자신을 이해해라

누화와 함께 찾아오는 변화를 받아들이고 흰머리와 주름살이 많아진다고 섹스의 즐거움을 포기할 생각은 하지 마라.

노년의 우정

당신의 진정한 친구는 누구인가?

자유롭게 시간을 쓸 수 있다면 누구와 시간을 보내고 싶은가? 그리고 그 사람과 시간을 보내고 싶은 이유는 무엇인가? 퇴직을 앞둔 지금, 관심사가 같은 사람을 찾고 오랫동안 알고 지낸 친구들과 새로운 친구들과의 우정에 관심과 시간을 더 많이 투자할 때다.

오랫동안 알고 지낸 친구든 새롭게 사귄 친구든 간에 친구는 우리의 인생을 풍족하게 만든다. 일분일초를 친구들과 함께할 필요는 없다. 실제로 퇴직하면 친구들과 보내는 시간이 소폭 증가한다는 조사 결과가 있다. 몇 시간 동안 친구들과 수다를 떨든 아니면 언제나 당신의 곁에서 힘이 되어주는 사람들이 있다는 사실만으로 만족하든 친구들과의 깊은 우정은 시간과 공을 들여 지킬 가치가 충분히 있다.

이상적인 친구란?

사람들이 꼽는 '이상적인 친구'에는 공통적인 특징이 있다. 심리학자 윌러드 하트업과 낸 스티븐스는 '상호성'을 뽑았다. 다시 말해 '가는 정이 있으면 오는 정이 있는 친구 관계'가 이상적이라는 것이다. 우리는 '쌍방향 관계'를 맺고 있는 사람들을 소중하게 여긴다. 우리에게 무언가 원하기만 하거나 원하지도 않는 무언가를 한없이 주기만 하는 사람보다 서로 도움이 되는 무언가를 주고받을 수 있는 사람들과 친구가 되기를 원한다.

곁에 있어줘서 고맙다고 생각되는 사람들과 우정을 쌓는 것이 좋다. 니콜라스 크리스타키스 박사와 제임스 파울러 박사는 '유유상종'이 사실임을 연구를 통해 증명했다. 우리는 사람들과 관계를 맺으면서 서로에게 무의식적으로 영향력을 행사한다. 예를 들어 담배를 피우거나 과체중이거나 협조적이거나 행복한 사람이라면, 친구들도 담배를 피우거나 과체중이거나 협조적이거나 행복할 확률이 높다. 심지어 친구들의 친구들도 담배를 피우거나 과체중이거나 협조적이거나 행복할 가능성이 크다. 물론 담배를 피우거나 과체중인 사람을 배척하라는 말이 아니다. 서로에게 긍정적인 면을 이끌어 내거나 긍정적인 영향을 주고받을 수 있는 우정을 쌓으라는 것이다.

함께 성장할 수 있는 친구를 사귀자

친구 중에 퇴직한 이들이 있는가? 서로의 관심 분야에 대하여 어떻게 생각하는가? 노인대학 또는 노인 강좌는 비슷한 관심사를 지닌 새로운 친구를 만들기에 좋은 기회다. 나이가 지긋한 사람들은 새로운 것을 배우거나 시도해서 변하면, 오랫동안 알고 지낸 사람들과 서서히 멀어지고 있는 자신을 발견한다. 다시 말해, 새로운 것을 배우고 새로운 사람들을 만나다 보면 사람들은 변하기 마련인 것이다. 그러나 변함없는 모습으로 곁에 있어주기를 바라는 친구들도 있다. 그럼에도 불구하고 새로운 분야를 개척하고 새로운 것을 배우고 싶다면 노인대학이나 노인 강좌에서 새로운 퇴직한 친구들을 만드는 것이 좋을 수도 있다. 점점 다양한 사람들과 어울리면서 당신의 관심사가 서

Q 시간이 갈수록 우정은 깊어진다

결혼생활이 길어지면 다툼이 잦아질 수 있지만 우정은 오히려 세월과 함께 깊어진다는 사실이 2009년 미국에서 실시된 조사를 통해 밝혀졌다. 나이가 들면서 성숙해지고 유순해지면, 친구들과의 우정은 더 따뜻해지고 깊어지며 관대해진다.

페이스북 친구와 진짜 친구

소셜미디어를 좋아하는가? 미국의 여론 조사기관 퓨리서치센터에서 2013년에 시행한 여론 조사에 따르면, 나이든 세대일수록 페이스북에 친구로 등록된 사람들의 수가 적었다. 그러나 어린 세대들은 페이스북에 등록된 사람은 많지만 그들과 만나거나 가깝게 지내는 경우가 적었다. 만약 당신이 정말 좋아하는 친구들이 50명 있다면 정말 친구들이 많은 것이다.

평균 페이스북 친구 수

나이든 세대 (1955년 이전 출생)	베이비부머 (1956~1964년 출생)
50명	98명

X세대 (1965~1980년 출생)	밀레니엄 세대 (1981년 이후 출생)
200명	250명

서히 변하는 것을 지켜본 오랜 친구들도 당신의 변화에 함께할 것이다. 당신처럼 은퇴 후에도 끊임없이 배우고 새로운 일에 도전하려는 사람들이 주변에 없는지 살펴봐라.

양보다 질

통계적으로 퇴직을 하면 이전보다 친구 수가 감소한다. 원래 가볍게 알고 지내던 사람들과의 관계는 시간이 지나면 자연스럽게 끊어지기 마련이다. 1997년 프랑스에서 진행된 연구에 따르면 친구가 적당히 많으면 좋은 것은 사실이지만 정말 중요한 것은 그들과 어떤 관계를 맺고 있는가였다. 한마디로 중요한 것은 '친구의 양보다 친구의 질'이다. 친구들과 애정이 듬뿍 담겨 있고 서로에게 도움이 되는 관계를 맺고 있는 조사 대상자는 신체적으로나 정신적으로 그렇지 않은 사람들에 비하여 건강했고 심지어 기대수명도 길었다. 그러니 함께 행복하게 늙어갈 수 있는 친구들을 찾아라.

❓ 어디서 새로운 사람들을 사귈 수 있을까?

어디서 새로운 사람들을 사귈 수 있을까? 더 많은 사람들을 사귀려면 어디서 시작하는 것이 좋을까? 퇴직자들이 새로운 친구들을 사귀기에 좋은 장소들이 있다.

· 헬스클럽과 운동 프로그램
· 성인 교육기관
· 지역 도서관이나 노인센터에서 운영하는 동호회
· 자원봉사단
· 취미 동호회
· 등산 동호회
· 동창생 모임
· 카드 게임 동호회
· 강아지 산책 또는 강아지 훈련 동호회
· 여행 동호회
· 사회활동 지원단

현재 살고 있는 지역에 자신이 찾고 있는 동호회가 없다면, 직접 만들어서 운영하는 것도 한 가지 방법이다.

가정의 평화

자녀를 어엿한 성인으로 존중하자

자녀들은 장성해서 부모의 품을 떠나 각자 자신들의 인생을 살아가고 있다. 더 이상 예전처럼 부모로서 자식들에게 이거 해라 저거 해라 참견하며 부모의 권위를 직설적으로 행사할 수 없다. 이제는 서로 힘이 되어 주고 의지할 수 있는 관계를 자식들과 만들어나가야 한다. 어떻게 해야 할까?

이제는 학교 숙제, 대학입시, 통금시간 때문에 어린 자녀와 힘겨루기 할 필요가 없어졌다. 아이들 꽁무니를 따라다니며 잔소리할 일이 없으니 얼마나 홀가분한가? 그러나 부모와 성인이 된 자녀는 과거와는 다른 이유로 갈등하고 복잡 미묘한 관계로 고민한다. 작고 연약해 항상 보호해줘야 할 아기를 어느 날 갑자기 다 큰 어른으로 대우하는 것은 부모로서 참 어려운 일이다. 어엿한 성인이 된 자녀들은 자신들의 인생을 자신들만의 방식으로 살아가고 있다. 설령 그들의 생활방식이 마음에 들지 않더라도 이제 '이렇게 해라 저렇게 해라'라고 지시하고 통제할 수 없다. 퇴직한 부모와 성인이 된 자녀들의 가장 이상적인 관계는 서로를 사랑하고 존중하고 때로는 관대해지는 것이다.

그런 식으로 저에게 말하지 마세요!

부모와 자녀는 가족이고 가족들은 필연적으로 크고 작은 싸움을 한다. 자녀들과의 싸움과 갈등을 피할 수 있는 방법은 없을까? 갈등을 빚는 부모와 장성한 자녀들이 생각하는 갈등의 원인이 다를 수 있다는 사실이

1/3 이상

성인 자녀에게 금전적으로 도움을 주는 부모

2014년 미국에서 실시된 조사에 따르면 밀레니엄 세대를 자녀로 둔 부모의 1/3 이상이 성인이 된 자녀에게 금전적인 도움을 주고 있었다.

미국노인학회가 발표한 연구에서 밝혀졌다. 부모와 성인이 된 자녀의 의견이 주로 부딪히는 부분은 다음과 같았다.

· 정치, 종교, 신념
· 집안일
· 습관과 생활방식
· 커뮤니케이션과 상호작용 방식
· 양육방식과 가치관
· 직업윤리와 직업관

흥미롭게도 퇴직한 부모들은 자녀들의 습관과 생활방식에 대하여 가장 큰 불만을 품고 있었지만, 장성한 자녀들은 커뮤니케이션 방식에 대한 불만이 가장 컸다(오른쪽 그래프 참조). 기타 부모와 자녀가 부딪히는 주제는 정치, 양육방식처럼 민감한 부분이었다. 저녁식사를 하면서 정치에 대하여 이야기하거나 양육방식에 대하여 비난하는 것은 대화의 주체가 누구든지 간에 말다툼으로 이어질 가능성이 크다.

필요 이상으로 장성한 자녀들과 부딪히는 일이 많다는 생각이 든다면, 관계 개선을 위한 해결책이 필요하다. 다행히도 해결책은 당신이 생각한 것보다 훨씬 쉽고 간단하다. 현재 견해차이로 갈등을 빚고 있는 문제에 대하여 자녀와 허심탄회하게 대화를 하는 것이다. 만약 당신과 자녀의 소통 방식에 문제가 있다면, 양측이 함께 변하려고 노력해야 한다.

무엇이 가족을 하나로 묶을까?

미국의 심리학자 번 벵스톤과 로버트 로버츠의 연구에 따르면, 가족관계를 끈끈하게 만드는 여섯 가지 주요 요인이 있다.

· 애정 – 가족과 대화할 때 얼마나 따뜻하게 행동하는가?

부모와 자녀의 갈등

미국노인학회는 부모와 자녀가 생각하는 갈등의 원인이 다르다는 사실을 조사를 통해 밝혀냈다.

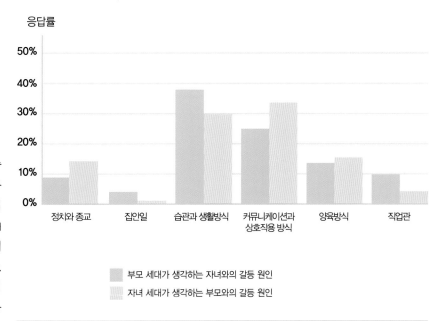

응답률

· 유대감 – 얼마나 자주 가족들을 만나고 곁에 있어주는가?

· 공감 – 함께 공유하는 신념과 가치는 얼마나 되는가?

· 공유의식 – 물리적으로, 정서적으로 또는 경제적으로 얼마나 서로에게 도움을 주는가?

· 소속감 – 가족 구성원으로서 얼마나 소속감을 느끼는가? 가족은 서로에게 충실하고 다정할 의무가 있다고 생각하는가?

· 친밀감 – 서로 얼마나 자주 연락을 하거나 만나는가? 부담 없이 서로의 집을 방문할 정도로 관계가 좋은가?

연구결과, 이 여섯 가지 요소는 다른 요소를 강화시키는 효과가 있었다. 사랑스러운 어린아이들이 어엿한 성인이 되었다는 사실을 있는 그대로 받아들이는 것은 부모에게 심리적으로 상당한 부담을 주는 것으로 밝혀졌다. 만약 지금 성인이 된 자녀와 불화를 겪고 있다면, 자책할 필요 없다. 어느 한쪽의 잘못이 아니기 때문이다.

다 자란 자녀의 일거수일투족을 관리하고 통제하려고 들지 마라. 불가능한 일이다. 당신이 할 수 있는 것은 그들에게 무한한 애정을 보여주고 서로 자주 만나고 그들을 성인으로 인정하고 존중하면서 소통하는 것이다. 유대감이 단단해질수록 부모와 자녀 모두 가족으로서 그리고 개인으로서 너 행복해질 것이다.

손자손녀

어떤 할머니 할아버지가 되고 싶은가?

눈에 넣어도 아프지 않을 아이를 어르고 달래고 함께 놀아주는 것보다 더 즐겁고 기쁜 일이 있을까? 손자손녀는 한 사람의 인생에 있어서 하늘이 주신 가장 큰 선물이자 기쁨일 것이다.

처음 '할아버지' 또는 '할머니'란 소리를 들으면 어색하고 낯설 것이다. '내가 이런 소리를 들을 정도로 늙었나?' 싶은 생각이 들지도 모른다. 그러나 당신을 '할아버지' 또는 '할머니'라 부르는 그 누군가가 당신의 손자손녀라면? 어찌 눈에 넣어도 아프지 않을 손자손녀를 사랑하지 않을 수 있겠는가! 이 작고 (그렇게 작지 않을 수도 있지만) 사랑스러운 존재들을 바라보면 어린 자녀를 키울 때 느꼈던 기쁨이 다시 떠오를 것이다. 힘들었던 순간이 거의 떠오르지 않아 이상하다고 생각될 수도 있다. 옛날에는 3세대가 한 마을에서 오랫동안 사는 경우가 흔했다. 가까이 살았기 때문에 원하면 언제든지 어린 손자손녀를 볼 수 있었다. 그러나 시대가 변했고 가족들은 뿔뿔이 흩어져 살게 되었다. 이런 시대에 당신의 노년을 만끽하면서 어린 손자손녀들에게 사랑을 듬뿍 쏟을 수 있는 방법이 있을까?

보상 없는 손자손녀 돌보기

퇴직자의 대부분은 자식을 위해 손자손녀를 대신 돌보는 경우가 많아졌다. 아이를 키우는 데 많은 비용이 들고 한 사람만 일을 해서 벌어들인 수입으로 생활하는 것이 거의 불가능한 시대에 결혼하여 자기 자식이 있는 다 큰 자녀들이 기댈 곳은 어찌 보면 부모밖에 없다. 엄마가 직장을 다니는 미국 어린이의 30%가 정기적으로 할아버지나 할머니의 보살핌을 받고 있는 것으로 조사되었다. 조부모의 손자손녀 돌봄 노동이 성인 자녀 세대가 안심하고 경제활동을 하도록 돕는다는 의미에서 사회적으로 중요한 역할을 담당하고 있음을 보여준다. 그러나 대부분의 조부모가 손자손녀를 돌보는 데 따른 노동의 보상을 제대로 받지 못하고 있다. 2010년에는 손자손녀를 돌보면서 보상을 받지 못하는 조부모들이 파업을 하기도 했다. 이것은 세계 경제가 그들의 손자손녀 돌봄의 노동에 상당히 의존하고 있음을 보여준다. 이처럼 할아버지 할머니가 되는 것은 심각하게 고민해야 할 일이 될 수도 있다.

> 사랑하는 손자손녀와 즐거운 시간을 보내고 집으로 돌려보낸다.
>
> – 유명한 조부모의 모토

🔍 손자손녀가 없다면

손자손녀가 없다고 절망하지 마라. 2010년 영국에서 실시된 조사에 따르면, 항상 곁에서 힘이 되어주는 배우자나 친구들과의 관계가 퇴직자들을 더욱 행복하게 만드는 것으로 나타났다. 물론 손자손녀가 있느냐 없느냐가 퇴직자들의 삶의 만족도에 약간의 영향을 준다. 만약 당신에게 손자손녀가 있다면, 그들을 마음껏 사랑해주라. 없다고 우울해하지 마라. 우리 인생은 손자손녀 말고도 즐길 것들이 많다.

손자손녀와 애착관계 형성하기

자녀를 대신해 손자손녀를 돌보지 않고 그들을 정기적으로 만나지 않는다면, 손자손녀와 제대로 된 유대관계를 맺지 못한다는 의미일까? 심리학 연구에서는 반대의 결과가 나왔다. '애착'은 함께 보내는 시간에 비례하여 강해지는 것이 아니다. 어린아이들은 자신의 요구에 즉시 반응하는 사람과 깊은 애착관계를 형성한다. 손자손녀와 함께 있을 때, 그들과 공감하고 신뢰감을 주는 것만으로 안정적인 관계를 형성할 수 있다. 멀리 떨어져 있으면, 전화를 하거나 화상 채팅을 하면 되니 염려할 것 없다(요즘 아이들은 '테크노 베이비'로 최첨단 기기에 익숙하기 때문에 온라인 채팅을 통해 대화를 나눈다는 개념을 당신보다 훨씬 빠르게 받아들일 것이다).

약7조원

양육비

영국의 자선단체 그랜드페어런츠 플러스는 할아버지 할머니가 무상으로 손자손녀를 돌봐주는 노동의 연간 경제적 가치는 약 7조 원(40억 파운드)에 달한다고 추산했다.

이사할 것이냐 말 것이냐 그것이 문제로다

퇴직자들이 이사를 결심하는 가장 큰 이유 중 하나가 가까이서 손자손녀를 보고 싶은 마음이다(144~145페이지 참조). 손자손녀가 너무 멀리 살아서 자주 보는 것이 어려워 이사를 계획하고 있다면, 가까운 곳으로 이사할 경우의 장점과 단점을 생각해보라.

손자손녀와 어떤 식으로 관계를 맺을 것인가는 스스로 결정할 일이다. 그러나 굳이 가까이 살지 않아도 유대관계를 형성할 방법은 많다. 선택 가능한 옵션을 생각해보고 당신에게 가장 효과적인 것을 선택해 사랑스러운 손자손녀와 즐거운 시간을 보내길 바란다.

가까이 이사 갈 경우 장점	가까이 이사 갈 경우 단점
손자손녀가 성장하는 모습을 곁에서 매일 지켜볼 수 있다.	정들었던 곳을 떠나야 한다.
애정표현을 통해 친밀감을 형성할 수 있다.	손자손녀가 살고 있는 곳의 환경이 마음에 안 들거나 그곳으로 이사할 경제적 능력이 안 될지도 모른다.
매일 필요할 때마다 자식들의 도움을 받을 수 있다. 자식들을 대신에 장시간 손자손녀를 돌봐주면 당신의 자녀는 당신에게 마음의 빚을 지게 될 것이다.	육아는 정말 힘든 일이다. 바로 옆에 사는 데 힘들어하는 자식들을 보면, 손자손녀를 대신 안 돌봐줄 수가 없을 것이다.
자녀의 조언이 필요할 때 언제든지 요청할 수 있고 언제나 자식들이 곁에서 도와줄 것이다. 가까이 살기 때문에 자식들은 당신의 상황을 잘 알 수 있고 필요한 도움을 줄 수 있다.	성격적으로 안 맞아서 자녀와 자주 충돌한다면, 가까이 살아서 갈등이 더 심해질 수 있다. 너무 가까이 살아서 떨어져서 생각할 시간과 공간이 없기 때문이다.
어린 손자손녀와 즐거운 시간을 많이 보내면 당신을 그저 병문안을 가야 하는 할아버지 할머니가 아니라 다정하게 자신들과 놀아주던 사랑하는 사람으로 기억될 것이다.	결혼해서 어린 자녀를 둔 자식이 여러 명이라면, 그중 한 명이 사는 곳에서 가까운 곳으로 이사를 가서 어린 손자손녀를 돌봐주면 나머지 자식들이 불만을 가질 수도 있다.
사별을 했다면 사랑하는 사람들과 가까이 살고 싶을 것이다.	자식들이 그곳에 정착한 것이 아닐지도 모른다. 만약 직장 때문에 다른 곳으로 이사를 가면 당신은 덩그러니 혼자 남겨질 것이다.

사랑하는 사람의 죽음

아름다운 이별

사랑하는 사람과 이별하지 않고 평생 행복하게 살다가 떠날 수 있다면 정말 좋을 것이다. 그러나 나이를 먹으면 죽음은 우리와 사랑하는 사람을 갈라놓는다. 가슴 무너지는 이 이별의 고통을 어떻게 견딜 수 있을까?

'죽음'은 그 누구도 떠올리고 싶지 않은 단어다. 그러나 때가 되면 모두 죽거나 사랑하는 사람들의 죽음을 경험하게 된다. 결국에는 사랑하는 사람들의 죽음을 뒤로 한 채 우리 모두 남은 인생을 계속 묵묵히 살아가야만 한다. 그런데 이런 일이 실제로 일어난다면 누구에게 도움을 청해야 할까?

주변 사람들의 위로

다정하고 서로에게 힘이 되는 관계일수록 상대방이 죽고 사라지면 그로 인한 슬픔이 더 오래간다는 사실이 과학적으로 증명되었다. 심리학적 관점에서 말하면, '애착' 때문이다. 20세기 중반 영국의 유명한 소아정신과 전문의 존 볼비는 애착이론을 처음 발표했다. 볼비에 따르면 인간은 독립적인 존재라기보다 상호의존적인 존재다. 우리는 '특별한' 사람과 애착관계를 형성하고 그 사람의 존재로 마음의 평안을 얻고 그 사람과 분리될 때 불안감과 스트레스를 느낀다.

우리는 주변 사람들의 생각이나 기분 등에 공감하고 반응을 해주며 따뜻하게 보살펴주고 싶어 한다. 배우자가 사라졌을 때, 주위에 있는 다른 사랑하는 사람들이 배우자와의 분리로 고통 받고 괴로워하는 뇌 부위를 어루만져 준다. 즉 곁에 있어 주는 다른 사랑하는 사람들의 위로가 배우자와의 이별로 인한 고통을 완화시킨다. 사랑하는 사람들이 주변에 있어 준다고 해서 사랑하는 아내 또는 남편과의 죽음으로 인한 고통이 완전히 사라지는 것은 아니다. 그러나 고통과 슬픔을 누그러뜨리고 사랑하는 사람이 없는 일상에 적응할 수 있는 '완충제' 역할을 해줄 수는 있다.

종교의 힘

사랑하는 사람의 죽음을 경험하면 '사후세

계'를 믿고 싶은 욕구가 생겨난다. 다른 사람들이 보기에 이런 욕구는 마음의 위안을 얻기 위한 것으로 보인다. 그렇다면 정말 이런 믿음이 사랑하는 사람의 죽음으로 인한 고통과 슬픔을 달래주고 마음의 위로가 될 수 있을까? 2007년 「팰리어티브 메디슨(Palliative Medicine)」은 총 5,000명 이상을 대상으로 실시한 32개의 연구결과를 실었다. 이 연구에 따르면, 전부는 아니지만 대부분의 연구에서 종교적 믿음이 배우자의 사별을 이겨내는 데 도움이 되는 것으로 나타났다. 신앙이 마음의 위로가 전혀 되지 않는다면, 다른 곳에서 평안을 찾는 것은 어떨까? 예를 들면 사랑하는 가족들, 친구들, 지원 단체 또는 심리상담사 등이 도움이 될지도 모른다.

앞으로 나아가라

사랑하는 사람이 죽은 뒤, 그 사람의 기억과 추억을 간직한 채 살아가는 것은 힘든 일이다. 종교적 힘이나 신비스러운 힘으로 죽은 사람과 자신이 여전히 연결되어 있다고 몇몇 사람들은 생각한다. 실제로 한 연구에 따르면 사랑하는 사람의 죽음을 경험한 사람들의 대략 절반 정도가 그 사람이 여전히 자신들 곁에 있다고 생각하고 있었다. 심리학자들은 나머지 사람들도 이렇게 생각하거나 느끼고 있지만 다른 사람들이 말도 안 되는 소리하지 말라고 핀잔을 주거나 바보 취급할까봐 걱정이 돼서 인정하지 않는 것이라고 추측했다. 죽음으로 곁을 떠난 사랑하는 사람의 기억, 유산 등도 남은 사람을 힘들게 만든다. 분명히 사랑하는 사람의 죽음으로 인한 슬픔을 이겨내는 것은 어렵다. 그러나 모든 터널 끝에 밝은 빛이 있듯이, 분명 이 슬픔도 끝이 날 것이다.

슬픔의 단계

유명한 퀴블러-로스의 슬픔의 5단계에 따르면 사람은 어떤 슬픔이나 고뇌를 야기하는 일을 당했을 때의 충격과 부정(1단계), 분노와 죄책감(2단계), 타협(3단계), 우울(4단계), 용인(5단계)의 5단계로 반응한다. 반면 최근에 심리학자 조지 보나노는 아래 차트처럼 사람에 따라 슬픔에 대한 반응이 다르다는 이론을 발표했다. 만약 만성적인 우울증, 슬픔 등에 시달리고 있다면, 주저하지 말고 도움을 청해라. 끊임없이 고통을 받으며 살아가는 것은 그 누구에게도 좋은 일이 아니다.

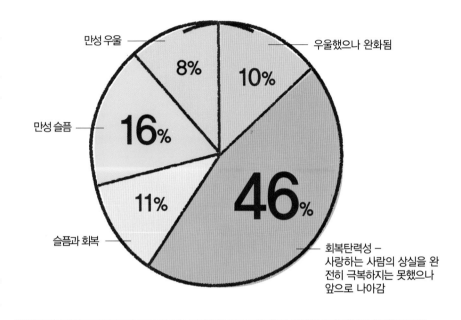

놓아주기

우리는 '애착관계'를 갈망한다. 그래서 애착관계를 맺고 있는 사랑하는 사람이 마음 편히 떠날 수 있도록 놓아주는 것은 결코 쉬운 일이 아니다. 2007년 심리학자 윌리엄 워든은 '티어모델(tear model)'로도 알려진 4단계의 슬픔 극복 과정을 제시했다.

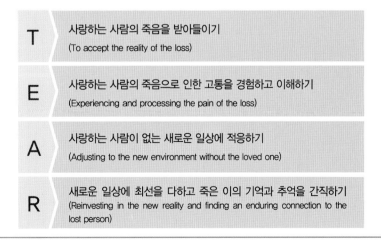

간병인이 된다면?

아픈 가족을 돌보아야 한다면?

'간병인'이란 단어를 들으면, 전문적으로 환자를 돌보는 사람들이 가장 먼저 떠오를 것이다. 그러나 우리가 살고 있는 사회에는 아무런 보상을 받지 않고 아프거나 몸이 불편한 사람을 돌보는 사람들이 많다. 언젠가 당신이 이런 사람 중 한 명이 될 수도 있다.

본인 건강은 본인이 돌본다

몸이 불편한 것은 억울한 일이다. 당신은 분명 열심히 일해서 어렵게 얻은 퇴직을 건강하게 사랑하는 사람과 보내고 싶을 것이다. 아프거나 몸이 불편한 사람을 보살피는 일은 굉장히 피곤하고 힘들다. 그래서 만약 당신이 누군가를 간호해야 한다면, 특히 아픈 사람을 보살피기 위해서 일찍 퇴직할 수밖에 없었다면, 본인의 정신건강에 각별히 신경 써야 한다. 「노인학 저널」에 실린 '보건과 은퇴에 관한 연구'에 따르면, 누군가를 간병하기 위해 일찍 은퇴한 여성이 남성보다 우울증에 걸릴 확률이 높은 것으로 나타났다.

여성이든 남성이든, 조기 퇴직자든 정년 퇴직자든, 간병이 필요한 사람을 얼마나 사랑하든지 간에 아픈 사람을 돌보다 보면 피곤하고 절망적인 느낌이 드는 날이 종종 있을 것이다. 그러니 자신의 건강을 틈틈이 돌아보는 것을 절대 잊어서는 안 된다.

간병 팁

간병인은 슈퍼영웅이 아니다. 특히 간병인은 자신의 건강에 스스로 신경을 써야 한다. 본인 이외에 간병인의 건강을 신경 써줄 사람은 아무도 없기 때문이다.

첫째, 신체건강을 챙겨라. 몸이 불편한 배우자를 억지로 끌고 욕실로 데려가 목욕을 시켜야 하는 상황이 생길 것이다. 성인을 혼자서 옮기는 것은 신체가 건강한 20대 청

특정 연령대가 되면 배우자, 부모님 또는 형제자매처럼 사랑하는 사람 중에서 건강이 안 좋은 사람이 생기기 마련이다. 만약 당신이 아픈 사람을 돌보아야 한다면 무엇을 해야 할까?

650만 명

눈에 보이지 않는 군단

2015년 영국의 간병인 단체 케어스 UK는 집에서 아픈 가족을 돌보고 있는 사람들이 650만 명에 달한다고 추산했다. 비록 눈에 잘 보이지는 않지만 간병은 사회의 큰 부분을 차지한다.

년의 허리에도 무리가 갈 정도로 아주 힘든 일이다. 60대를 넘긴 당신의 허리는 오죽하겠는가. 전문 간병인은 환자를 안전하게 많은 힘을 들이지 않고 옮기는 방법을 교육받는다. 의사나 물리치료사에게 당신의 방식이 환자뿐만 아니라 당신에게도 안전한 방법인지 물어보는 것이 좋다. 정기적인 건강 검진을 통해 당신의 몸에 무리가 가지는 않는지 확인해야 한다. 그리고 환자를 이동시킬 때 도움이 될 만한 기기가 있는지 알아보고, 이용하는 것이 좋다.

둘째, 도움을 요청해라. 간병하고 있는 사랑하는 사람이 오래 산다면, 그만큼 그 사람을 돌보는 시간이 길어지기 때문에 당신의 몸도 갈수록 쇠약해질 것이다. 가족들의 힘을 많이 빌려라. 간병인 자선단체는 미래 계획을 세우는 데 많은 도움이 될 것이다. 국가나 기관에서 제공하는 재정 지원을 받을 수 있을지도 모른다. 받을 수 있는 도움은 다 받아라.

마지막으로 자신을 귀하게 여겨라. 2011년 집에서 아픈 가족을 돌보는 사람들의 실태를 파악하는 조사가 실시되었다. 그 결

☀ 간병 수칙

응급상황이 발생하거나 휴식이 필요할 때(많은 자선단체에서는 집에서 아픈 가족을 돌보는 사람들에게 잠시 숨 돌릴 수 있는 시간을 주려고 노력하고 있다), 집에 있는 아픈 사람을 어떻게 해야 할까? 비상계획을 세워 당신의 부재를 누군가가 대신할 수 있도록 해야 한다. 간병 자선단체가 아마 도움이 될 것이다. 그리고 이 비상계획을 눈에 띄는 곳에 보관해라. 비상계획은 자세하고 구체적으로 세워야 한다.

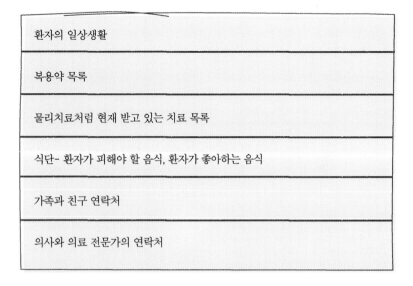

환자의 일상생활
복용약 목록
물리치료처럼 현재 받고 있는 치료 목록
식단- 환자가 피해야 할 음식, 환자가 좋아하는 음식
가족과 친구 연락처
의사와 의료 전문가의 연락처

도와주는 사람에게 "간병 수칙이 책상 첫 번째 서랍에 있어요"라고 말해두는 것도 좋다.

과, 간병인들은 주어진 환경에 좌절하며 끌려 다니기보다 적극적으로 문제를 해결했고, 우선순위를 세워 상황에 대처했으며, 간병 말고 다른 일들에 대하여 생각하며 시간을 보냈다.

간병은 일이다. 그것도 아주 힘든 일이다. 그러니 누군가를 돌보고 있는 자신을 존중할 필요가 있다. 연구결과, 대부분의 간병인들은 단지 가족이란 이유만으로 아픈 사람을 돌보고 있지 않았다. 그들은 충성스러운 동시에 영리하고 유능했다.

🔍 간병인 카드

몸이 불편한 사랑하는 사람이 집에 혼자 있는데, 당신에게 무슨 일이 생긴다면 어떻게 하겠는가? 일부 간병인 자선단체는 당신이 항상 몸에 지니고 다닐 수 있도록 카드를 발행해준다. 이 카드에는 당신은 간병인으로 누군가를 돌보고 있으며 응급상황이 발생하면 연락할 사람들의 연락처가 적혀 있다. 이런 카드를 발행하는 단체가 없다면, 스스로 직접 하나 작성해서 가지고 다녀라. 이렇게 하면 설령 당신에게 무슨 일이 생기더라도 다른 누군가가 도와줄 것이다.

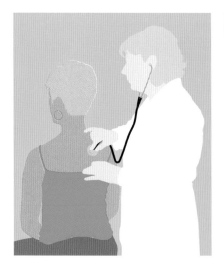

노화로 인한 신체적 제약

노환에 대처하기

나이를 먹으면 한두 군데씩 몸이 고장 나기 마련이다. 그러니 젊었을 때처럼 왕성하게 활동해도 무리가 없는 건강 상태를 기대하는 것은 과욕이다. 몸이 아프고 불편한 것을 인정하고 받아들여야 한다. 몸이 좀 불편하고 제약이 있더라도 충분히 노년을 즐겁게 보낼 수 있다.

나이 들고 병드는 것을 좋아할 사람은 이 세상에 아무도 없다. 아이러니하게도 현대 의학기술이 발달할수록 만성질환에 걸릴 확률이 높아진다. 의학기술의 발달로 평균 수명이 올라가면서 병에 걸린 시간이 길어지기 때문이다. 노환이 남은 인생의 즐거움을 모두 앗아가지 않도록 하려면 어떻게 해야 할까?

몸이 아프면 스트레스를 받는다. 미국의 심리학자 레오나르드 펄린은 '심리사회적 프로세스 모델'을 통해 노인들이 건강 문제를 어떻게 해결하고 있는지 분석했다. 결론적으로 건강 문제를 해결하는 데 필요한 자원과 해결 방법에 따라 심리 상태가 결정된다는 것이다. 그렇다면 몸이 안 좋은 상황에서 스트레스를 가장 적게 받으려면 무엇을 해야 할까? 심리학자 마그렛 발테스와 폴 발테스는 전 생애에 걸쳐 일어나는 발달심리학의 관점에서 성공적인 노화이론으로서 '보상을 수반한 선택적 적정화 모델(Selection, Optimization, Compensation Model)'을 개

발했다(오른쪽 참조). 이 모델은 퇴직자가 자신의 능력에 적합한 활동을 선택하여 보유한 기술을 최적화하고 부족한 것을 보완하는 것이 성공적인 노화라고 주장한다.

회복탄력성은 타고나는 것인가?

건강 문제에 대응하는 방식에 대하여 연구할 때 심리학자들이 가장 많이 사용하는 용어가 '회복탄력성'이다. 회복탄력성은 불행이나 역경이 닥쳤을 때 좌절하지 않고 극복해내는 능력을 의미한다. 한 마디로 역경 속에서 좌절하지 않고 오뚝이처럼 몇 번이고 일어설 수 있는지를 나타내는 것이 회복탄력성이다. 어떤 사람은 회복탄력성이 있고 어떤 사람은 회복탄력성이 없다. 그렇다면 훈련을 통해 회복탄력성을 기를 수 있을까? 노력과 훈련을 통해 회복탄력성을 기를 수 있다는 사실이 최근 연구를 통해 밝혀졌다. 회복탄력성은 타고나는 기질이 아니라 연습을 통해 습득할 수 있는 일종의 기술인 셈이다. 2008년 「건강 질병의 사회

학(The sociology of Health and Illness)」은 회복탄력성이 있는 사람들이 역경이나 불행과 마주할 때 보이는 공통적인 반응을 소개했다.

· 그들은 현재의 역경을 과거에 경험했던 불행한 일들과 비교하면서 자신의 인생에 대하여 이야기하고 상황에 대처했다. 다시 말해 그들은 자신을 불행한 사건의 희생자가 아닌 불행한 사건을 해결하는 사람이라 생각한다.

· 가능한 그들은 기쁨과 자신감을 줬던 과거의 역할과 활동을 유지했다.

· 그들은 문제를 해결하기 위해서 확실히 믿을 수 있는 전략을 활용했다. 이렇게 함으로써 인생이 던져준 어려운 문제를 해결해 나가는 사람이라는 정체성을 확립했다.

· 가까운 사람들에게 도움을 구했다.

건강이 나쁘면 행동과 활동에 제약이 생긴다. 그러나 이것을 살아가면서 경험하게 되는 수많은 일들 중 하나라고 생각하자. 그리고 할 수 있는 만큼 좋아하는 일을 하고 사랑하는 사람들과 가능한 많은 시간을 보낸다면, 심리적으로 이런 상황을 잘 넘

보상을 수반한 선택적 적정화 모델

심리학자 마그렛 발테스와 폴 발테스는 일상생활에 영향을 미치는 건강문제를 경험하게 되면, 사람은 3단계에 걸쳐 자신의 바뀐 일상을 받아들이고 적응하고 하고 싶은 일을 선택한다고 주장했다.

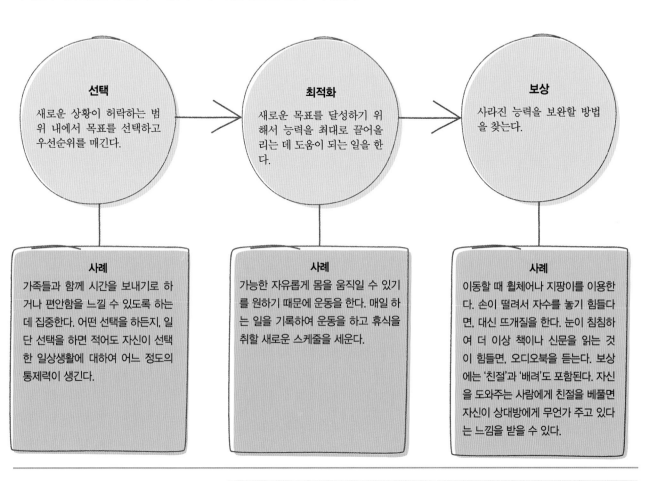

선택
새로운 상황이 허락하는 범위 내에서 목표를 선택하고 우선순위를 매긴다.

최적화
새로운 목표를 달성하기 위해서 능력을 최대로 끌어올리는 데 도움이 되는 일을 한다.

보상
사라진 능력을 보완할 방법을 찾는다.

사례
가족들과 함께 시간을 보내기로 하거나 편안함을 느낄 수 있도록 하는 데 집중한다. 어떤 선택을 하든지, 일단 선택을 하면 적어도 자신이 선택한 일상생활에 대하여 어느 정도의 통제력이 생긴다.

사례
가능한 자유롭게 몸을 움직일 수 있기를 원하기 때문에 운동을 한다. 매일 하는 일을 기록하여 운동을 하고 휴식을 취할 새로운 스케줄을 세운다.

사례
이동할 때 휠체어나 지팡이를 이용한다. 손이 떨려서 자수를 놓기 힘들다면, 대신 뜨개질을 한다. 눈이 침침하여 더 이상 책이나 신문을 읽는 것이 힘들면, 오디오북을 듣는다. 보상에는 '친절'과 '배려'도 포함된다. 자신을 도와주는 사람에게 친절을 베풀면 자신이 상대방에게 무언가 주고 있다는 느낌을 받을 수 있다.

길 수 있을 것이다. 건강 문제가 자신의 정체성을 앗아가고 자신의 가치관을 바꾸도록 내버려두어서는 안 된다. 회복탄력성을 지닌 사람들은 절대 이렇게 되도록 내버려두지 않는다. 노화를 학수고대하며 기다리는 사람은 아무도 없다. 그러나 이 세상에서의 마지막 날까지 최대한 건강하도록 노력할 수는 있다.

Q 좋은 의사 찾기

좋은 의사는 당신의 노년생활의 질에 큰 차이를 만든다. 주치의와 마음이 잘 통하는 환자들은, 혈압이 낮아진다는 사실이 2007년 한 연구를 통해 밝혀졌다. 그렇다면 좋은 의사는 과연 어떤 사람일까?

· 당신의 의사는 당신이 증상에 대하여 이야기할 때 주의 깊고 진지하게 듣는다.
· 당신이 의사의 능력을 신뢰한다.
· 당신의 의사는 당신을 환자가 아닌 한 사람으로 대우해준다.
· 당신의 의사는 치료의 한 부분으로 당신의 웰빙을 중요하게 생각한다.
· 피해를 주고 있다는 생각 없이 도움이 필요할 때 언제든지 도움을 청할 수 있다.
· 다른 의사의 견해를 구할 권리를 존중해주고 다른 의사를 추천해준다.

보살핌을 받는다면?

혼자서 생활하는 것이 불가능하다면?

많은 사람들이 끝까지 건강하게 살다가 잠든 상태에서 조용히 죽음을 맞이하기를 바랄 것이다. 그러나 모든 사람에게 이런 행운이 오는 것은 아니다. 열에 아홉은 기력이 다해서 누군가의 도움과 보살핌을 받아야 일상생활을 할 수 있는 시간에 대비하고, 그런 시간이 닥쳤을 때 변해버린 자신의 처지에 적응해야만 할 것이다. 이 받아들이기 힘든 시간이 왔을 때 어떻게 해야 할까?

가족에게 짐이 되는 것이 두렵다

대부분의 퇴직자들에게 남에게 의지하지 않고 스스로 삶을 꾸려나가는 것은 매우 중요하다. 여기서 자부심을 느껴서가 아니라 나이가 들어서 사랑하는 사람들에게 무거운 짐이 되고 싶지 않기 때문이다. 2010년 캐나다에서 뇌졸중을 이겨낸 사람들을 대상으로 한 조사가 실시되었다. 조사에 참여한 사람들의 25%가 자신을 곁에서 보살펴주는 가족에게 부담이 될까봐, 감정을 솔직하게 표현하지 않고 가능한 도움을 요청하지 않으려고 한다고 답했다. 같은 조사에서 아픈 가족을 돌보는 것은 물론 많은 에너지와 노력이 필요한 일이기는 하지만, 조사

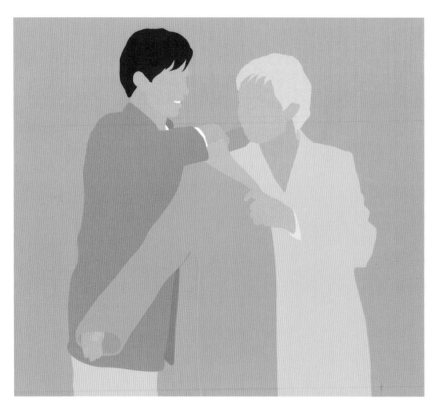

아무리 간절히 원해도 인간의 몸은 영원할 수 없다. 대부분의 경우, 혼자 힘으로 몸을 움직이고 관리할 수 없는 순간이 올 것이고, 이런 순간이 왔을 때 다른 사람들에게 도움을 받을 수밖에 없다.

65%

죄책감에 시달리는 환자들

「팰리어티브 메디슨」에 실린 연구에 따르면 죽음을 눈앞에 둔 환자들의 65%는 자신이 가족에게 '부담'이 되고 있을까봐 걱정하고 있는 것으로 나타났다.

참여자들은 실제로 가족들이 생각하는 것보다 자신이 가족들에게 큰 짐이 되고 있다고 생각하고 있었다. 가족들의 어깨에 무거운 짐을 지운다는 생각이 자신을 더욱 무겁게 짓누르는 것이다.

이런 걱정의 상당 부분이 문화에서 기인했다. 자식이 나이 든 부모를 보살피는 것이 당연하다고 여기는 문화에서 성장한 사람은 자식들의 보살핌을 받는 것을 부모로서의 역할을 저버리는 것이라는 생각을 덜했다. 미국에서 2009년에 실시한 연구에서 이런 문화를 '전통적인 부양 문화'라고 지칭했다.

문화에 상관없이 누군가에게 의존해야 한다는 생각은 조사 참여자들을 좌절하게 했다. 이런 사람들의 심리를 '공정성 이론(equity theory)'으로 설명할 수 있다. 우리는 다른 사람들과 호혜적인 관계를 맺기를 원한다. 그래서 자신이 상대방에게 더 많은 것을 받고 있다는 기분이 들면 그 관계는 불편해진다. 양로원과 실버타운처럼 전문적인 보살핌을 받을 수 있는 위탁시설을 선택하는 퇴직자들은 가족들을 보상 없는 보살핌의 노동에서 자유롭게 해주고 싶다는 생각을 가지고 있다.

배우자의 보살핌

대부분의 퇴직자들은 집에서 가족들의 따뜻한 보살핌을 받고 싶어 한다(오른쪽 위 참조). 이런 경우, 몸이 불편한 퇴직자를 보살펴주는 사람은 배우자가 될 가능성이 크다. 가족에게 보살핌을 받는 것이 심리적으로 가장 좋겠지만, 제대로 된 보살핌을 받는 것도 중요하다. 1998년 「국제 행동발달 저널」에 실린 연구에 따르면, 아픈 배우자를 돌보는 사람은 무관심하거나 모든 상황을 통제하려 들고, 모든 것을 도와주거나 협조적인 성향이었다. 이중에서 협조적인 성향인 사

어디로 가야 하나?

혼자 힘으로 생활하는 것이 힘들다면, 어디서 도움을 받겠는가? 2013년 중산층 베이비부머에게 이 질문을 했다.

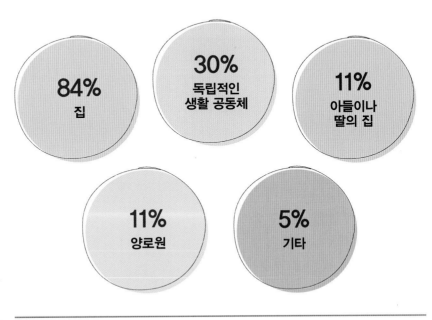

람이 보살핌을 받는 사람과 좋은 관계를 맺고 있었다. 심리학자들은 이것을 '부부간의 대응법(dyadic coping)'이라 부른다. 간단히 말해, 배우자가 줄 수 있는 최고의 도움은 상대방의 문제를 우리의 문제로 인식하고 동등한 입장에서 문제를 함께 해결해 나가려고 노력하는 것이다.

협력 없이 일방적으로 주는 도움은 양날의 검이 될 수도 있다. 남편의 간호를 받는 여성들은 남편의 간호와 보살핌을 도움이 된다고 생각하지 않는다는 사실이 2002년 미국에서 진행된 한 조사에서 밝혀졌다. 남편이 자신을 무기력하고 도움이 필요한 존재로 여길 경우, 여성들은 자존감이 떨어지고 우울증에 취약하고 자기 자신을 무시하는 경향이 있었다. 즉, 인간은 자신이 어떤 식으로 도움을 받을지를 결정할 수 있기를

바라고, 이런 기회가 주어져야 한다. 이런 점에서 과거에 얼마나 독립적으로 생활했느냐를 우선적으로 생각해봐야 한다. 굉장히 독립적인 사람에게 너무 많은 도움은 오히려 독이 될 수도 있다.

한마디로 보살핌을 주고받을 때도 균형을 잡는 것이 중요하다. 육체적으로 편안하고 안전할 필요성과 주변 사람들과 동등한 존재로 취급될 필요성의 균형을 잘 잡아야 한다. 인간이라는 이유만으로 사람은 그 존재 가치가 있으며, 그 인격은 존중받아야 한다. 몸이 불편한 남편이나 아내를 돌보는 사람이 도움을 주기만 하는 것이 아니라 언제 배우자가 도움을 원하지 않는지를 알고 있을 때, 두 사람 모두에게 평화가 찾아올 것이다.

CHAPTER 6

은퇴 후,
새로운 나를 찾다

이제 무엇을 할까?

잠재력과 관심분야 파악하기

당신이 정말 하고 싶은 게 뭔가? 어떤 사람이 되고 싶었는가? 은퇴를 앞두고 앞으로 어떻게 살아야 할지 실질적인 계획을 세우는 것이 다가 아니다. 은퇴는 당신에게 정말 중요한 일에 시간을 투자할 수 있는 기회가 될 수 있다.

직장을 떠난 은퇴생활은 과연 빈둥거리면서 시간 때우기가 다일까? 절대 아니다! 오늘날의 퇴직자들은 그 어느 때보다 건강하고 활동적이고 개방적인 사고방식을 지니고 있다. 이제 은퇴는 진정한 자아를 찾는 데에 원하는 만큼 시간을 쓸 수 있는 기회가 될 것이다.

무지개 모델

인생은 무지개다. 무슨 뚱딴지같은 소리를 하느냐고 물을 수도 있겠지만, 이것은 과학적인 근거에서 나온 말이다. 1990년 심리학자 도널드 수퍼는 '인생-경력 무지개 모델'을 제시했다. 한마디로 우리가 인생을 살면서 하는 다양한 경험들이 모여서 다양한 빛깔을 만들어낸다는 것이다. 일, 공부, 우정, 양육 등 모두 고유의 빛깔을 지니고 있으며 이 고유의 색채를 간직한 채 한데 어우러져 새로운 빛깔을 만들어낸다. 그리고 둥근 무지개는 다음 4개의 독자적인 단계를 따른다.

· 성장 - 인생의 새로운 챕터를 연다.
· 탐구 - 연결점을 찾아내고 이해한다.

Q 조용히 쉬는 것이 나쁜가?

행복한 노년을 보내려면 바쁘고 부지런하게 움직여야 하는 것일까? 실제로는 그렇지 않다. 호주의 심리학자 Y.D. 웰스와 H.L.켄딕은 은퇴한 지 5년이 안 된 사람들의 신체활동과 사회활동은 줄어들었지만 행복감은 증가했다고 보고했다. '편안히 휴식을 취한다'는 때로 힘든 노동에서 벗어나 정말 좋아하는 일에 집중한다는 의미일지도 모른다.

· 완성 - '나'라는 존재의 중요한 부분이 된다.

· 유리(遊離) - 물러난다.

수퍼의 이론에서 은퇴는 유리에 해당한다. 그러나 이 이론에 반박하는 심리학자들이 최근에 많이 등장했다. 가장 잘 알려진 한 사람을 꼽으면, 토론토 대학교의 찰스 첸 교수다.

2011년 첸 교수는 은퇴를 유리로 보는 것은 시대착오적인 발상이라고 주장하면서 은퇴를 '재몰입'으로 봐야 한다고 했다. 그동안의 인생을 포기하고 중단하는 시기로 생각하는 대신, 우리는 은퇴를 창의력을 발휘할 시기로 받아들여야 한다는 것이다.

은퇴를 하면 우리는 오전 9시부터 오후 6시까지 직장에 얽매여 일을 할 필요가 없고 진정한 성취감과 인생의 의미를 부여하는 소명(召命)이 무엇인지에 대하여 생각할 시간을 가질 수 있다. 첸 교수가 말했듯이, 이것은 길고 다채로운 인생의 경험이 될 것이다. 정말 관심 있고 흥미로운 것을 추구하기로 마음먹으면 은퇴 후 노년은 역동적이고 다양한 모습을 한 매우 신나는 기간이 될 수 있다.

정말 원하는 일에 도전하자

모두는 아니지만 대다수가 실제로는 출근해서 일하는 것을 좋아했고 일을 하면서 자기 자신이 누구인지 확실히 느끼면서 행복감을 느꼈다. 그렇다면 은퇴 후 직장을 떠난 노년은 불행하기만 할까? 절대 아니다. 그 일을 했기 때문에 일을 하면서도 즐겁고 행복할 수 있었다고 생각하는 대신, 일을 즐기면서 할 수 있는 능력과 기술을 은퇴 후 새로운 경험에 적용해보는 것은 어떨까?

만약 당신의 직업이 정말 재미가 없었다면, 당신을 옭아매던 족쇄에서 벗어나 자신

은퇴하고 나서 정말 하고 싶은 일은?

푸르덴셜 증권은 2004년 55세 이상의 퇴직자들을 대상으로 퇴직 후 정말 하고 싶은 일이 무엇인지 알아보는 설문조사를 실시했다.

160만 명

골프를 치면서 많은 시간을 보낼 계획이다.

210만 명

그림을 배울 생각이다.

780만 명

1년간 전 세계를 여행할 계획이다.

130만 명

소설을 써볼 생각이다.

800만 명

친구들을 만나 맛있는 음식을 먹으려도 자주 가고 가벼운 술도 마시고 파티도 많이 열 생각이다.

그동안 시간이 없어서 자주 못 봤던 사랑하는 사람들을 만나고 자기계발에 투자하겠다고 응답한 사람들이 가장 많았다. 이 중에 당신이 옛날부터 정말 하고 싶었던 일이 있는가?

이 정말 원하던 일을 할 수 있는 기회로 은퇴를 삼는 것이다. 정말 원하는 일이 무엇이냐는 개인에 따라 다를 것이다. 중요한 것은 은퇴를 했으니 자신이 진정 원하는 일이 무엇인지 찾고 도전하는 것이다.

집단행동
동료를 만들어 다양한 활동에 참여해라

우정은 행복한 인생의 필수 요소다. 그러니 '동료애'의 중요성을 과소평가해서는 안 된다. 동료애란 마음이 잘 통하는 사람들과 함께 활동하면서 느끼는 편안함 감정이다.

사람들은 퇴직자들에게 기부가게를 열거나 정치적 명분을 위해 캠페인을 펼치는 등 다양한 자원 활동에 참여할 것을 종종 권유한다. 정신적으로 늘 깨어 있을 수 있기 때문에 이런 활동에 참여하는 것이 좋다고 말한다. 분명 이것은 사실이다. 그러나 자원 활동을 통해 우리가 얻을 수 있는 것은 이것 말고도 많다. 가장 대표적인 것이 동료의식을 가질 수 있다는 점이다. 관심 분야가 비슷한 사람들과 적어도 몇 가지 관심사를 공유하면서 그들과 소통할 수 있다.

사회활동

동료를 만들기 위해서 거창한 대의명분이 필요한 것일까? 굳이 대단한 명분이 없어도 충분히 마음을 나눌 동료를 만들 수 있다. 그리고 은퇴를 하고 나서 새로운 인생의 의미를 찾기 위해 다른 퇴직자들과 어울리는 것 자체로 훌륭한 명분이 될 수 있다. 기존의 동호회에 참여하거나 오래된 친구들과 새로운 동호회를 만들 수 있다.

중요한 것은 여러 사람들이 모여 함께 추억과 기억을 공유하면서 동료의식을 만드는 것이다. 공식적으로든 비공식적으로든 재미로 여러 사람들을 한데 불러 모아서 이벤트를 마련하는 퇴직자들은 모든 사람들을 위해서 좋은 일을 하고 있는 것이다. 한평생 힘들게 일만 하다가 휴식을 얻게 된 사람들을 즐겁게 하는 것은 분명 의미 있는 일이다.

공공의 적

가볍게 취미활동을 함께할 친구들이 부족하다면, 지역 사회를 위한 활동에 참여하는 것은 어떤가? 1954년 터키계 미국인인 사회 심리학자 무자퍼 쉐리프는 '로버스 동굴 공원 실험'을 진행했다.

쉐리프는 오클라호마의 로버스 주립 공원에 캠프를 차려놓고 열두 살 소년 24명을 피험자로 선발하여 그들을 두 그룹으로 나눈 후 캠프 생활을 시작하게 했다. 그룹을 나눌 때는 최대한 친구 사이를 서로 흩트러놓아 단짝 친구들을 서로 다른 그룹에 속하도록 했고 그들에게 직접 그룹의 이름을 짓도록 했다.

쉐리프는 '수다쟁이'와 '독수리'를 운동 경기나 식사 배급 등 여러 면에서 경쟁을 시켰다. 두 그룹 사이에는 긴장감이 돌았고, 걸핏하면 서로 욕을 하고 위협했다. 그러나 서로 협력하지 않고는 해결할 수 없는 공동의 문제가 생기면(부서진 수로 고치기와 힘을 합쳐 영화 관람권 따기), 서로에 대한 적개심은 눈 녹듯이 사라졌다. 소년들은 그룹에 상관없이 힘을 합쳐서 문제를 해결했고 캠프가 끝날 무렵에는 모두가 함께 같은 버스를 타고 집

> 의식이 있는 소수의 시민들이 모여 세상을 바꾼다.
> – 마거릿 미드(문화 인류학자)

에 간다는 소식에 환호성을 지르며 기뻐했다. 집에 가는 길에 서로 경쟁해서 탄 상금을 모두 모아 밀크셰이크를 사서 마시기로 했다. 공동의 문제를 힘을 모아 함께 해결한 경험이 짧은 시간 안에 아이들 사이에 우정을 만들어낸 것이다.

공동 목표

물론 퇴직자들은 여름 캠프에 참여한 어린 소년들이 아니다. 그러나 쉐리프의 로버스 동굴 공원 실험은 사회 심리학적으로 의미가 있다. 모두 힘을 합쳐야만 달성할 수 있는 상위 목표는 함께 노력하는 과정에서 만족감을 만들어낸다(120~121페이지 참조). 쉐리프의 실험을 보면 목적 자체가 중요한 것이 아님을 알 수 있다. 함께 믿지 않는 것을 얻어내려고 노력하는 것은 그다지 의미가 없다. 만약 '같은 생각을 지닌' 사람들이 주변에 부족하다면, 이 목표가 의미가 있다는 사실을 사람들에게 이해시켜 더 많은 사람들이 당신의 목표를 믿고 동참하도록 만들면 된다.

은퇴를 해도 우리는 많은 사람들과 함께 어울려 살기를 원한다. 많은 사람들과 어울려 살아갈 때 그들과 함께 힘을 합쳐 무언가를 달성한다면 행복감과 만족감은 배가 될 것이다. 여기서 말하는 무언가는 지역사회 교통문제를 해결하는 것처럼 목적이 뚜렷한 것일 수 있고, 아니면 함께 어울려 즐거운 곳에 여행을 가는 간단한 것일 수 있다. 목적이 무엇이든지 간에 마음이 맞는 사람들이 함께할 때 엄청난 힘을 발휘할 수 있다는 사실을 잊지 않기를 바란다.

행복하고 만족스러운 노년을 위해 생산적인 활동에 얼마나 참여해야 하나?

은퇴를 하고 나서 수백 가지 활동을 해야 하는 것일까? 아니면 한두 가지만 해도 충분한 것일까? 미국 국립 노화 연구소는 2005년에 60세 이상 노인 1,000명 이상을 대상으로 자원봉사활동을 포함해 생산적인 활동을 얼마나 했을 때 자신의 삶에 대하여 행복감과 만족감을 느끼는지를 조사했다. 연구결과, 너무 많지도 적지도 않은 '적당한 수'의 활동에 참여하고 있는 사람들이 가장 큰 행복감을 보였다. 반면 참여하고 있는 생산적인 활동의 수가 지나치게 적은 사람들은 우울증 증세를 보였다. 4~5개의 생산적인 활동에 참여하는 60세 이상의 노인들이 가장 행복했고 인생에 대한 만족감도 높았으나, 0~1개의 생산적인 활동에 참여하고 있는 조사 참여자들은 우울증 증세를 보였다.

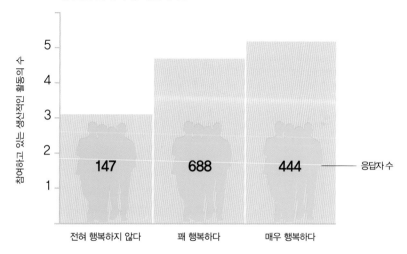

당신은 얼마나 행복합니까?

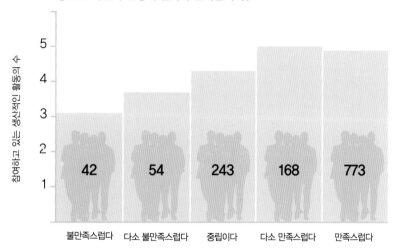

당신은 자신의 인생에 얼마나 만족합니까?

자원봉사활동

남을 위해 시간과 에너지를 기여하자

당신은 자원봉사를 자주 하는 편인가? 많은 퇴직자들이 좋은 일에 자신들의 시간을 할애하고 이런 활동을 통해 스스로 많은 것을 얻어가고 있는 것으로 조사되었다.

여전히 에너지가 넘치고 인생에서 의미를 찾고 싶다면 무료 급식소, 동물 보호소, 퇴역 군인 단체, 정치 캠페인이나 관광 가이드 등 다양한 자원봉사활동에 참여하는 것은 어떤가?

여가생활

2004년 미국의 심리학자 린다 프라이드는 자원봉사활동을 '건강 증진의 사회적 모델'이라고 칭했다. 프라이드에 따르면 자원봉사활동이 특히 노인들의 신체건강과 정신건강을 유지하는 데 도움이 된다고 한다. 왜냐하면 자원봉사활동이 신체적으로, 사회적으로, 정신적으로 활발하게 활동할 수 있는 기회를 노인들에게 주기 때문이다. 물론 운동처럼 건강을 증진하기 위해 고안된 프로그램이 많이 있지만, 6개월을 기점으로 중도포기자가 많이 나온다. 그러나 프라이드에 따르면, 자원봉사활동은 시작한 사람의 80%가 계속 활동을 이어간다.

이런 차이가 발생하는 원인 중 하나는 자원봉사활동의 경우, 본인이 집적 보람되고 참여할 가치가 있는 명분을 선택하기 때문이다. 실제로 심리학자 로버트 스테빈스는

🔍 의무감이라도 봉사활동을 해야 할일까?

좋아하거나 지지하는 자원봉사활동을 하는 것이 중요하다. 「제론톨로지스트(Gerontologist)」에 실린 2012년 논문에 따르면, 현재 참여하고 있는 자원봉사활동에 대한 몰입도가 낮거나 중간 수준인 사람은 오히려 봉사활동을 전혀 안 하는 사람보다 심리적으로 스트레스를 더 받고 있는 것으로 나왔다. 지금 하고 있는 봉사활동을 진심으로 즐기고 있다면, 많은 혜택을 얻을 수 있을 것이다. 그러나 반드시 해야 한다는 의무감에 하는 봉사활동이라면 당신의 삶의 질을 떨어뜨릴 수 있다.

자원봉사활동을 취미활동, 스포츠활동과 예술활동과 같은 수준의 '진지한 여가'로 분류했다. 진지한 여가는 TV시청, 낮잠, 술 마시기, 수다 떨기 등과 같은 '일상적 여가'보다 적극적이고 계획적인 여가를 뜻한다. 즉, 자원봉사활동을 통해 여가생활과 스스로 선택한 명분을 지켜나갈 수 있는 일석이조의 효과를 얻을 수 있는 것이다.

새로운 친구를 사귈 기회

퇴직자들은 새로운 친구를 만들라는 조언을 많이 듣는다. 자원봉사활동에 참여하는 것은 새로운 친구를 사귀기에 좋은 기회다. 자원봉사활동에 참가하면 동료의식을 느낄 수 있을 뿐만 아니라(188~189페이지 참조), '좋은 사람들'을 만날 수 있다. 자원봉사활동에 참여하는 퇴직자들이 참여하지 않는 퇴직자들에 비하여 더 건강하고 친화력이 강하다는 사실이 여러 연구를 통해 증명되었다. 그리고 퇴직자들이 참여하는 자원봉사활동은 다양했다. 보통 퇴직을 한 사람들은 활동적으로 생활하고 남을 도울 수 있는 활동에 참여했고, 특히 자신들이 도와주는 사람들을 직접 만날 수 있는 사회 프로젝트나 지역 사회 프로젝트에 참여하는 사람들이 많았다.

대부분의 퇴직자들은 일단 자원봉사활동에 참여하면 상당히 몰입하는 것으로 조사되었다. 물론 자신에게 매력적으로 다가오는 대의명분이나 역할은 무엇을 가치 있게 여기느냐에 따라 달라질 것이다.

볼런투어리즘

볼런투어리즘(Voluntourism)은 자원봉사활동을 뜻하는 '볼런티어(volunteer)'와 관광을 의미하는 '투어리즘(tourism)'이 결합된 신조어로 자원봉사보다는 관광에 초점을 둔 개념이다. 관광을 하면서 일정 부분 자원봉사 활

자원봉사활동을 통해 무엇을 얻을 수 있을까?
다음은 퇴직 후 자원봉사활동을 통해 얻을 수 있는 혜택이다.

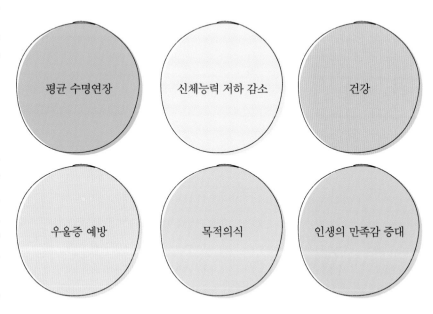

동에 참여하는 여행이다. 그러나 일부 윤리 집단은 이 볼런투어리즘이 해가 된다고 주장한다. 예를 들어 건설 프로젝트에 참여하는 볼런투어리스트는 건물을 짓는 데 필요한 기술이 없고 현지 사람들에게서 일자리를 빼앗아갈 수도 있다. 고아원 자원봉사도 실제로 아이들에게 마음의 상처를 줄 수도 있다. 아이들에게는 장기적이고 지속적인 관계가 필요하다. 함께 지내면서 정이 든 사람이 떠나버리면 아이들은 이전보다 더 심한 불안감을 느낄 수 있다.

설상가상으로 수많은 비도덕적인 사람들이 거짓으로 자선단체를 세우기도 하고 볼런투어리즘이 취지를 잃어버린 채 수익을 위한 사업으로 전략해버리기도 한다. 그렇다고 모든 볼런투어리즘 프로젝트가 나쁘다는 것은 아니다. 그러니 볼런투어리즘에 관심이 있다면 참여하기 전에 자세히 조사해보라.

23.6%
자원봉사활동에 참여하는 퇴직자 비율

미국 노동통계국은 2014년 65세 이상의 퇴직자 중 23.6%가 자원봉사활동에 참여하고 있다고 집계했다. 여러 연령대 중에서 가장 낮은 비율이었지만, 연간 자원봉사활동 참여시간을 기준으로 했을 경우, 퇴직자들의 자원봉사활동 참여 시간은 미국 평균 시간의 두 배에 달하는 연간 96시간이었다.

취미활동
오래된 취미와 새로운 취미 가지기

은퇴는 옛날부터 관심이 있었던 일에 시간을 투자하거나 자신에게 익숙하지 않은 일에 도전하기에 좋은 기회다. 이제는 오전 9시부터 오후 6시까지 직장에 매여서 일을 할 필요가 없어졌으니, 여유 시간을 무엇을 하면서 어떻게 보낼지 스스로 결정하면 된다.

은퇴를 했거나 은퇴를 앞두고 있다고 말하면, 취미를 가져보라는 이야기를 아마 귀에 딱지가 앉을 정도로 많이 들을 것이다. 이런 말을 많이 하는 충분한 이유가 있다. 정말 좋아하는 일을 하면서 시간을 보내는 것이야말로 은퇴가 줄 수 있는 인생 최고의 선물이기 때문이다. 조각을 하거나 십자수를 할 시간을 원했다면 은퇴를 한 지금이 바로 당신이 간절히 바라던 그 일들을 할 수 있는 시간이다. 반면 평소에 정말 하고 싶었던 취미가 없거나 새로운 일에 도전해보고 싶다면, 새로운 취미를 찾거나 새로운 것에 도전하기에 가장 좋은 기회가 바로 은퇴다.

스포츠 활동

우리가 살고 있는 이 사회는 늙어가는 몸에 대하여 상충되는 메시지를 보낸다. '젊은 외모를 유지해야 한다'는 압박에 사람들은 시달리고 심지어 건강을 위해서 의학의 힘을 빌리기도 한다. 그리고 특정 나이가 지나면 아주 가벼운 운동만 가능할 정도로 몸이 쇠약해질 거라는 (과장된) 걱정과 불안감이 우리를 괴롭힌다. 캐나다, 호주, 뉴질랜드, 영국, 미국에서 진행된 연구에 따르면 퇴직을 앞두거나 퇴직을 한 노인들은 건강을 유지하고 독립적인 생활을 하는 데 운동의 중요성을 과소평가하고 있었다. '우리는 한물갔으니까'와 같은 노인 차별적인 생각이 이런 오해를 부추기고 있다. 단 한 번도 스포츠에 재능 있다는 소리를 들어본 적이 없다 할지라도, 나이가 많으니까, 한물갔으니까, 운동을 해봤자 소용없다는 생각이 들면 기운이 쑥 빠진다.

활발하게 신체활동을 하는 것은 육체적으로 정신적으로 굉장히 긍정적인 효과를 낳는다. 심리학자들은 이것을 '기분 개선 현

운동과 정신건강

운동은 신체건강뿐만 아니라 정신건강에도 좋다. 미국의 응용 스포츠심리학 협회에 따르면 운동의
심리적 혜택은 다음과 같다.

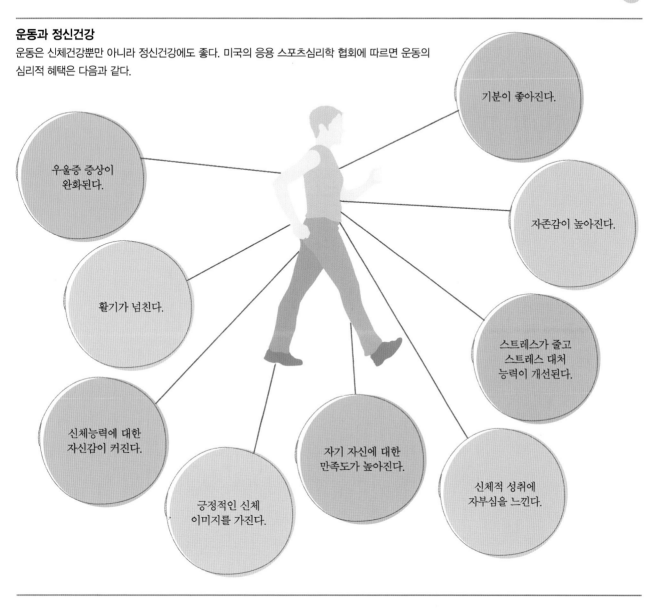

기분이 좋아진다.

우울증 증상이
완화된다.

자존감이 높아진다.

활기가 넘친다.

스트레스가 줄고
스트레스 대처
능력이 개선된다.

신체능력에 대한
자신감이 커진다.

자기 자신에 대한
만족도가 높아진다.

긍정적인 신체
이미지를 가진다.

신체적 성취에
자부심을 느낀다.

상'이라 부른다. 누군가와 경쟁하고 있다는 사실에 기분이 좋다면 경쟁심을 발휘해 스포츠 경기에 참여하면 된다. 굳이 경기에서 이길 필요는 없다. 은퇴를 하면 경기에서 최고의 기량을 발휘해야 한다는 부담감에서 벗어나 경기 자체를 즐길 수 있는 자유가 주어진다. 그 누구도 은퇴를 한 당신이 올림픽 국가대표 팀에서 뛸 것이라 기대하지 않는다. 살고 있는 지역에 다양한 스포츠 동호회가 있을 것이다. 스포츠 동호회 활동은 건강을 유지하고 새로운 친구를 사귀기에 좋은 방법이다. 직접 스포츠 경기에 참여하는 것이 내키지 않는다면, 운동을 할 다른 방법도 많이 있다. 걷기, 하이킹, 정원 가꾸기와 자전거 타기는 약간의 땀이 날 정도로 가벼운 운동이 되고 야외활동을 즐기기에 좋은 운동들이다.

예술활동

그림 그리기, 글쓰기, 악기 배우기 등은 은퇴 후 하기에 좋은 취미활동들로 여러모로 좋다. 원하는 대로 무언가 만들거나 악기를 연주하면서 인생에 대한 통제력을 발휘하고 있다는 느낌이 든다. 게다가 무언가를 창조해낸다는 자부심을 느끼면 행복해진다.

2014년 독일의 신경과 전문의들은 시각적인 예술이 퇴직자들의 뇌에 어떤 영향을 미

Q 새로운 취미에 도전해야 할까?

이미 좋아하는 활동을 하고 있다. 그러면 새로운 활동에 도전해야 할까? 그럴 필요 없다. 2007년 이스라엘에서 실시된 연구에 따르면 취미활동에 대한 퇴직자들의 반응과 태도를 크게 네 가지로 분류할 수 있었다.

집중형

같은 활동을 집중적으로 더 많이 하는 사람들

확장형

더 많은 활동을 더 높은 강도로 참여하는 사람들

확산형

여러 가지 활동을 가볍게 경험하는 사람들

감소형

활동의 수를 줄이거나 기존 활동의 빈도를 줄이는 사람들

집중형, 확장형, 확산형, 감소형 순으로 활동에 대한 만족도와 행복도가 높았다. 건강 문제나 제한적인 기회 때문에 활동의 수와 빈도를 줄이는 경우 만족도와 행복도가 가장 낮았다. 만약 건강 문제 등으로 활동을 줄여야 하는 경우라면, 집에서 할 수 있는 활동을 하거나 인터넷에서 관심사가 같은 사람들과 소통하는 것이 도움이 될 것이다. 현재의 취미활동에 집중하거나 참여 횟수와 수준 등을 높이는 것이 퇴직자의 행복한 노년의 비결이다.

치는지 알아보는 연구를 진행했다. 연구결과, 그들은 미술활동이 뇌의 특정 부위의 상호작용을 개선한다는 사실을 발견했다. 미술 이외에 다른 창조적인 활동을 통해서도 유사한 효과를 얻을 수 있었다.

다른 종류의 예술활동을 두고 어느 것이 자신에게 더 적합한지 몰라 고민하고 있는가? 즐거움과 기쁨처럼 본능적인 보상을 얻을 수 있는 예술활동을 선택해라. 예를 들어 글쓰기를 즐긴다면 글쓰기 자체가 큰 즐거움이 될 수 있다. 그러나 당신의 목표가 베스트셀러 작가가 되는 것이라면 상황이 달라진다. 베스트셀러 하나가 나오려면 출판, 판매 등 많은 조건들이 맞아떨어져야 한다. 이런 것들은 당신의 힘으로 어떻게 할 수

있는 것들이 아니다. 그 누구도 당신이 글이 출판되고 잘 팔릴 것이라 보장할 수 없다. 비슷하게 음악을 좋아해서 악기를 배우는 것이라면 전문 음악가가 되는 것이 목표인 경우보다 더 안정적이고 행복한 상태에서 예술활동을 할 수 있을 것이다.

물론 지역 사회에서 운영하고 있는 미술 동호회나 오케스트라에 참여하는 것은 대단히 즐거운 경험이 될 것이다. 그러나 반드시 이런 활동에 참여하는 일차적인 목표는 예술활동을 한다는 것 자체에서 얻는 기쁨과 즐거움이 되어야 한다. 이런 경우 예술활동을 통해 즐거움을 얻느냐 못 얻느냐는 외부 요인이 아닌 자신에게 달려 있다. 물론 이렇게 취미로 시작한 예술활동이 직

업으로 이어질 수도 있다. 그러나 설령 전문 예술가로 데뷔하지 못한다 할지라도 시간을 알차고 보람되게 썼다는 느낌만으로도 할 가치가 충분히 있는 예술활동을 선택해라. 이것이 활동이 주는 기쁨과 즐거움을 영원히 잃어버리지 않는 방법이다.

숙달과 행복

무언가에 능통하고 숙달되어 달인이 되는 것은 인생의 수많은 즐거움 중 하나다. 심리학에서 말하는 숙달은 무언가를 해낼 수 있는 능력을 가지고 있고 지금 무엇을 하고 있는지 정확하게 알고 있는 상태를 의미한다(58~59페이지 참조). 취미활동을 통해 새로운 것을 완벽하게 익히거나 기존의 능력을

공작활동

자신의 손으로 무언가 만들어내는 것은 아주 만족스러운 경험이다. 여기 손으로 무언가 만들어내는 몇 가지 활동을 소개한다.

· 모형 만들기(배, 기차, 성 등)
· 압화
· 목공예
· 바느질과 자수
· 펠트
· 뜨개질과 코바늘 뜨개질
· 장신구 만들기
· 도예
· 퀼트와 조각보 만들기
· 스테인 글라스
· 모자이크
· 종이 자르기
· 수제 맥주나 와인 만들기
· 비누 만들기
· 양초 만들기
· 베이킹과 케이크 장식

새로운 차원으로 끌어올릴 수 있다. 게다가 이것은 자존감을 높이는 데 굉장히 효과적이다. '취미'라고 말하면 그 일을 하는 자신의 능력과 기술을 과소평가하는 것처럼 들릴 수 있다. "그냥 '취미'로 하는 거야." 이 말은 단순히 시간을 보내기 위해서 이 일을 하고 있다는 의미로 들린다. 그러나 진정 능숙하고 행복하게 자신의 취미를 즐기는 사람이야말로 심리적으로 성공할 준비가 된 사람이다. 진정 즐겁게 할 수 있는 일을 찾아라. 그 일을 하면서 무언가를 성취해낸다면 당신의 자존감과 인생의 행복감은 커질 것이다.

살아 있는 생물과 함께하는 활동

강아지를 좋아하고 매일 강아지를 산책시키고 있는가? 그렇다면 강아지를 산책시키러 나갔다가 만나게 되는 강아지 주인들과의 대화가 얼마나 즐거운지 이미 잘 알고 있을 것이다. 강아지를 기르는 일이 정말 즐겁다면, '펫쇼'에 참가해보는 것도 좋은 취미가 될 수 있다. 강아지나 고양이 쇼만 있는 것이 아니다. 새 쇼, 물고기 쇼, 파충류 쇼도 있다. 심지어 토끼 장애물 넘기 쇼도 있다.

기르고 있는 애완동물이 없다고 동물과 관련된 활동을 포기하기는 이르다. 지역 동물 보호소에서 자원봉사활동을 해보는 것은 어떤가? 야생동물과 관련된 활동에 참여하는 것도 재미있을 것이다. 집에 조그만 정원이 있으면 야생조류를 위해 모이 주머니나 둥지를 마련해주는 것도 좋다(DIY에 관심이 있으면 직접 모이 주머니나 둥지를 만드는 것은 어떤가?). 이도저도 안 된다면, 망원경을 하나 사라. 요즘 도시에서 들새 관찰이 점점 인기를 끌고 있다. 빽빽하게 들어선 빌딩 숲에서 당신이 생각했던 것보다 관찰할 수 있는 야생동물

들이 많이 있다. 휠체어를 타고 이용할 수 있는 자연보호구역도 많이 있다.

퇴직자들의 인기 취미는 골프?

많은 퇴직자들이 남는 시간에 골프를 치러 다닐 것이라고 사람들은 생각한다. 북미 골프재단은 이런 고정관념을 뒷받침하는 통계자료를 제시했다. 골퍼의

61%

가 50세 이상이다. 골퍼의

37%

가 60세 이상이다.

수공예를 통한 세대 간의 만남

전통적인 수공예를 좋아하지만 시대에 뒤처지는 사람이 되고 싶지 않다면 온라인이 도움이 될 것이다(148~151페이지 참조). 온라인 동호회를 통해 다양한 연령층과 기술을 공유할 수 있다. 당신의 경험을 젊은 세대에 전수하고 그들의 열정과 기발한 아이디어에 영감을 받는 것은 동기부여와 자존감 강화에 큰 도움이 될 것이다.

행복 찾기
과연 행복한 삶이란 무엇일까?

당신은 은퇴 후 자유로운 시간을 보내면서 행복한 노년을 기대하고 있을 것이다. 마치 무지개 끝에 놓여 있는 황금이 가득 담긴 항아리처럼 노년이 행복한 일들로 가득할 것이라 기대하고 있지는 않은지. 그러나 달콤한 꿈에서 깨어나 목표를 찾거나 재평가할 준비를 해야 할 때가 바로 지금이다.

자신의 어깨를 무겁게 짓눌렀던 책무나 매일 반복되는 지루한 일상이 사라지면 자동적으로 행복이 따라올 것이라 많은 사람들이 기대한다. 은퇴를 앞두거나 은퇴를 한 뒤 사람들이 쉽게 범하는 생각의 오류는 여가생활을 즐기게 되면 행복해질 거라고 생각하는 것이다. 여가생활 자체가 행복감을 주는 것이 아니다. 여가생활을 하면서 시시각각 변하는 마음의 상태가 행복을 전달하는 매개체다.

행복은 보통 여러 가지 요인으로 인해 결정된다. 심리학자들의 조사에 따르면, 행복은 좋은 인간관계, 활기찬 생활, 목적의식, 극심한 가난이나 병에서 벗어난 상태 등에 기반하고 있다. 여가활동이 신체적 활동이 아니라 정신적 활동일 수 있고 거동이 불편한 사람들도 여유 시간을 활용해 뭔가 의미 있고 보상이 따르는 활동을 하는 경우 행복감을 느끼는 것으로 나타났다.

활동, 목적, 사랑

'목적의식'은 정원 가꾸기, 그림그리기, 음악 감상 혹은 연주, 자원봉사, 학습, 운동 등 다양한 활동에서 기인한다. 그리고 글쓰기부터 빈티지 증기기관 손질에 이르기까지 모든 것이 목적이 될 수 있다. 정원을 가꾸면서 사람들은 보통 즐거움을 느낀다. 아픈 사람을 간호하는 것은 숭고한 목적이 되고 간병인은 자신에게 의지하는 사람과의 사랑에 기반을 둔 관계에서 행복을 찾을지도 모른다.

실제 이루어지리라 기대하지 않았던 꿈도 있고 실제로 이루어질 거라고 기대하는 꿈도 있다. 이루어질 것 같지 않은 꿈을 내버려두지 말고, 그런 꿈에는 어떤 것들이 있었는지 천천히 생각해보라. 은퇴를 한 지금 이제 그 꿈들을 좇을 시간이 충분하다. 현실적인 꿈을 이루기 위해 노력하면 인간은 행복해질 수 있다. 점점 꿈에 다가가는 과정에서 만족감과 성취감을 느끼게 되기 때문이다.

심리학자들은 사랑하는 사람들과의 관계가 행복한 인생의 중요한 기본 요소라고 주장한다. 물론 새로운 사랑도 인생을 풍요롭게 만들 수 있지만, 나이를 먹으면서 점점 성숙해지고 깊어지는 사람들과의 관계는 하늘이 주신 값진 선물이다. 사랑에 대하여 진지한 고민을 한 위대한 사상가들은 인간에 대한 동정과 용서도 사랑이라고 생각했다. '행복한 인생'은 포괄적이고 한 마디로 정의하기 어려운 개념이다. 그러나 사람들은 각자 나름대로 '행복한 인생'에 대한 정의를 내리고 살아간다(오른쪽 참조).

행복의 세 가지 종류

미국의 자유주의 사회철학자 로버트 노직은 행복에는 세 가지 종류가 있다고 말했다. 결혼을 하거나 경쟁에서 승리할 때 느끼는 행복인 환경적 행복, 사람, 장소 등을 경험하면서 느끼는 행복인 과정의 행복, 인생에 대하여 대체로 만족해서 느끼는 행복인 인생의 만족감이다.

이 세 가지 행복을 은퇴에 적용하면 세 가지 법칙이 나온다. 첫째, 은퇴 자체에서 행복을 찾으려고 하지 말고 은퇴 후 당신이 하게 되는 일들에서 행복을 찾아라. 둘

행복한 인생은 무엇일까?

철학자들은 '행복한 인생'을 구성하는 요소들이 무엇인지에 대하여 오랫동안 고민하고 토론했다. '행복한 인생'에 대하여 수많은 정의가 쏟아지고 그 정의를 반박하는 의견이 나왔지만, 대체로 철학자들이 동의한 몇 가지 정의가 있다. 행복한 인생을 살고 있다는 믿음이 행복을 지탱하는 기둥이 된다.

이성
위험한 본능을 억제하고 선을 위해 지적능력 사용
· 지식
· 상식
· 인간성
· 논리

진실
환상과 망상을 타파하고 정직과 정의 추구
· 형평성
· 정의
· 정직
· 법치주의

신념
물질적 가치보다 우선하는 영적인 존재나 영혼에 대한 믿음
· 영혼
· 깨달음
· 숭배
· 겸손

훌륭한 시민의식
사회적 책임과 타인에 대한 관대함
· 책임
· 관용
· 나눔
· 인권

연민
남을 먼저 배려하는 마음과 남을 위해 기꺼이 행동하는 의지
· 친절
· 사랑
· 동정
· 배려

조화
자연과 타인과의 조화로운 삶
· 사회
· 평화
· 균형
· 자연

째, 많은 경험을 해라. 셋째, 당신에게 허락된 사랑, 건강, 성취를 소중하게 여겨라. 자신에게 주어진 여건 내에서 최선을 다해 노년을 살면 분명 행복을 손에 넣을 수 있을 것이다.

🔍 행복을 찾아서

실리학자 칼 융은 고양된 자의식을 통해 개인의 잠재력을 발휘하는 '개성화'란 용어를 제시했다. 내면의 잠재력을 최대한 발휘하여 자아실현을 할 수 있기를 바라는가? 그렇다면 다음의 질문에 스스로 답해보라.

· 인생의 어느 영역에서 나의 정체성과 역할이 생기는가?
· 이 영역에서 내가 달성할 수 있는 목적은 무엇인가?
· 수많은 옵션 중에서 무엇을 우선적으로 추구해야 하는가?

학교로 돌아가자

60세를 넘긴 사람에게 배움이란?

학교를 졸업하면 배움이 끝나는 것이 아니다. 인간은 죽는 날까지 배움을 손에서 놓지 않는다. 은퇴 후, 배움은 남은 인생에 의미와 목적을 찾는 데 도움이 되고 가치 있는 경험을 제공하고 자존감을 높여줄 것이다.

새로운 전공을 공부하거나 새로운 기술을 배우거나 기존의 기술을 개발하는 것은 퇴직자들의 지적 욕구와 실질적 욕구를 충족시키는 좋은 방법이다. 간단하게 말해, 은퇴를 하여 무언가를 배울 시간이 많아졌으니 남는 시간에 새로운 것을 배워보는 것은 어떨까? 심리학자들은 학습이나 훈련을 통한 지적 자극이 퇴직자들이 가장 걱정하는 목적 없는 삶을 피하는 좋은 방법이라고 말한다.

은퇴 후 평일과 주말이 확실히 구분된 생활을 원한다면, 노인대학을 다니거나 온라인 강좌를 수강해라. 평일에는 학교에 나가고 주말에는 쉬면 평일과 주말의 분명한 경계를 회복할 수 있을 것이다. 그러나 평일 내내 학교를 다니지 않아도 일주일에 10시간을 배움에 할애하는 것만으로도 당신의 인생은 크게 달라질 수 있다. 이렇게 하면 은퇴 후 생활에 체계가 잡히는데 이것은 은퇴 초기 갑자기 많아진 시간에 적응하는 데 도움이 된다.

나에게 적합한 학습 유형은 무엇일까?

분명한 성취감을 느끼고 싶다면 시험이나 자격증을 따기 위해서 짜인 일정대로 수업

Q 퇴직자들은 왜 학교로 돌아가는가?

2004년 미국에서 실시된 조사에 따르면 사람들이 퇴직 후에 학교로 돌아가는 이유는 크게 두 가지가 있었다.

· **지적 호기심** – 순수한 배움의 즐거움
· **사회생활** – 새로운 사람들을 만나고 새로운 친구를 사귄다.

최고의 성인 교육은 이 두 가지 욕구를 한꺼번에 충족시킨다.

을 받아라. 이것이 당신에게 적합한 학습 유형이다. 사람들은 직장을 떠나면서 성취감을 느낄 기회가 사라져 아쉬워한다. 물론 성취감이 있으려면 우선 목적이 있어야 한다. 굳이 목적을 달성하지 못하더라도 목적을 달성하기 위해 최선을 다하는 것 자체도 의미가 있다.

짜인 틀 안에서 생활하거나 시간을 불규칙적으로 활용하는 사람이라면 비공식적인 학습이 적합하다. 사람의 성격에 따라 효과적인 학습 유형도 달라진다. 당신은 무언가를 체계적으로 배우는 것을 선호하는가 아니면 자유스럽게 접근하는 것을 선호하는가?

홀로 집에서 동영상 강의를 들으면서 공부를 하면 시간을 유연하게 쓸 수 있다는 장점이 있다. 그러나 여러 사람들과 함께 어울려서 공부하는 것이 좋다면 강좌나 워크숍에 참여해라. 강좌를 들으면서 친구를 사귀면 심리적으로 좋고 사회 네트워크를 형성하고 서로의 의견을 공유하면서 주제에 대해 더욱 깊이 이해할 수 있다. 자기학습이 본인에게 더 적합하다면 직접 가서 들어야 하는 학원 수업이나 학교 수업은 적합하지 않다.

학습 환경

2008년 미국에서 퇴직자들이 공부하기에 적합한 수업의 세 가지 특징을 소개했다.

· **쌍방향 수업** – 교실에서 자신의 경험과 생각에 대하여 이야기하는 것은 가만히 앉아서 수동적으로 수업을 듣는 것보다 더 큰 보람과 성취감을 준다. 토론시간이 마련된 강좌를 찾아보라.
· **좋은 강사** – 퇴직하고 학교로 돌아온 나이 많은 학생들은 열정적이고 분명하고 지식이 많고 학생의 의견과 능력을 존중하는 선생님을 선호한다. 수업을 재미있게

유동적 지능과 결정적 지능

'똑똑한 사람'은 어떤 특징이 있을까? 영국의 심리학자 레이몬드 캐텔은 지능이 유동적 지능과 결정적 지능, 이렇게 두 가지로 나뉜다고 주장했다. 이 두 가지 지능 중 하나는 다른 지능에 비하여 오랜 지속된다고 캐텔은 말했다.

· **유동적 지능** – 문제해결능력, 전반적인 언어능력, 기억력, 암기력, 일반적인 추리능력 등이다.
· **결정적 지능** – 학습과 경험을 통해 습득한 지식이다.

유동적 지능과 결정적 지능 중 어느 하나가 더 좋고 중요한 것은 아니다. 이 둘은 상호보완적인 관계를 맺고 있고 인간은 유동적 지능과 결정적 지능을 모두 사용한다. 그러나 아래 그래프가 보여주듯 유동적 지능은 금방 정점에 도달하는 반면, 결정적 지능은 우리가 죽을 때까지 발달한다. 그래서 유동적 지능이 떨어져서 추상적인 문제를 해결하거나 사람의 이름을 기억하는 데 애를 먹는다 할지라도, 우리의 뇌는 지적 자극을 계속 받으면 결정적 지능이 계속 발달한다.

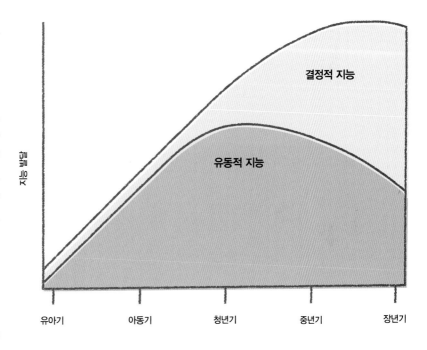

하고 부담을 덜 주는 선생님도 인기가 있다. 물론 나이에 상관없이 모든 사람이 이런 유형의 선생님을 원할 것이다. 그러나 퇴직자들을 가르치는 선생님은 특히 이러한 자질들이 꼭 있어야 한다.
· **익숙한 주제** – 퇴직자들은 보통 경험한 적

이 있고 익숙한 과목을 선택한다. 완전히 새로운 과목은 이것을 배워도 써먹을 데가 그다지 많지 않은 퇴직자에게는 매력적이지 않다.

지혜와 경험
다음 세대에게 무엇을 가르칠까?

공유할 가치가 있는 지식을 가지고 있지 않은가? 어린 세대들이 인생을 살아가는 데 도움이 될 만한 지식과 경험을 많이 전달할수록, 당신이 평생 동안 쌓은 경험과 지식의 가치는 더 깊어진다.

1959년 독일의 심리학자 에릭 에릭슨은 '심리사회적 발달이론'을 제시했다. 성인이 되면 정신적인 성장이 멈추는 것이 아니라, 한 명의 인간으로서 성숙해지는 과정에서 경험하는 위기의 순간들을 통해 세상을 어떻게 바라보고 무엇에 가치를 둘지를 결정하면서 자아와 가치관이 형성된다는 이론이다.

오른쪽에 에릭슨의 심리사회적 발달이론이 자세히 표로 정리되어 있다. 심리학자들은 에릭슨의 심리사회적 발달이론에서 퇴직자들에게 가장 중요한 개념이 '생산성(Generativity)'이라고 말한다. 즉, 은퇴는 평생 동안 쌓은 연륜, 자원, 능력 등을 다음 세대를 위해 활용하고 전달하는 시간이라는 의미다.

생산성이란?

'생산적인(generative) 은퇴'는 자기희생이 아니라 행복의 비결임이 여러 연구를 통해 증명되었다. 젊은 세대가 고난과 역경을 잘 헤쳐나가도록 도와주는 사람들은 자신이 '성공적으로' 나이를 먹고 있다고 생각할 가능성이 크다.

생산성은 포괄적인 개념이다. 예를 들어 1984년 심리학자 존 코트레는 에릭슨의 심리사회적 발달이론의 생산성의 정의를 확장하여 네 가지로 소개했다.

- 생물학적 생산성(biological generativity) - 자식을 낳아서 기른다.
- 부모역할 생산성(parental generativity) - 생물학적 자식이든 아니든 간에 다음 세대를 양육하고 훈육하고 사랑한다.
- 기술적 생산성(technical generativity) - 기술과 전문 지식을 전달한다.
- 문화적 생산성(cultural generativity) - 지혜와 경험을 전달한다.

2002년 미국의 심리학자 조지 베일런트는 노인들이 할 수 있는 최고의 역할 중 하나가 '의미를 수호하고 보존하는 것'이고, 이것 자체가 생산성이라고 말했다. 여기서 말하는 '의미'는 당신이 소중하게 여기는 가치에 따라 달라진다. 다음 세대를 돕기 위해 '의미'를 활용한다면 당신은 가장 행복한 노년을 보낼 수 있을 것이다.

생산성 실천

당신은 이 덕목을 실천하면서 살고 있는가? 때때로 젊은 세대들은 앞선 세대의 도움과 조언을 거부하기도 한다. 이런 경우 우리는 그들에게 성공적으로 지혜와 조언을 전달할 수 있는 기발한 방법을 찾아내야 한다. 정치에 참여하거나 지역 사회 활동에 적극 참여하는 등 몸소 의식 있는 시민의 모습을 보여주는 것이 놀라울 정도로 효과적인 방법이 될 수 있다. 심지어 불평 없이 세금을 내는 것도 생산성 덕목을 충실히 실천하는 것이다. 2008년 미국에서 실시한 조사에

> 영원히 간직하기 위해서 다른 사람들에게 나눠주어야 한다.
>
> – 조지 베일런트(미국의 심리학자)

인생의 단계

심리학자 에릭 에릭슨은 한 사람의 인생을 8단계로 나누었다. 각 단계에는 해결해야 할 질문과 강점이 있다. 퇴직자들에게는 생산성이 진정한 행복의 기반이 될 것이다.

단계	연령	질문	기본 덕목	가치
영아기	생후 18개월	주변 사람들을 신뢰해도 괜찮을까?	희망	신뢰
유아기	1.5~3세	스스로 할 수 있을까 아니면 다른 사람에게 의존해야 할까?	의지	자율성
초기 아동기	3~6세	나는 착한 아이인가, 나쁜 아이인가?	목적	주도성
후기 아동기	5~12세	얼마나 잘할 수 있을까?	자신감	근면
청소년기	12~18세	나는 누구인가?	신의	자아
청년기	18~40세	사람들이 나를 사랑해줄까, 아니면 나는 외톨이일까?	사랑	친밀감
중년기	40~65세	내가 살고 있는 세상에 얼마나 기여할 수 있을까?	호의	생산성
노년기	65세 이상	의미 있는 삶을 살았는가?	지혜	자아통합

따르면, 퇴직자들은 다음 세대를 위해 일할 뿐만 아니라 그들에게 대행자 의식과 자신감을 주는 활동을 찾아 참여하려고 했다.

어쨌든 당신이 다음 세대에 '의미'를 전달할 생각이라면 스스로 의미 있다고 생각하는 영역에서 지혜와 경험 등을 다음 세대에 게 전달하고 싶을 것이다. 가족을 돌보고 응원하는 것만으로 생산성을 충실히 이행하고 있다고 생각하는 사람들이 있고 공공의 이익을 위해 생산성을 실천하고 싶은 사람들도 있다. 어떤 형태로 생산성을 실천하든지 간에 다음 세대를 응원하고 앞으로 나아 살 수 있도록 도와주는 깃은 인생의 만족도를 높이는 일임에는 분명하다.

정원 가꾸기
자연의 품으로 돌아가자

경험적으로 푸른 채소를 키우는 것은 인간의 영혼을 풍요롭게 만든다. 2010년 「환경 건강(Environmental Health)」에 실린 논문에 따르면 소득 수준, 교육 수준, 성별, 스트레스 수준을 조정한 뒤, 텃밭을 가꾸는 노인이 그렇지 않은 노인들에 비하여 활동적이고 건강하며 행복한 생활을 하고 있었다. 지금까지 단 한 번도 직접 채소를 길러볼 생각을 한 적이 없었다면 지금 한번 해보는 건 어떤가?

건강을 위해 정원을 가꾸자

정원을 가꾸는 것은 단순히 꽃과 나무를 돌보며 어슬렁거리는 것이 아니다. 정원 가꾸기는 관절에 많은 무리가 가지 않는 가벼운 운동이 될 수 있다. 일주일에 한두 번 운동을 하는 퇴직자들은 심각한 질환에 걸릴 확률이 2.5배 감소하고, 45분 동안 정원을 가꾸면 30분 동안 유산소 운동을 통해 소모되는 만큼의 칼로리를 소모할 수 있다는 연구

은퇴하면 떠오르는 일반적인 이미지가 있다. 대표적인 것이 바로 따뜻하게 내리쬐는 햇빛 아래서 정원이나 텃밭을 가꾸는 것이다. 식물을 키우는 데 재능이 있다면 지금 당장 마당으로 나가 조그만 텃밭에 채소를 키워보는 건 어떨까?

🔍 안전 수칙

정원을 치유의 공간으로 활용하고 싶다면 다음 몇 가지를 주의해라.

- 장갑을 껴라.
- 더운 날에는 선크림을 바르고 긴 소매 셔츠를 입고 모자를 써라.
- 땅을 일굴 때 허리에 무리가 가지 않도록 조심해라.
- 무거운 물건을 들어 올릴 때 조심해라.
- 파상풍 예방 주사를 맞아라.
- 도구를 사용한 뒤 녹이 슬지 않도록 깨끗하게 보관해라.
- 감염되지 않도록 긁힌 상처를 잘 관리해라.

결과가 있다. 한편 미국 원예요법협회의 보고서에 따르면, 병에서 회복 중이라면 처음에는 몸에 힘이 없어 힘들지라도 땅을 파거나 식물을 심는 행위가 신체 균형, 조정력, 체력을 회복하는 데 도움이 되는 것으로 밝혀졌다.

정원 가꾸는 일이 적성에 꼭 맞는다면 정원 가꾸기를 통해 정신건강 이상의 혜택을 얻을 수 있을 것이다. 버클리의 캘리포니아 대학교의 클레어 쿠퍼 마르쿠스 명예교수는 자연 속에서 하는 생활은 혈압을 떨어뜨리고 근육의 긴장을 풀고 스트레스를 낮추는 효과가 있다고 주장한다.

정원을 만들 만한 공간이 없다면?

집에 정원이 없거나 주말농장을 이용할 여유가 없다면 정원을 가꾸는 것을 포기해야 할까? 요즘 실내 정원 가꾸기가 많은 인기를 끌고 있다. 야외 정원보다 운동은 덜 되겠지만 창틀 화분, 실내 화분, 선반 팔레트(건설현장에서 사용하는 팔레트를 가져다가 빈 구멍에 식물을 심어도 된다), 분재 등은 당신이 생각했던 것보다 더 보람이 있을 것이다. 실내 정원 가꾸기는 아파트에 살고 있는 사람들 사이에서 큰 인기를 끌고 있다. 온라인이나 정원 가꾸기 단체 등을 알아보면 공간의 제약을 해결하는 방법을 금방 찾을 수 있을 것이다. 싱그러운 푸름을 느낄 수 있는 것이라면 무엇이든지 좋다. 창의력을 발휘하여 당신만의 정원을 꾸며보라.

❓ 어떤 정원을 만들까?

정원의 종류는 매우 다양하다. 자신에게 중요한 가치를 대변하고 1년 내내 기쁨을 맛볼 수 있는 개성 있는 정원을 만들고 싶은가? 여기 독특한 정원들을 소개하니 참고하기를 바란다.

1 텃밭
자신의 손으로 직접 기른 과일과 채소를 먹는 것보다 더 건강에 좋은 것은 없다. 물론, 직접 기른 채소와 과일을 사랑하는 가족들에게 나눠줄 수도 있다.

2 야생 정원
특히 도시에서 자연이 위협받고 있다. 제초제를 사용하지 않고 관목을 남겨두면, 당신이 살고 있는 지역의 야생동물들이 아주 고마워할 것이다. 연못을 만들면 개구리가 찾아와 정원의 해충을 잡아먹고, 부들레아를 심으면 나비들이 찾아올 것이다.

3 명상 공간
조용히 앉아서 쉴 수 있는 공간을 원한다면 간소한 정원을 만드는 것이 어떨까? 대나무는 키우기 쉬운 식물이다. 그러나 금방 자라는 대나무를 항상 관리하는 것도 귀찮을 수 있다. 그러니 비(非)침입성 종자를 선택해라. 대나무는 일상에서 완전히 단절된 아늑한 공간을 당신에게 선물할 것이다.

4 접근하기 쉬운 정원
관절이 나빠져서 무릎을 굽히면 상당한 통증을 느낄지도 모른다. 이런 경우 돋움화단을 이용하면 된다. 얼마나 높이 매달지는 당신의 선택에 달려 있다. 그러나 45cm 정도가 일을 하거나 허리나 무릎을 굽혔을 때 부담이 덜 가는 높이다.

5 감각 정원
나이가 들어 시력이 나빠졌다면 자연이 주는 기쁨은 아무런 의미가 없는 것일까? 전혀 아니다. 시각적 즐거움보다 다른 감각을 자극하는 식물을 심으면 된다. 사람들은 향기로운 꽃을 좋아한다. 분수대의 물 흐르는 소리를 듣거나 부드러운 가시가 없는 꽃이나 나뭇잎을 손으로 만졌을 때의 질감이 주는 즐거움도 있다. 앞을 보지 못하는 사람들도 잘 꾸며진 정원에서 즐거운 시간을 보낼 수 있으니 창의적으로 생각해보라.

퇴직과 창업

퇴직자금으로 사업을 시작할까?

많은 나라에서 중소기업은 경제성장 동력이라 불린다. 아직 열심히 일할 수 있는데 회사를 떠나게 되어 아쉽다면, 창업을 해서 직접 경제성장의 동력이 되어보는 것은 어떨까?

보통 '창업자'라고 하면 혈기왕성하고 의욕 넘치는 젊은 사업가를 생각한다. 그러나 조사에 따르면 젊은 세대보다 나이 든 세대가 창업과 경영에 더 능숙했다. 물론 모든 사람들이 창업을 해서 회사를 경영할 능력을 가지고 태어나는 것은 아니다. 그러나 본인에게 이런 능력이 있다고 느낀다면 은퇴야말로 창업을 해서 직접 회사를 경영해보기에 가장 좋은 기회다.

안전망 없이 창업하지 마라

미국 랜드연구소의 2009년 설문조사에 따르면 사람들이 창업하기를 주저하는 가장 큰 이유 중 하나는 창업에 실패해서 퇴직금이나 은퇴자금을 '몽땅 날려먹을까' 하는 걱정이었다. 대부분의 사람들이 퇴직연금을 받기 위해서 정년까지 일을 한다. 이런 사람들에게 퇴직연금으로 창업을 하는 것은 위험 부담이 큰 도박이다. 그런데 이와는 상반되는 주장을 하는 설문조사 결과가 2015년 캐나다에서 나왔다. 2015년 캐나다

에서 실시된 설문조사에 따르면 퇴직자들은 퇴직 후 얼마 동안 노동시장에서 벗어나 휴식을 취한 뒤 창업을 할 가능성이 컸다. 퇴직자들은 대체로 국가에서 지급하는 공적연금 수령 시기에 창업을 했다.

한푼도 남기지 않고 퇴직연금을 사업에 투자하는 것은 매우 어리석은 짓이다. 안정적인 노후생활을 할 수 있을 정도의 자금(공적연금 등)이 마련되어 있을 때, 창업에 도전해라.

취미와 창업

사업을 해서 돈을 벌 만한 기술이나 재능이 있는가? 보통 퇴직자들은 자신의 경력을 살려서 창업을 시도한다. 그러나 돈이 될 만한 재능이 당신에게 있다면, 어떻게 해야 할까? 성공적으로 취미를 사업으로 키워낸 사람들에게는 작게 시작해서 사업체를 점점 키워나간다는 공통점이 있다. 예를 들어 시장 가판대나 온라인 쇼핑몰은 처음부터 자금 부담과 정신적인 스트레스를 받지

않고 시장 상황을 파악할 수 있는 좋은 시작점이 될 것이다. 취미를 바탕으로 창업을 하면, 당신은 새로운 취미를 찾아야 할지도 모른다. 한때는 스트레스를 풀기 위해 시작한 취미생활이었지만, 일단 창업을 하면 취미는 마감일을 맞추고 재무서류를 처리해야 하는 일이 된다.

발명과 창업

연륜이 생기면 사람들에게 필요한 것이 무엇인지 한눈에 알 수 있는 통찰력이 생긴다. 그리고 이 통찰력은 발명으로 이어지기도 한다. 발명가 연합회 회원의 60% 이상이 50세 이상이다. 발명가 연합회에는 창고에 틀어박혀 이것저것 만들기를 좋아하는 남성 회원들만 있는 것이 아니다. 여성 회원들도 많다. 발명가 연합회 회장인 워렌 터틀은 여성은 물건의 장점이나 효용성을 파악하고 나서 새로운 아이디어를 첨가해 발명을 하기 때문에 굉장히 창의적이라고 말한다. 미국의 정신과 전문의 그레이 스몰 박사의 말을 빌리면, 인간의 뇌는 나이를 먹으면 패턴을 더 잘 포착한다.

자신의 발명품으로 창업에 도전하는 경우에도 취미를 사업으로 발전시키는 경우와

사회가 퇴직자들의 창업 의지를 꺾고 있는 것일까?

대부분의 사람들은 주위에서 응원과 격려를 받으면 더 힘내서 일을 한다. 퇴직을 한 당신이 지금 창업을 하겠다는 생각은 당신을 움츠러들게 할지도 모른다. 이 사회가 나이 든 사람들의 창업 열기에 찬물을 끼얹기 때문일까? 2009년 미국에서 실시된 조사에 따르면 이것은 간단하게 대답할 수 있는 질문이 아니다. 사람은 자신의 경험과 가치관을 기준으로 사회가 자신에게 기대하는 것을 평가하고 받아들인다.

지각된 연령 규범
당신이 살고 있는 사회는 당신 또래의 사람들이 창업을 하는 것에 대하여 어떻게 생각하는가?

지각된 행동 통제
당신은 자신의 능력에 대하여 얼마나 자신 있나?

주관적 규범
당신의 인생에서 중요한 사람들은 당신 또래의 사람들이 창업을 하는 것에 대하여 어떻게 생각하는가?

기업가적인 태도
당신은 얼마나 기업가 정신을 타고났는가?

창업 의도
창업을 할 의지가 얼마나 강한가?

Q 무엇이 기업가를 만드나?

사회 심리학자 데이비드 맥클래런드는 1961년 기업가들의 심리적 특징 세 가지를 발표했다.

· 기업가는 도전을 좋아한다.
· 기업가는 결과에 대한 책임을 진다.
· 기업가는 혁신적이다.

그로부터 16년 뒤, 사회 심리학자 앨버트 밴두러는 '자기 효능감(즉 자신에 대한 믿음)'을 기업가의 심리적 특징에 추가했다.

· 사전에 유사한 경력이 있다.
· 인생의 롤모델을 가지고 있다(90~91페이지 참조).
· 주변 사람들의 응원을 받고 그들의 의견을 수용한다.

1980년대와 1990년대에 개인적인 특성이 기업가가 되고 안 되고를 결정짓는 것이 아니라고 주장하는 심리학자들도 등장했다. 그들은 경제적으로 기업에 우호적인 분위기가 형성되어야 하고 남성과 교육 수준이 높은 사람들이 창업을 해서 기업가가 되는 데 유리하다고 주장한다. 최근에는 자금에 대한 접근성, 비즈니스 네트워크와 자원 등 실질적인 조건들도 기업가가 되는 데 중요하다고 주장하는 심리학자들이 있다.

결과적으로 기업가가 되는 데는 여러 가지 다양한 요인들이 작용한다. 당신은 이 많은 요인 중 몇 가지를 가지고 있나?

마찬가지로 작게 시작해서 사업을 점점 키워나가는 것이 안전하다. 예를 들어 곧장 특허를 신청하는 것은 발명품의 실제 가치보다 더 많은 비용이 발생할 수 있다. 그래서 어떤 사람들은 수익의 일부분을 중개기업에 주고 라이선싱 절차를 처리한다.

발명활동에 소요되는 비용을 관리 가능한 수준으로 유지할 수 있다면, 새로운 무언가를 만들어내는 발명활동은 가정경제뿐만 아니라 뇌 건강에도 도움이 될 것이다. 창업을 해서 직접 회사를 경영하는 것은 결코 쉬운 일이 아니다. 짜릿하고 흥미로운 인생을 원한다면, 창업을 해서 직접 사장님이 되어보는 것은 어떤가.

새로운 목표를 세우거나
새로운 꿈을 꾸는 데
나이는 아무 상관없다.

C.S. 루이스(작가 겸 시인)

마음의 평화

명상과 마음 챙김을 통해 마음을 다스리자

당신은 영적인 존재를 믿는가? 당신은 신앙심이 깊은 사람인가 아니면 철학적인 사람인가? 퇴직을 한 덕분에 일에 시간을 뺏길 염려를 할 필요가 없어졌다. 그래서 퇴직자들은 더욱 영적이거나 철학적인 사고에 빠져든다.

만약 당신이 사후 세계를 믿는 · 신앙심이 깊은 사람이라면, 당신에게 은퇴는 천국이나 환생을 믿지 않는 사람들과는 다소 다르게 다가올 것이다. 신적인 존재를 믿는 사람들은 그렇지 않은 사람들에 비해 노화와 질병으로 인한 스트레스를 덜 받는다는 연구 결과가 있다. 그러나 거기에도 한계가 있다. 종교를 가진다고 해서 심리적 안정이 보장되는 것은 아니다. 그렇다면 과연 심리학이 종교적인 사람과 비(非)종교적인 사람 모두에게 적용되는 마음의 평화를 찾는 방법을 알려줄 수 있을까?

종교 vs 영성

당신은 종교와 영성(靈性)이 동일하다고 생각하는가? 분명히 중첩되는 부분이 있겠지만 심리학자들은 종교와 영성을 분명히 구분한다. 심리학에서 종교는 '교리나 신념에 대한 믿음'을 의미하는 반면, 영성은 '초월(超越)의 경지에 이르는 것'을 의미한다. 무조건 영성이 종교적인 신념에 기반을 두어야 하는 것은 아니다. 일부 열정적인 무신론자들은 물리적 세상에서 경험하는 경이로움 자체도 초월이라고 주장한다. 「심리학 저널」에 실린 2009년 논문에 따르면, 자연과 인류에 대한 믿음도 사람의 웰빙에 긍정적인 영향을 준다고 한다. 신성한 무언가를 믿고 있다면 이것은 당신에게 심리적으로 큰 힘이 될 것이다.

마음 챙김과 명상

종교가 있다면 당신은 분명히 기도하는 법을 알고 있을 것이다. 종교가 있든 없든 간에 명상하는 법을 당신은 알고 있는가? 명상은 불안, 스트레스와 고통을 치료하는 데 사용된다. 그리고 과학적으로 명상이 치료 효과가 있다는 사실이 증명되었다.

단순히 불안, 스트레스, 고통을 없애거나 완화하기 위한 수단으로 명상을 하는 것은 중요한 것을 간과하는 것이라고 명상 전문가들은 주장한다. 명상을 제대로 하려면 명상 자체가 목적이 되어야 한다.

그래서 명상은 어떻게 하는 것일까? 명상의 핵심은 모든 의식을 '지금 이 순간'에 집중하는 것이다. 언제 어디서든지 명상을 할 수 있다. 걸으면서, 정원을 가꾸면서, 설거지를 하면서 명상을 할 수 있다. 그러나 여기에서는 앉아서 하는 명상법에 대하여 간단하게 소개하고자 한다.

· 편안한 자세로 앉아서 긴장을 푼다(너무 편안한 자세를 취해서 잠들지 않도록 주의해라).
· 발, 등, 머리 등 몸에서 느껴지는 모든 감각에 집중한다. 움직이지 말고 자세를 그대로 유지해라.
· 조용히 호흡에 집중한다. 숨을 내쉬고 들이마실 때 가슴과 폐의 움직임을 느낀다. 10초 동안 숨을 내쉬고 10초 동안 숨을 들이마시기를 반복한다. 이렇게 하면 긴장이 풀리고 힘이 생길 것이다.
· 생각은 자기 자신에게 집중한다. 잡생각이 들면 억지로 집중하려고 하지 말고 잡념이 자연스럽게 사라지도록 내버려둔다. 마찬가지로 주변의 소리에 가만히 귀를 기울인다.

마음 챙김도 일종의 믿음 체계로 마음 챙김과 명상이 사람에게 이롭다는 사실이 여러 연구를 통해 증명되었다. 하루 중 짬을 내서 명상을 해라.

마음 챙김과 뇌

마음 챙김이 정말 정신건강과 신체건강에 도움이 될까? 브레인 스캔을 통해 마음 챙김이 정신건강과 신체건강을 강화하는 데 절대적으로 도움이 된다는 사실이 확인되었다. 규칙적으로 명상을 하는 사람들의 뇌는 명상을 하지 않는 사람들의 뇌와 실질적으로 차이가 있었다.

· 우리를 불안하게 하고, 투쟁과 도피 반응을 관장하는 편도체가 줄어들었다.
· 고통을 불쾌한 감각으로 인식하는 전측 대상회 피질과 생각과 감정을 처리하는 전두엽 피질 사이의 반응이 줄어들었다. 규칙적으로 명상을 하는 사람들은 고통을 느끼면 전측 대상회 피질이 더 활성화되었지만 실제로 고통은 덜 느꼈다.
· 집중, 사고, 문제해결과 같은 고차원의 뇌기능과 관련이 있는 전두엽 피질이 두꺼워졌다.

· 휴식을 취할 때 나오는 뇌파와 명상을 할 때 나오는 뇌파는 비슷했다.

베스 이스라엘-디커네스 메디컬 센터의 2013년 연구를 통해, 명상은 알츠하이머의 진행을 늦추는 효과도 있다는 사실이 밝혀졌다.

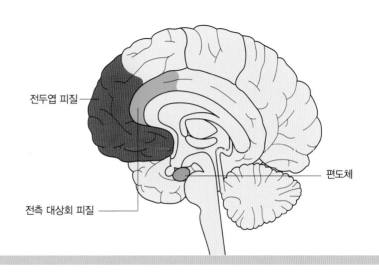

전두엽 피질 / 편도체 / 전측 대상회 피질

오늘 할 일을 내일로 미루지 마라

퇴직자의 시간관리

지금부터 당신이 직접 일정을 짜고 관리하게 되었으니, 시간관리를 어떻게 하느냐가 중요해졌다. 하고 싶은 일로 하루 일과를 꽉 채워야 할까? 아니면 시간이 손가락 틈새로 빠져나가듯 느긋하게 하루를 보내는 것이 맞을까?

직장생활을 하다보면 스트레스를 안 받을 수가 없다. 그러나 모두가 동의하는 직장생활의 장점이 한 가지 있다. 바로 '생산성'이다. 정해진 시간까지 업무를 마무리하고 동료들을 절대 실망시켜서는 안 된다는 책임감은 동기부여가 제일 낮은 직원의 생산성도 높인다.

은퇴 후 생산성은 더 이상 당신의 주요 관심사가 아닌지도 모른다. 그러나 퇴직자는 운동과 개인적인 프로젝트처럼 적어도 몇 가지 활동에 참가하면 아무런 활동도 하지 않는 것보다 훨씬 행복한 노년을 보낼 수 있다. 그리고 퇴직을 했더라도 개인적으로 끝맺고 싶은 일들이 남아 있을지도 모른다. 퇴직자에게는 본인을 제외하고 시간을 관리해줄 사람이 없다(친구나 가족이 있지 않느냐고 할 수도 있겠지만, 그들은 당신이 짜인 일정을 제대로 소화하지 않았다고 '해고'할 수 없다). 그렇다면 어떻게 해야 시간을 최대한 활용하고 게으른 생활을 경계할 수 있을까?

나이 들수록 왜 시간은 빨리 흐르는가?

어렸을 때는 하루가 마치 1년 같았다. 그러나 나이가 들수록 시간이 점점 빠르게 흘러가는 것처럼 느껴진다. 은퇴하고 나서 무의

> 계획수립은 '미래'의 목표를 '현재' 생각해보는 사고과정이다. 그래서 계획을 세우면 미래의 목표를 달성하기 위해 필요한 일들을 할 수 있다.
>
> – 앨런 라킨(작가 겸 시간관리 전문가)

미하게 시간을 흘려보내고 싶지 않을 것이다. 시간을 최대한 효율적이고 생산적으로 사용하고 싶지만, 퇴직할 나이가 되니 시간이 너무 빨리 흘러간다.

　도대체 무슨 일이 일어나고 있는 것일까? 미국의 신경의학자 데이비드 이글먼에 따르면 사람은 뇌가 처리하는 정보량에 따라 시간감각이 달라진다. 즉, 기억 속에서 시간의 길이는 정보의 양에 비례한다. 예를 들면 어릴 때는 모든 게 새롭고 신기하여 학습할 시간이 필요하다 보니 시간이 더디게 간다고 느껴지고, 나이가 들수록 일상이 반복되고 기억할 정보가 적어지면서 시간이 빨리 간다고 착각하는 것이다.

시간의 속도 늦추기

그렇다면 다시 시간을 천천히 늦추는 방법은 없을까? 첫째, 설레고 강렬한 경험을 해라. 신경심리학자 실비 도로잇-보우레이의 2011년 실험에 따르면 공포영화를 본 사람들이 슬프거나 무난한 영화를 본 사람들보다 시간이 훨씬 더디게 간다고 느꼈다. 둘째, 정보량을 늘려라. 앞서 말했듯, 사람의 뇌는 처리하는 정보량이 많을수록 시간이 더디게 간다고 느낀다. 정보량을 늘리는 가장 쉽고 빠른 방법은 새로운 것을 배우는 것이다. 198~199페이지에 성인 교육에 대하여 자세히 설명하였다. 한마디로 학창 시절처럼 시간이 천천히 흘러가길 원한다면, 학창 시절로 되돌아가서 새롭고 강렬한 경험을 하는 것이 가장 좋은 방법이다.

왜 오늘 할 일을 내일로 미룰까?

퇴직 후 얼마 동안은 아무것도 안 하고 빈둥빈둥 하루를 보내는 것이 호사스럽게 느껴질 수 있다. 그러나 시간이 지나면 이런 생활이 부담이 되고 지루해진다. 해야 할 일을 미루는 사람이 잠시 쉬었다가 업무에

주관적 웰빙

할 일이 있으면 우리는 그 일을 끝낼 에너지가 필요하다. 동시에 해야 할 일을 마무리하는 것으로 우리는 에너지를 받는다. 한 사람이 자신의 삶에 만족을 느끼고 행복함을 느끼는 것은 개인의 주관적인 경험에 기초한다는 주관적 웰빙(SWB; subjective well-being)은 해야 할 일을 처리하는 과정에서 강화된다. 산더미처럼 쌓인 일 중 아주 일부만을 마무리해도 우리의 주관적 안녕감은 증가하고 증가된 주관적 안녕감은 계속 일을 할 수 있도록 동기를 부여한다.

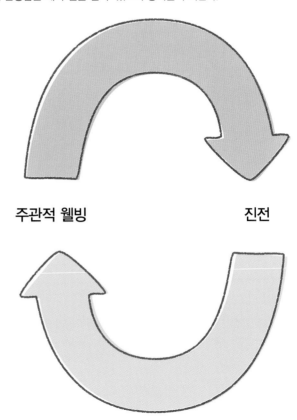

주관적 웰빙　　　　진전

복귀하는 사람보다 스트레스를 많이 받는다는 연구결과가 나왔다. 병원진료처럼 해야 할 일을 미루는 것은 분명 바람직한 행동이 아니다. 해야 할 일을 하면 기분이 상쾌하고 마음이 가벼워진다는 것을 알면서도 우리는 왜 '오늘 할 일을 내일로 미루는 것'일까?

　이는 '감정조절'과 관련이 있다. 캐나다의 심리학자 푸크시아 시로이스의 2003년 논문에 따르면, '미루는 버릇'은 '자신감 부족'

과 관련이 있다고 한다. 인간은 실패하거나 결과가 부정적일 것이라 예상되는 일을 미루는 경향이 있다. 다시 말해, 자신의 능력에 대하여 자신감이 없는 사람은 동기부여가 잘 안 되고 의욕이 떨어진다.

미루기의 심리학

시로이스는 2010년 논문에서 미루는 버릇이 있는 사람은 상황을 합리화시키는 경향이 있다고 주장했다. 일을 제시간에 처리

하지 않아서 문제가 발생하면 그들은 '조금 일찍 시작할 걸'이라기보다 '일단 시작만 하면 금방 끝낼 수 있어'라고 생각했다. 미루는 습관을 바꾸기에 필요한 동기부여가 덜 된 것이 문제다. 미루는 습관이 있는 사람들은 손익분석에 약하다. 이성적으로 손익분석을 못 하기 때문에 그들은 나중에 더 큰 문제가 닥치더라도 당장의 편안함을 선택하거나 당장의 불편함을 회피하는 것이다.

퇴직 후 우리 모두는 시간을 최대한 효율적으로 활용하고 싶을 것이다. 스스로 계획을 세워 규칙적인 생활을 하는 것이 유난히 힘든 사람들이 있다. 그러나 시간을 계획적으로 활용하고 관리하면 항상 원했지만 직장생활로 바빠서 할 수 없었던 일들을 할 수 있다. 직장을 다니면서 '하루가 좀 길었으면 좋겠다'는 소리를 입에 달고 살지 않았는가? 그토록 바라고 원했던 긴 하루가 드디어 주어졌다.

Q 집행 기능

일상적 임무를 순식간에 계산해서 해내는 능력은 '집행 기능(executive function)'과 관련이 있다. 집행 기능은 보유하고 있는 정보를 체계적으로 정리하고 분석하여 가장 좋은 결정을 내리고 행동으로 옮기는 능력을 말한다. 집행 기능이 나쁜 사람은 평생 오늘 할 일을 내일로 미루다가 인생을 마감할 수밖에 없는 것일까?

반드시 그렇다고 할 수는 없다. 체계적으로 시간계획을 세우면 미루는 습관을 방지할 수 있다. 다음은 집행 기능을 높이는 데 도움이 되는 몇 가지 방법이다.

1 규칙적으로 유산소 운동을 해라
규칙적인 유산소 운동은 혈액순환을 촉진시켜 맑은 정신 상태를 유지하는 데 도움이 된다.

2 임무를 수많은 하위 임무로 분해해라
이렇게 하면 한 번에 임무를 끝내야 한다는 부담에서 벗어날 수 있다.

3 주어진 일을 몇 시까지 끝내겠다는 시간 제한을 설정해라
배우자나 친구에게 스스로 정한 시간계획에 따라 업무를 진행하고 있는지 '감시'를 해달라고 부탁해라. 제한시간을 넘겼을 경우 스스로 벌을 줘라(가벼운 벌을 자신에게 내려라. 은퇴생활은 노년을 행복하게 보내는 데 목적이 있다). 반대로 정해진 시간까지 일을 마무리하면 자신에게 상을 내려라.

4 한 번에 처리할 일의 수를 제한해라
멀티태스킹 능력은 집행 기능에서 나온다. 집행 기능을 강화하기 위해 노력하고 있다면 제한적인 소수의 일부터 시작하는 것이 좋다.

5 주변을 깨끗하게 정리해라
사람은 지금 해야 할 일을 미루고 잠깐의 만족을 선택하기 쉽다. 일을 끝낼 때까지 집중에 방해가 되는 물건 등을 다른 곳으로 치워라.

6 정해진 일과를 만들어라
하루 일과가 정해져 있으면 계획적으로 시간을 보내는 것이 용이해진다. 특히 집행 기능이 미약한 사람에게 정해진 하루 일과는 일을 미루지 않고 제시간에 끝내는 데 큰 도움이 된다.

일의 미루는 사람들의 뇌에서 어떤 일이 일어나고 있을까?

집행 기능은 어떻게 작동할까(왼쪽 참조)? 뇌의 전두엽 피질이 집행 기능을 관장하고 다음의 아홉 가지 영역을 기준으로 집행 기능이 강한지 약한지를 평가할 수 있다.

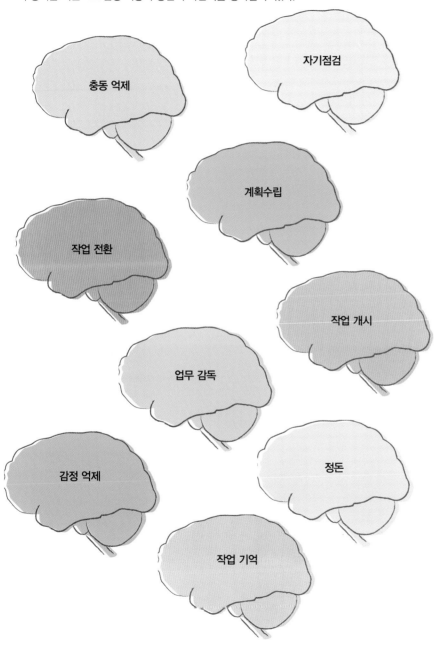

미국의 심리학자 로라 라빈의 2011년 논문에 따르면, 미루는 습관이 있는 사람들은 이 아홉 가지 영역에 문제가 있었다. 그래서 미루는 습관은 체계를 잡고 계획을 세우기를 어려워하는 사람들에게서 쉽게 발견할 수 있다.

Q 하루 24시간이 모자라다?

하루를 바쁘게 보내는 퇴직자는 해야 할 일을 모두 마무리할 시간이 모자라다고 생각할 수도 있다. 실제로 2014년 「마케팅 리서치 저널」에 실린 논문에 따르면, 사람들은 다양한 작업을 수행하는 데 필요한 시간을 과도하게 계산하는 경향이 있었다. 시간을 효율적으로 쓰기 위해서 계획에서 몇 가지 활동을 뺄 필요도 있다. 그러나 연구팀은 시간이 부족해 하려고 했던 일들을 모두 끝내지 못할지도 모른다는 불안감을 잘 이용하면 오히려 긍정적인 효과를 낼 수 있다고 주장했다. 정해진 시간 안에 집중해서 일하는 것이 즐겁다고 생각하면 불안감이 동기부여로 바뀔 것이다.

80%

음악을 들으니 시간이 빨리 간다

2007년 브라질에서 하루 4시간 동안 투석을 받는 평균 63세 이상의 사람들을 대상으로 한 가지 실험을 진행했다. 실험 참가자의 80% 이상이 조용히 앉아서 투석을 받는 것보다 음악을 듣고 있을 때 시간이 빨리 간다고 응답했다. 이런 현상은 행진곡을 듣는 사람들보다 왈츠를 듣는 사람에게서 더욱 뚜렷하게 나타났다. 그러나 행진곡과 달리, 왈츠를 듣는 사람 중 일부는 시간이 더디게 흘러가는 것 같다고 답했다. 시간이 오래 걸리는 지루한 치료를 받아야 한다면 템포가 2~4 정도의 음악을 듣는 것이 도움이 될 것이다.

나는 행복한가?

수시로 자신에게 관심을 갖자

퇴직 후 생활이 안정되고 익숙해지면, 정서적 웰빙에 신경을 써야 한다. 2012년 심리학자 엘리자베스 모키어 호너가 「행복 연구 저널(Journal of Happiness Studies)」에 발표한 논문에 따르면, 퇴직자들은 은퇴 직후 기쁨과 흥분을 느끼지만 이 기쁨과 흥분이 사라지면 생활이 지루해진다고 한다.

이런 현상이 일어나는 데는 여러 가지 이유와 원인이 있을 것이다. 그러나 일단 신선함이 사라지고 새로운 생활에 익숙해지면 은퇴 초기에 느꼈던 흥분과 기쁨을 되찾기 위해서 노력해야 한다.

나 자신을 알자

직장생활을 할 때는 하루가 너무 바빠서 자신이 어떤 사람인지 생각할 시간이 없었다. 이제 퇴직을 해서 시간이 많으니 '나는 누구인가?'에 대한 답을 고민해보는 것이 어떨까? 인터넷을 잘 다룬다면 이 질문에 답을 구하는 데 도움이 될 다양한 온라인 심리 검사를 해보기를 권한다(148~150페이지 참조). 보통 기업에서 직원을 채용할 때 이런 심리 검사를 통해 이 사람이 어떤 직무에

퇴직생활은 단조로워지기 쉽다. 퇴직 후 생활이 안정되고 일정한 패턴이 생기면 생활이 만족스럽지도 행복하지도 않다. 자신도 그 이유를 알 수가 없다. 도대체 무엇이 문제일까?

🔍 허리를 세우고 당당하게 행동해라

우리가 무의식적으로 취하는 자세가 기분과 감정에 영향을 줄 수 있다. 허리를 세우고 앉아서 당당한 자세를 취하면 자신감이 생기고 긍정적인 사고를 할 확률이 올라간다는 연구 결과가 있다. 그러니 항상 보디랭귀지에 신경을 쓰고 몸을 꼿꼿이 세우도록 노력해라. 본인이 허리를 세우고 다니는지 확인할 수 있는 가장 정확한 방법은 매일 키를 측정하는 것이다. 이것은 특히 여성에게 추천하는 일이다. 골밀도가 감소했는지 확인하는 데 매우 유용하기 때문이다.

적합한지를 판단한다. 그렇다고 심리 검사가 직무능력을 평가하기 위해서만 고안된 것은 아니다. 기본적으로 심리적인 능력을 알아보기 위해서 설계된 것이다. 다음은 가장 잘 알려진 두 가지 유형의 심리 검사다.

· 다섯 가지 성격 유형 검사(Five Factor Test)

성격을 구성하는 다섯 가지 주요 원인을 알아보기 위한 검사다. 다섯 가지 성격 특성의 앞 글자를 따서 'OCEAN(오션)'이라고도 불린다.

1) 새로운 경험에 대한 개방성(O: Openness)
2) 성실성(C: Conscientiousness)
3) 외향성(E: Extraversion)
4) 우호성(A: Agreeableness)
5) 경향성(N: Neuroticism)

· MBTI(Myers–Brigg Type Indicator)

칼 융 학파의 이론을 기반으로 네 가지 영역을 평가하여 성격적 특징을 알아내는 검사다.

1) 내향성 vs 외향성
2) 직관형 vs 감각형(사람이나 사물 등의 대상을 인식하고 지각하는 방식에서 감각과 직관 중 어느 쪽을 주로 더 사용하는지에 관한 지표다.)
3) 사고형 vs 감정형(결정을 내릴 때 사고와 감정 중 어떤 것을 더 선호하는지 알려준다.)
4) 판단형 vs 심리형(문제를 해결한 안정된 삶과 가능성이 열린 삶 중 어느 쪽을 주로 선호하는지를 나타내는 지표다.)

맞고 틀린 것은 없다. 이런 검사를 통해 자신이 어떤 생각을 하고 있고 어떤 감정을 느끼는지 잘 이해할 수 있다.

? 나는 누구인가?

사람은 자기 자신도 모르는 무언가를 바라고 꿈꾸기도 한다. 이것이 무엇인지 알아보기 위해 자신을 인터뷰해보라. 여기 몇 가지 질문이 있다.

· 세상에서 내가 가장 사랑하는 일은 무엇이고 사랑하는 사람은 누구인가?(사랑하는 일과 사랑하는 사람을 명확히 구분해서 생각해야 한다. 사회적 동물인 인간은 타인과 관계를 맺지 않고는 살아갈 수 없다. 중요한 인간관계를 맺기 전에 자신이 누구인지를 생각해봐야 한다.)
· 끊임없이 돈이 나오는 마법의 지갑이 있다면 내 인생은 어떻게 변할까?
· 영원히 살 수 있다면 무엇을 해야 할까?
· 한 달 뒤에 죽는다면 지금 당장 무엇을 해야 할까?
· '자신이 좋은 사람인지 어떻게 알 수 있는가?'라는 질문을 받는다면 뭐라고 대답할 수 있을까?
· 두려움이 없다면 무엇을 할 수 있을까?
· 내가 만약 위대한 예술가이고 자화상을 그린다면 어떤 식으로 구도를 잡을까?(예를 들어 어떤 배경이나 사물을 자화상에 그려 넣을까?)

인간은 오랜 진화의 과정을 통해 부정적인 사고를 발달시켰다. 생존을 위해서는 위험을 빨리 알아차리는 능력이 중요했기 때문에 긍정적인 것보다 부정적인 것을 우선적으로 인식한다. 그래서 자신에 대해서 부정적인 사고를 할 가능성이 크다. 자신을 제대로 이해하면 길고 긴 노년을 행복하게 보내기 위해서 무엇을 해야 하는지 알아내는 데 도움이 된다.

건강 수칙

현재 느끼고 있는 무기력함의 원인이 신체기능이 제대로 작동하지 않아서일 수 있다. 정기적으로 건강검진을 받는 것이 가장 좋지만 이래저래 여건이 허락하지 않을 수 있다. 다음은 건강을 유지하는 데 도움이 되는 것들이다. 앞 글자를 따서 'PERF(완벽한, perfect)'로 기억하자.

P	**채소**(P: Produce) – 신선한 과일과 채소 많이 섭취하기	
E	**운동**(E: Exercise) – 최대한 활동적인 생활 유지하기	
R	**휴식**(R: Relaxation) – 매일 적어도 15분 동안 웃기	
F	**섬유질**(F: Fibre) – 소화에 도움이 되는 섬유질 많이 섭취하기	

행복한 노년을 위해

미래를 향해 달리자

퇴직 후에 '행복하고 풍요로운 노년'을 보내는 가장 안전한 방법은 무엇일까? 사람마다 추구하는 목표는 다르다. 그러나 결국 모두가 원하는 것은 '행복'이다.

퇴직 후 새로운 생활이 안정되고 익숙해지면 하루가 행복하고 만족스러워질 것이다. 그러나 한치 앞을 알 수 없는 것이 인생이라 했다. 퇴직을 했어도 분명 넘어야 할 산이 많이 남아 있을 것이다. 비록 노년이 완벽하지 않다 할지라도 만족과 보람을 느낄 수 있도록 마음의 평화를 얻을 수 있기를 모두가 기대한다. 어떻게 하는 것이 좋은지 심리학자들이 내놓은 답이 있다.

가치 추구

퇴직을 하면 자신에게 정말 중요한 것이 무엇인지에 대하여 고민하며 많은 시간을 보내게 될 것이다. 자신에게 가장 중요한 것이 무엇인지 알아내는 가장 좋은 방법은 무엇일까? 미국의 사회 심리학자 샬롬 슈와르츠는 행복하고 만족스러운 인생을 위해서는 기본적으로 네 가지 가치를 추구해야 한다고 주장한다.

· **자기고양** - 성취, 존중
· **자기초월** - 자신의 행복을 넘어 타인과 세계의 행복과 안녕에 대하여 생각하기
· **변화에 대한 개방성** - 유연성, 상상력, 기쁨, 독립성
· **보존** - 전통 보존, 개인과 사회의 안정감 유지

자기고양은 청년들에게 중요한 가치로 퇴직자들은 자기고양에 대하여 많은 관심을 기울이지 않는다. 자기초월, 변화에 대한 개방성, 보존과 관련한 가치를 추구하는 것으로도 행복하고 만족스러운 노년을 보낼 수 있다. 그렇다고 자기고양을 통해 얻을 수 있는 성취감과 존경을 포기하는 것은 어리석다. 퇴직자들은 개인적인 목표보다는 많은 사람들에게 도움이 되는 목표를 추구하

면서 자기고양이 주는 성취감과 존중 등을 얻을 수 있다.

긍정 심리학

긍정 심리학이 심리학계에 큰 반향을 일으키고 있다. 긍정 심리학은 자신을 행복하게 만드는 것들이 무엇인지 고민하는 학문이다. 자기 자신, 타인, 자신을 둘러싼 세상과 좋은 관계를 맺을 때, 사람은 최선을 다하고 행복할 수 있다. 행복추구 주식회사(Pursuit of Happiness, Inc)는 행복한 사람들의 일곱 가지 습관을 소개한다.

· 사람들과의 관계가 원만하다 – 많이도 필요 없다. 솔직하게 자신을 표현할 수 있고 무슨 일이 있어도 편이 되어주는 소수의 사람들만 있어도 충분하다.
· 타인에게 친절을 베푼다 – 타인에게 친절을 베풀 때, 스스로 행복해진다.
· 규칙적으로 운동한다 – 건강한 신체에 건강한 정신이 깃든다.
· 도전하고 즐거움을 찾는다 – 무언가에 도전하고 모든 일이 잘 들어맞으면 즐거움과 기쁨을 느낄 수 있다.
· 영적인 존재와 소통하고 인생의 의미를 추구한다 – 종교를 가질 필요는 없지만 (208~209페이지 참조), 초월적인 존재와의 소통을 통해 마음의 평화를 얻는다.
· 장점과 강점을 안다 – 자신만의 재능과 강점을 알고 잘 이용한다.
· 긍정적인 사고를 한다 – 낙관적이고 항상 감사할 줄 알며 명상을 통해 정신건강을 챙긴다.

사람마다 행복해지는 방법은 다양하다. 그러나 결국에는 모든 사람이 행복해지는 방법은 똑같을지도 모른다.

🔍 회상의 힘

우리는 오직 미래를 위해서만 살아야 할까? 과거는 의미가 없는 것일까? 심리학자들은 과거를 회상하는 것이 인간이 살아가는 데 큰 힘이 된다고 주장한다. 캐나다의 심리학자 폴 웡과 리사 와트는 특히 두 가지 종류의 기억이 노인들에게 유용하다고 주장한다.

유용한 기억

자신감과 연속성을 제공하는 기억들이다. 예를 들어 난관을 극복했거나 어려운 문제를 해결했던 기억이 있다.

통합적 기억

떠올렸을 때 자신의 가치를 확인하고 자신이 살아온 인생의 일관성을 느끼고 과거와 화해할 수 있는 기억들이다. 예를 들어 통찰력을 얻었거나 사람들과의 긍정적인 관계를 맺었던 기억이 있다.

사람은 항상 좋은 일이 생길 것이라 기대하고 좋은 일만 생기기를 바란다. 퇴직할 나이가 되면 사람은 수많은 기억으로 가득한 보물 창고를 가지게 된다. 이 안에는 좋은 기억도 슬픈 기억도 나쁜 기억도 있다. 이 중에서 가장 행복했던 좋았던 기억을 하나 꺼내서 되돌아보자. 그러면 심리학에서 통용되는 '성공적인 노화'를 이룰 수 있다.

자기초월

심리학자 살롬 슈와르츠의 자기초월을 어떻게 해야 이룰 수 있을까? 슈와르츠의 이론을 바탕으로 자기초월을 이룰 수 있는 세 가지 방법을 소개한다.

목표	가치	사례
궁극적인 의미	물리적 한계를 극복하고 이성을 초월하는 가치를 추구한다.	신념, 이념, 선, 진실, 미
상황적인 의미	주어진 상황 때문에 생기는 한계를 극복하고 내면에 숨겨진 가치를 추구한다.	마음 챙김, 개방성, 호기심, 연민
소명	관심 분야를 탐구하고 재능을 활용하여 더 큰 선을 추구한다.	관용, 책임, 인류애

찾아보기